Phylipina welserin

BRIGITTE RIEBE
Die schöne Philippine Welserin

BRIGITTE RIEBE

Die schöne
Philippine Welserin

Historischer Roman

GMEINER *Original*

Besuchen Sie uns im Internet:
www.gmeiner-verlag.de

© 2013 – Gmeiner-Verlag GmbH
Im Ehnried 5, 88605 Meßkirch
Telefon 07575/2095-0
info@gmeiner-verlag.de
Alle Rechte vorbehalten
1. Auflage 2013

Lektorat: Claudia Senghaas, Kirchardt
Herstellung: Julia Franze
Umschlaggestaltung: U.O.R.G. Lutz Eberle, Stuttgart
Bildquelle: © Kunsthistorisches Museum, Wien
Druck: GGP Media GmbH, Pößneck
Printed in Germany
ISBN 978-3-8392-1351-3

Für Brigitte

Alle Dinge sind Gift, und nichts ist ohne Gift;
allein die Dosis macht's, dass ein Ding kein Gift sei.
Paracelsus (1493 – 1541)

PROLOG

Schloss Ambras, April 1580

Die holzgetäfelte Abziehstube war so überhitzt, dass sie zu schwitzen begann, während sie sich aus den Kleidern schälte. Wie viele Ösen, Haken und Schnüre es an einem Frauengewand auch geben musste! Und keine Bademagd weit und breit, die ihr dabei zur Hand hätte gehen können, denn sie hatte sie alle weggeschickt.

Es fiel ihr schwer, sich an den süßlichen Altweibergeruch zu gewöhnen, den sie verströmte, weil über ihm noch etwas Bitteres schwang, das sie beunruhigte. War das wirklich sie, die einst so verführerisch geduftet hatte, dass er gar nicht genug davon bekommen konnte, in ihrem festen Fleisch zu versinken?

Sie drehte sich um zum weißen Himmelbett unter lichtblauem Seidenbaldachin, auf dem ihr Schatz lag, den sie stets mit sich herumtrug, aus Angst, er könne sonst womöglich in die falschen Hände geraten. Die dünnen Seiten, gefüllt mit ihrer störrischen Handschrift, konnten belegen, wie es wirklich gewesen war, das schenkte ihr Trost.

Mariechen würde ihn an sich nehmen, die einzige Person, der sie vertrauen konnte.

Sie wartete bereits im vereinbarten Versteck. Das richtige Wort würde sie erscheinen lassen.

Plötzlich schienen die holzgetäfelten Wände sich enger um sie zu schließen.

Die Weinpokale und Lautenspieler auf den Fresken begannen zu schwanken, als treibe Bacchus mit ihnen sein munteres Spiel, sogar der gemalte Tisch fing an sich zu drehen, ähnlich dem aus Ahornholz in der steinernen Rotunde, der drunten im Paradiesgarten so viele Besucher überrascht und belustigt hatte. Doch die heiteren Zeiten waren vorüber, das wusste sie, auch ohne den großen Kristallspiegel zu bemühen, den sie inzwischen gewissenhaft mied.

Schon lange war sie bar aller Illusionen. Sie waren davongeflogen, Jahr um Jahr, bis sie beinahe vergessen hatten, was sie beide sich einst im Mondlicht feierlich gelobt hatten. Inzwischen sah sie den Mann an ihrer Seite mit neuen, anderen Augen. Fünf Kinder hatte sie geboren – und ihm doch nicht zur rechten Zeit den legitimen Erben schenken können, den er so dringend gebraucht hätte. Nicht einen Tag hatte sie vergessen, wie schwer er daran zu tragen hatte. Dabei waren ihre beiden Familien lange Zeit eng miteinander verbunden gewesen, wenngleich sie in den Augen der Welt alles andere als ebenbürtig erschien. Sah man allerdings genauer hin, entdeckte man Erstaunliches. Nur die Klugheit, der Fleiß und der Mut ihrer Vorfahren hatten seinen Ahnen zum Thron verholfen.

Doch wer sprach jetzt noch davon?

Wie immer würde er sich zu helfen wissen. Dafür hatte sie ihn lange Zeit bewundert und heiß geliebt – jetzt freilich hatte sie ihn manchmal deswegen gehasst. Hätte er nicht abwarten können, bis sie den letzten Atemzug getan hatte?

Schon seit Jahren verfolgte er emsig und geschickt seine Ziele.

Natürlich hatte sie alle Schreiben abfangen lassen, die in jener delikaten Angelegenheit über den Brenner und wieder zurückgingen, wenngleich sie ihm gegenüber niemals ein Wort davon erwähnt hatte. Sie kannte jeden einzelnen Brief, hatte ihn so oft gelesen, bis die Worte auf ihrer Netzhaut eingebrannt waren. Ihr Liebster befand sich erneut auf Freiersfüßen, das war wie ein Schwert, das in ihr Herz fuhr, obwohl doch noch ein Restchen Leben in ihr war. Sobald sie die Augen für immer geschlossen hätte, sollte seine italienische Nichte an ihre Stelle treten, blutjung, gebärfreudig, hochadelig vom Scheitel bis zur Sohle.

Ob Anna Caterina das Meer kannte?

Ihr hatte er es immer wieder zeigen wollen – um dann sein Versprechen von Jahr zu Jahr weiter ins Ungewisse zu verschieben. Nun würde sie sterben, ohne jemals gesehen zu haben, wie Wasser und Horizont sich küssten, während die Sonne als Feuerball in den Fluten versank.

Inzwischen umfloss das rote Samtkleid ihre Füße, eine Lache aus dunklem Blut, wie sie unwillkürlich denken musste. Auf einem Hocker aus Zirbelholz lag die Badeehre ausgebreitet, ihr am Rücken offenes Leinengewand, mit dem sie üblicherweise ins Wasser glitt. Darauf ruhte der Badehut aus grüner Seide, der den Kopf schützen sollte und nach Nelkenöl duftete, doch beides ließ sie heute unberührt.

Langsam schlurfte sie nach nebenan, nackt, wie die Mutter sie einst geboren hatte. Ihre Füße schienen dabei am Boden zu kleben, die Beine waren bleischwer. Dafür raste ihr Herz, in jenem jagenden, stolpernden Stakkato, das ihr seit dem letzten Herbst Furcht einflößte.

Heute war es schlimmer denn je.

Ihr fehlte die Kraft, sich wie gewohnt im Dampf von Schweiß und Schmutz zu reinigen. Und doch wollte und musste sie ins Becken – um endlich Gewissheit zu erlangen. Dienstbare Geister hatten alles vorbereitet.

Warmes Wasser leckte ihre geschwollenen Knöchel, als sie die Stufen nach unten ging, umschmeichelte die aufgeschwemmten Waden, die blaugeäderten Schenkel, schließlich den schlaffen Bauch. Für ein paar Augenblicke wurden die Schmerzen erträglicher, dann jedoch kehrten sie unbarmherzig wieder zurück, spitzer und greller denn je zuvor.

Sie zuckte zurück, als die leicht gekräuselte Wasseroberfläche ihr Bild zurückwarf. Ihr ehemals feines Gesicht, von dem viele geschwärmt hatten, ähnelte inzwischen einem Hamster. Die Wangen waren schwer, und zwischen Nase und Mund hatten sich strenge Falten eingekerbt. Nur die Augen waren unverändert, groß und leuchtend blau unter dunkelblonden Brauen, ebenso wie ihre Finger, noch immer schlank und zart wie in längst vergangenen Augsburger Tagen.

An den Körper mochte sie nicht einmal denken, füllig und unbeweglich geworden, der ihr seit Jahren nichts als Kummer und Pein bereitete. Ihm war er schon lange keine Freude mehr, und seitdem verachtete auch sie diese Last, die sie mit sich herumzuschleppen hatte. Als habe ihr Leib beschlossen, sich für diese Missachtung zu rächen, schoss eine neue Schmerzwelle durch ihre Eingeweide. Sie krümmte sich, heilfroh, den steinernen Hocker erreicht zu haben, auf dessen hölzerne Sitzfläche sie sich schwerfällig sinken ließ.

War das Gift, das da in ihren Adern kreiste?

Der ätzende Hauch der Kränkungen, Drohungen und Schmähungen, die sie so lange hatte erdulden müssen?

Nicht einmal das warme Wasser, das sie nun bis zum Hals umfloss, vermochte jetzt noch Linderung zu schaffen. Stattdessen begannen die bemalten Tierfiguren ringsumher ein seltsames Eigenleben. Nattern, Krebse, Kröten und Echsen schienen nicht länger starr, sondern zuckten und zitterten, als wollten sie zu ihr ins Becken kriechen. Die Sackpfeifen, die den Springbrunnen vor dem Badfenster betrieben, ächzten und stöhnten dazu eine unheimliche Melodie, die sie verhöhnte.

Erschöpft schloss sie die Augen.

Plötzlich war das Holz verschwunden, und gleiches galt auch für Springbrunnen, Badewasser und all die bunten Figuren. Die Mauern von Ambras, ihr Zuflucht und Gefängnis zugleich, brachen auf. Aber es war nicht die Kühle des Bergfrühlings, die sie auf der Haut zu spüren glaubte, sondern etwas Lindes, ungemein Zärtliches, das sie als Wohltat empfand.

Mit einem Mal schienen Schwere und Schmerzen verflogen, ebenso wie Bitternis, Enttäuschung, Angst. Die Sorge um die Zukunft der Söhne war nicht länger ein Albtraum, der sie Nacht für Nacht quälte, bis die Vögel in den Wipfeln ihr frühes Lied begannen.

Jung war sie wieder, strahlend, voller Lebenslust. Nicht länger die huldvoll geadelte Freifrau von Zinnenberg, um Anerkennung durch den Kaiserhof bangend, sondern Philippine Welserin, die in einem duftigen Kleid leichtfüßig durch Augsburg lief …

**KAPITEL I
GEISSRAUTE**

Galega officinalis
auch genannt Bockskraut, Pockenraute,
Suchtkraut, Pestilenzkraut

POSITIVE WIRKUNG: Treibt Wasser, regt Milchfluss an, soll gegen Pest wirken.
NEGATIVE WIRKUNG: Achtung: Liebeskraut – soll abhängig machen.

Augsburg, April 1556

Sie liebte diese Stelle am Fluss, wo eine halbmondförmige Kiesbank in den Lech schnitt und ihr ermöglichte, das Ufer und damit auch die Stadt hinter sich zu lassen. Nach viel zu kühlen, regenreichen Wochen war dieser Frühlingstag sonnig und ungewöhnlich warm. Verglichen mit den schweren Wollstoffen, die sie den ganzen Winter über tragen musste, war das blaue Leinenkleid, das sie heute angezogen hatte, reinste Wohltat – und doch war ihr plötzlich viel zu heiß. Schuhe und Strümpfe hatte sie schon abgestreift und streckte nun vorsichtig den Fuß in das klare, schnell fließende Nass.

Das Wasser war so eisig, dass ihr die Luft wegblieb und sie blitzschnell zurück auf den Kies sprang. Der Wunsch, wie eine Nixe in die Fluten zu tauchen, war mit einem Schlag verschwunden. Dann jedoch wagte sie einen zweiten Versuch, und jetzt gelang es ihr, eine Weile länger auszuhalten. Sie beobachtete, wie kleine Wellen über ihre Haut liefen, die sich langsam rosig verfärbte, und genoss die Erfrischung.

Nichts zog Philippine zurück nach Hause, obwohl sie die Aufgaben der Mutter erledigt hatte. Seit dem letzten Herbst schlich sich bisweilen etwas Missmutiges zwischen ihnen ein, was sie bedauerte, wenngleich sie es nicht zu ändern vermochte. Vielleicht lag es daran, dass nun auch Georg fort war, dessen freundliche Gegenwart sie beide ebenso vermissten wie seinen rabenschwarzen Humor. Drei Jahre jünger, war er ihr stets am nächsten gewesen, anders als die kreuzbrave Regine, die tat, was man von ihr verlangte, oder Karl, der zweite Bruder, der rasch aus der Haut fahren konnte, wenn etwas nicht nach seinem Willen ging. Jedes der Geschwister hatte inzwischen den eigenen Weg beschritten, bis auf sie, die noch immer im Dachgeschoss des alten Peutingerhauses hockte, als habe das Leben sie übersehen.

Die Zeit begann, ihr Feind zu werden, dessen war Philippine sich bewusst.

Und dass die Leute redeten, merkte sie Tag für Tag.

Aber sollte sie deshalb in der Stube hocken bleiben, während draußen die Sonne so einladend lachte?

Ihr Weidenkorb, den sie in einiger Entfernung abgestellt hatte, war gefüllt mit den Pflanzen, die Anna Welser ihr zu sammeln aufgetragen hatte. Hatte sie sich früher noch an Skizzen orientieren müssen, um das Gewünschte heimzubringen, so war sie inzwischen selbst zur Kundigen geworden. Sogar ausgefallene Gewächse erkannte sie in der Regel auf Anhieb und wusste, wie man sie in der Krankenpflege anwenden konnte. Heute waren ein paar ganz besondere Schätze darunter: Neben Spitzwegerich für die Bronchien und Giersch, der Bettlägerigen die verlorene Kraft zurückgibt, lagen das blutreinigende Barbarakraut. Dazu kamen Silberdisteln, die harntreibend wirkten, Vogelmiere, die beim Abstillen unterstützte, Scharbockskraut, von dem nur die zarten Spitzen genossen werden durften, um Skorbut vorzubeugen, sowie Geißraute, die als liebesanregend und milchfördernd galt.

Inzwischen waren ihre Füße eiskalt und der Kopf wieder klar.

Während drüben im Auenwald Rotkehlchen und Pirol um die Wette trillerten, streckte Philippine sich auf dem Kiesbett aus und schloss die Augen. Allerdings war der steinige Untergrund alles andere als bequem. Sie spürte, wie sie unter den Brüsten zu schwitzen begann, wie eng der Rock einschnitt, weil sie alle über die Wintermonate zu viel und zu fett gegessen hatten, und lockerte Mieder und Rockband, um sich freier zu fühlen. Wäre es nach ihr gegangen, so hätte sie sich am liebsten alles vom Leib gerissen, um in der Sonne zu baden, doch das kam natürlich nicht infrage. Nacktheit galt als sündhaft und verworfen, schon gar außerhalb der eigenen vier Wände. Sogar in die Wanne stieg man nur in der passenden Bekleidung. Manchmal allerdings, in der Stille der nächtlichen Schlafkammer, wagte sie doch, das lästige Hemd abzustreifen und sich zu liebkosen, um ihre Einsamkeit zu vertreiben.

Sofort waren sie wieder zur Stelle, jene halsbrecherischen Träume, gegen die sie machtlos war!

Selbst nach all der Zeit bekam sie ihn nicht aus dem Kopf. Und aus dem Herzen erst recht nicht, obwohl jedes Hoffen sinnlos war.

Als Erzherzog war Ferdinand von Habsburg zum Herrschen geboren und konnte folglich auch nur eine Frau heiraten, die ihm ebenbürtig war. Welten lagen zwischen einem Geschlecht, das Kaiser und Könige hervorgebracht hatte, und der Kaufmannsfamilie, der sie entstammte, mochte sie auch noch so angesehen sein.

Doch was nützte diese Erkenntnis?

Das Herz gehorchte seiner eigenen Sprache, ließ sich

weder täuschen noch verbiegen. Verglichen mit Ferdinand waren die Männer, die bislang um sie angehalten hatten, ausnahmslos so austauschbar und farblos, dass sie Philippine wie Schattenfiguren erschienen, die sich von einem Windhauch umblasen ließen.

Hatte sie alle nicht nur Kalkül und Berechnung dazu getrieben, ihr einen Antrag zu machen, anstatt Liebe und Hochachtung? Und waren sie nicht allzu hurtig von dannen gezogen, als offen lag, wie mager ihre Mitgift ausfallen würde?

Das Fazit fiel erschreckend aus.

Der, den sie begehrte, war so unerreichbar wie die Milchstraße am Himmelszelt.

Bewerber, die halbwegs angemessen gewesen wären, hatten aus Geiz oder Feigheit das Weite gesucht.

Jene aber, die unter ihr standen, galten als ›Habnitse‹ und kamen somit erst gar nicht für sie infrage.

Inzwischen kannte halb Augsburg die wahren Gründe, aus denen Franz Welser sich nach Ravensburg abgesetzt hatte. Ihr Vater galt als Schönling, der mehr und mehr mit den Evangelischen liebäugelte, was manche ihm zutiefst verübelten. Von seinem mangelnden Geschäftssinn freilich hörte man noch Bedenklicheres. Kein Vergleich mit seinem Bruder Bartholomäus, der das Familienunternehmen mit straffer Hand geführt und inzwischen an seinen Sohn Christoph weitergegeben hatte!

Wenngleich die großen Zeiten des Kontinente übergreifenden Welser Imperiums inzwischen vorbei waren, so zog Onkel Bartholomé, wie Philippine ihn stets liebevoll genannt hatte, von seinem Alterssitz in Amberg aus noch immer die Fäden, auch wenn seine Hände zittrig wurden und ihm bisweilen ganz den Dienst versagten.

Sein Bruder Franz dagegen, ihr Vater, um dreizehn Jahre jünger, galt als verschwenderisch, ein Luftikus, der zwar reich, aber gewiss nicht aus Liebe geheiratet hatte, von Jugend an den schönen Dingen des Lebens inniger zugetan als klaren Ziffern. Je mehr sein Alter voranschritt, desto weniger schien er bereit, sich weiterhin familiären Zwängen zu beugen. Anna und Philippine bekamen es an den Zahlungen aus Ravensburg zu spüren, die immer spärlicher tröpfelten, ebenso wie an seinen kurzen, zerstreuten Briefen, die allenfalls zu hohen Feiertagen eintrudelten.

Doch das war bei Weitem nicht das Schlimmste.

Die Leute zerrissen sich das Maul über die unübersehbare Schar der Augsburger Bastarde ihres Vaters. Manchmal graute Philippine regelrecht davor, einem weiteren seiner ›Kegel‹ zu begegnen, wie die Unehelichen abfällig genannt wurden, und in einem neuen Gesicht Züge des abwesenden Vaters entdecken zu müssen.

Kein Wunder, dass die stolze Anna Welser inzwischen allem Fleischlichen abgeschworen hatte und einzig und allein für ihre Heilkräuter lebte! Sie hatte Witwenschwarz angelegt, obwohl ihr Ehemann keineswegs tot war, sondern putzmunter in einer anderen Stadt das Leben führte, nach dem es ihn offenbar seit jeher gelüstet hatte. Was er damit allerdings seiner Tochter antat, schien ihn dabei nicht weiter zu kümmern …

Seltsam prustende Geräusche rissen Philippine aus ihren Grübeleien.

Vor ihr stand ein junger Mann, tropfnass, der schallend zu lachen begann, als er ihr erschrockenes Gesicht sah.

»Der Himmel muss es wahrlich gut mit mir meinen!«, rief er. »Welch wunderbares Geschick hätte mich sonst ausgerechnet hierher geführt?«

Sein muskulöser Oberkörper war nackt, und auch die helle Bruche, die er als einziges Kleidungsstück trug, stellte seinen gut gebauten Körper mehr zur Schau, als ihn zu verhüllen.

Bis auf die Brüder, und das lag viele Jahre zurück, hatte sie nie zuvor einen so spärlich bekleideten Mann zu Gesicht bekommen. Sie konnte nicht anders, als ihn weiter anzustarren, was ihn nur noch mehr zu amüsieren schien. Dann erst fielen ihr das aufgeschnürte Mieder und ihr halb gelöstes Taillenband ein, doch beides konnte sie jetzt beim besten Willen nicht mehr in Ordnung bringen.

»Erkennt Ihr mich denn gar nicht wieder?«, fuhr er fort. »Der Dachausbau im Peutingerhaus vor einigen Jahren, Ihr müsst Euch doch daran erinnern! Ich war es, der Euch diese schöne Stube gezimmert hat. Tag für Tag sind wir uns dort über den Weg gelaufen. Denkt Ihr denn gar nicht mehr an mich, wenn Ihr im Winter Eure Finger am Ofen wärmt?«

Natürlich – der Zimmermann, der sie so begehrlich gemustert hatte, als sei sie seinesgleichen! Und dennoch hatten seine unverschämten Blicke ihr gefallen, allein schon deshalb, weil er eine gewisse Ähnlichkeit mit Ferdinand besaß.

»Damals trugt Ihr Wams und Schuhe und habt zumindest versucht, Euch halbwegs anständig aufzuführen«, erwiderte sie. »Jetzt aber steigt Ihr wie Poseidon höchstpersönlich aus dem Lech …«

»In Wams und Schuhen schwimmt es sich nun mal leider ziemlich schlecht«, unterbrach er sie. »Mein Kleiderbündel liegt ein Stück flussaufwärts am Ufer. Ich geh es holen, sobald ich mich aufgewärmt habe. Aber jetzt muss ich erst einmal eine ganze Weile in die Sonne.« Er schüttelte sich wie ein nasser Welpe. »Brrr – ich hab den Biss des Frühlings unterschätzt. Das war eisig kalt!«

Jetzt musste sie wider Willen lachen, was ihn zu ermutigen schien.

»Ich darf doch?« Er setzte sich neben sie auf die Kiesbank, so ungeniert, als trüge er Schaube und Beinlinge, um sie von Neuem zu mustern. »Wie ist es Euch inzwischen ergangen? Erzählt mir von Euch, schöne Philippine! Denn diesen Namen tragt Ihr zu Recht.«

Sie rückte ein Stück zur Seite, ebenso geschmeichelt wie verlegen. Um ein Haar hätten sie sich berührt.

»Was bin ich bloß für ein Flegel«, sagte er kopfschüttelnd. »Ihr wisst ja sicherlich nicht einmal mehr, mit wem Ihr es zu tun habt! Caspar ist mein Name. Caspar Reinhard. War ein paar Jahre lang auf der Walz, in fernen Städten und Regionen, wie es in unserem Handwerk eben so üblich ist. Doch jetzt bin ich wieder da. Das Wasser, mein Lebenselixier, hat mich zurück nach Augsburg gezogen. Und jetzt verdanke ich ihm sogar die Ehre, Euch erneut zu begegnen!«

Die Tropfen auf seiner Haut glitzerten, was ihr gefiel. Er schien sich öfters in der Sonne aufzuhalten, denn seine Schultern schimmerten in einem warmen Bronzeton, der Philippine an eine antike Schale erinnerte.

Einen Lidschlag lang stellte sie sich vor, es seien seine Schultern. Und er säße hier allein mit ihr am Fluss.

Ob Ferdinand sie auch ›schöne Philippine‹ genannt hätte?

Sie erschrak über ihre Gedanken.

Wenn sie nicht aufpasste, würde sie noch wunderlich werden, eine alte Jungfer, die sich Tagträumen und verrückten Fantasien hingab, die doch niemals wahr werden konnten.

»Ich muss zurück.« Sie erhob sich vorsichtig. Zum Glück blieb der Rock an seinem Platz, und auch das Mieder verrutschte nicht weiter, was sie ebenfalls erleichtert bemerkte. »Meine Mutter erwartet mich. Und mein Korb ...«

Blitzschnell war er aufgesprungen und brachte ihn ihr.

»Kräuterzeug.« Er hing seine Nase in den Korb und schnüffelte genüsslich. »Sogar jede Menge Kräuterzeug! Vogelmiere sehe ich da, Disteln – und das gute, alte Pestilenzkraut! Gibt es da etwa einen heimlichen Schatz, von dem Ihr träumt? Dann wüsste ich wahrlich etwas Besseres für Euch!«

»Unsinn!«, widersprach sie. »Das ist alles für meine Mutter bestimmt. Ihre Heilpflanzensammlung wächst und wächst.«

Er nickte, wirkte seltsam erleichtert.

»Dann ist es also wahr, was man sich in Augsburg erzählt: dass Anna Welserin inzwischen eine halbe Apothekerin geworden ist, und ihre liebreizende Tochter Pippa noch immer auf den Richtigen wartet ...«

Das ging entschieden zu weit!

Sie riss ihm den Korb aus der Hand, angelte nach Strümpfen und Schuhen. Den Gefallen, das Kleid zu heben und ihre Beine zu zeigen, würde sie ihm nicht erweisen. Auch so schienen seine Augen schon Löcher in das Leinen zu bohren, so neugierig waren sie auf sie gerichtet.

»Spart Euch die Schmeicheleien für bessere Gelegenheiten auf«, sagte Philippine scharf. Ihren Spitznamen, ausschließlich der Familie vorbehalten, musste er damals irgendwann aufgeschnappt haben, was sie störte und gleichzeitig merkwürdig atemlos machte. »Und jetzt lasst mich vorbei!«

Breitbeinig versperrte er ihr den Weg.

»Nur, wenn du wiederkommst! Du wirst doch wiederkommen?«, sagte er leise. »Morgen zum Beispiel? Oder übermorgen? Der Frühling hat gerade erst richtig begonnen.«

»Vergesst es.« Wie kam er dazu, ihr gegenüber das vertrauliche Du zu verwenden? Er, ein einfacher Zimmermann, während sie doch aus einer der besten Familien der Stadt stammte!

»Und wenn ich herzlichst darum bitte?« Er roch nach Fluss, nach Sonne, nach Leben. Seinen Fehler machte er schnell wieder wett. »Würdet Ihr es Euch dann vielleicht doch noch einmal überlegen?«

Sie hätte mit Fäusten auf ihn einschlagen mögen, weil er sie die Einsamkeit so überdeutlich spüren ließ. Niemals würde sie mit Ferdinand zusammenkommen – warum musste ausgerechnet er sie an diesem strahlenden Frühlingstag daran erinnern?

Stumm schüttelte Philippine den Kopf.

Erneut ein Blick von ihm, den sie wie ein Messer empfand,

weil er abermals ihr Innerstes aufriss und bloßlegte, was sie doch unter allen Umständen verbergen wollte.

Dann trat Caspar zur Seite und gab den Weg endlich frei.

❊

Augsburg, 5. Mai 1556

IMMER, WENN ICH im Leben nicht mehr so recht weiterweiß, greife ich zu Feder und Tinte. Leider habe ich die alten Aufzeichnungen in einem Wutanfall verbrannt, was ich heute bedaure, aber nicht mehr rückgängig machen kann. Mit diesem neuen Tagebuch werde ich sorgfältiger umgehen, das habe ich mir geschworen.

So vieles geht mir im Kopf herum!

Vielleicht wird es leichter, das innerliche Wirrwarr ein wenig zu ordnen, wenn ich meine Gedanken zu Papier bringe.

Schöne Philippine, so hat dieser dreiste Zimmermann mich genannt – einzig und allein, um mir zu schmeicheln, wie schon andere vor ihm.

Beeindrucken lasse ich mich trotzdem nicht davon. Denn ich kenne ja mein Spiegelbild, weiß ganz genau, wer ich bin.

Ich war nicht einmal schön, als ich sechzehn war, und bin es heute ebenso wenig. Meine Haut mag zart sein, doch wer behauptet, sie sei so durchscheinend, dass man sehen könne,

wie Rotwein durch meine Kehle rinnt, ist ein Lügner. Ich mag meine blauen Augen und die feinen Haare, die kraus werden, wenn draußen Nebel aufzieht. Vor allem aber meine Hände, die immer in Bewegung sind.
Doch was sollte daran schon Besonderes sein?
Es ist etwas anderes, das ihnen an mir gefällt. Angeblich eine Art Strahlen, das von mir ausgeht, sobald ich gelöst und heiterer Stimmung bin, so hat Tante Kat es einmal liebevoll ausgedrückt, etwas Helles, Leuchtendes, das ansteckend wirkt.
Wenn sie so über mich reden, macht es mich froh.
Aber ich bilde mir nichts darauf ein.
Denn so manches an mir ist ganz und gar nicht makellos.
Meine großen Füße zum Beispiel, die runden Hüften, die es mir schwer machen, die Kleider so eng zu tragen, wie die Mode es vorschreibt. Erst recht dieser unsägliche Schweif winziger Leberflecke, den ich von Geburt an auf dem Rücken habe und als Brandmal empfinde, auch wenn ich ihn selbst nicht sehen kann! Jedes Mal hat Regina mich damit aufgezogen, wenn wir als Kinder gemeinsam in der Wanne saßen und darauf warteten, abgeschrubbt zu werden. Noch mehr allerdings stört mich, dass meine Brüste unterschiedlich groß sind, wenngleich das zum Glück angezogen nicht weiter auffällt. Und vieles, vieles andere mehr …
Dafür kann ich klar denken und gut rechnen, was ich im Kontor meines Onkels viele Male unter Beweis gestellt habe. Ich beherrsche leidlich Latein und kann die Laute schlagen. Wie gern würde ich in ferne Länder aufbrechen, wie meine

Vorfahren es getan haben – stattdessen bin ich hier eingesperrt wie in einem Käfig.

Meine Gefühle sind weder wechselhaft noch oberflächlich, wie man es uns Frauenzimmern so gern nachsagt. Ich kann lieben und hassen wie ein Kerl, so hat Onkel Bartholomé es ausgedrückt. Vielleicht hat er sich deshalb mehr als einmal gewünscht, ich sei als Mann geboren und könnte somit eines Tages seine Nachfolge im Unternehmen antreten.

Was er mir nicht alles beigebracht hat!

Manchmal denke ich, zu viel für eine Frau, die trotz all dieses Wissens ja schließlich doch eingeschnürt bleibt, bis ihr die Luft knapp wird. Allerdings ertrage ich diese Enge immer weniger, erst recht nicht, seitdem ich Caspar begegnet bin …

Natürlich bin ich nach jener ersten Begegnung NICHT mehr an den Lech gegangen – ein paar quälende Tage lang, in denen ich mich mit häuslichen Nichtigkeiten abzulenken versuchte, bis ich das Gefühl hatte, dass Flammen in meinen Beinen züngeln.

Zum Glück braucht meine Mutter Nachschub, Wermut für Magen und Augen sowie Gottesgnadenkraut, um die Wassersucht einer Nachbarin zu kurieren. Sie scheint erstaunt, dass ich bereit bin, mich ohne zu Murren abermals auf die Kräutersuche zu begeben, hat aber zum Glück nicht weiter nachgefragt.

Er ist nicht da, als ich die Kiesbank ansteuere, was mich zunächst erleichtert. Ich lasse mich auf die Steine sinken, starre auf den Fluss.

Wozu bin ich eigentlich hier, wo mein ganzes Sinnen und Trachten doch einzig und allein Ferdinand gilt?

Jener Abend in Schloss Bresnitz wird in mir sein, solange ich lebe.

Seine Augen, seine Gestalt, seine Stimme, in der eine ganze Welt liegt!

Es waren nur ein paar Tänze, ein Lachen, als wir miteinander ins Gespräch kamen. Doch wäre es nach mir gegangen, es hätte auch so viel mehr sein können.

Als ob meine Seele angekommen sei. Ein zu Hause sein, wie ich es mir immer gewünscht hatte.

Ob Ferdinand auch noch an mich denkt?

Mein Herz sagt ja – mein Verstand jedoch behauptet das Gegenteil.

Tante Kat hat versucht, mich zur Vernunft zu bringen, aber wie sollte ihr das gelingen? Als ich im Morgengrauen am Fenster stand und beobachtete, wie er hoch zu Ross nach Prag aufbrach, hatte ich das Gefühl, in Stücke zu brechen, weil es für mich ein Abschied für immer war. Seitdem erscheint mir das Bürgerkleid, auf das ich bislang so stolz war, wie ein Leichenhemd. Es zieht mich herab, macht mich so bleiern, dass ich niemals zu ihm werde fliegen können …

Caspar kommt also zur Kiesbank, als ich schon wieder gehen will, dieses Mal anständig gewandet. Ein schmucker Mann, ich glaube, er weiß sehr wohl, wie gut er aussieht.

Und wie er reden kann!

Vom Wasser erzählt er mir, das er lenken und bändigen möchte. Immer begeisterter wird er dabei, und ich tue so, als würde ich eifrig zuhören. Zum Abschied schenkt er mir ein hübsches blaues Seidensäckchen.

Vergiss dein nutzloses Geißkraut. Nimm lieber das hier!

Die Wurzel der Belladonna! Bislang kenne ich sie nur von Zeichnungen. Ein überaus gefährliches Gewächs. Wer von ihren Früchten kostet, muss sterben, das habe ich schon als Kind gelernt.

Er lacht, als ich das sage, versucht, meine Furcht zu zerstreuen.

Die Wurzel ist ungiftig. Du brauchst also keine Angst zu haben! Sie kräftigt die Erinnerung und soll, so sagt man, Liebende verbinden.

Liebende – beinahe hätte ich ihm mitten ins Gesicht gelacht. Es gibt nur einen Einzigen, mit dem mich diese Gefühle verbinden.

Ich stecke das Säckchen trotzdem ein, um ihn nicht zu kränken, und nehme mir vor, bei Gelegenheit meine Mutter ausführlich darüber auszufragen.

Dazu ist es allerdings bislang noch nicht gekommen.

Stattdessen wächst meine Unruhe.

Kann diese Wurzel daran schuld sein? Bringt sie mich dazu, Caspar wiedersehen zu wollen?

Ich habe mich von ihm küssen lassen ...

Meine Beine zittern noch immer, wenn ich daran denke, seine Lippen aber sind warm und fest, und die Hände bleiben zwar zahm, wissen aber dennoch, was sie zu tun haben.

Wenn jemand uns beobachtet hat?

Allein bei dieser Vorstellung könnte ich auf der Stelle sterben ...

KAPITEL II
BELLADONNA

Atropa belladonna
auch genannt Irrbeere, Taumelstrauch,
Teufelsbeere, Schlafkirsche

POSITIVE WIRKUNG: Hilft bei Magen- und Darmschmerzen, sowie Augenkrankheiten.
NEGATIVE WIRKUNG: Hochgiftig!, Erbrechen, Schwindel, Halluzinationen, Abortivum.

Augsburg, Mai 1556

WENN SIE BEIM Betreten des Welserhauses die Augen schloss, war alles wieder wie früher. Ein einzigartiges Gemisch an Gerüchen drohte ihre Sinne zu überfluten: Safran und Pfeffer konnte sie ausmachen, Lavendel, Zimt und Kamille. Dazu kamen Leder, Sackleinen und Hanf, Wagenschmiere und Pferdemist. Der Duft nach Freiheit, Waghalsigkeit – und Untergang.

Wie mutig und rücksichtslos waren ihre Vorfahren im ersten Jahrzehnt dieses Jahrhunderts in die Ferne aufgebrochen!

Städte hatten sie gegründet und Festungen erbaut, Kolonialisten angesiedelt und Einheimische gnadenlos geknechtet. Tief waren sie eingedrungen in den wilden, unerforschten Kontinent – allerdings ohne ›El Dorado‹ zu entdecken, jenes sagenumwobene Goldland, von dem sie so lange geträumt hatten. Der Preis, den sie dafür bezahlen mussten, war hoch. Onkel Bartholomé büßte nicht nur einen Großteil des Vermögens ein, sondern verlor auch seinen ältesten Sohn. Bartholomäus, der als Sechster dieses Namens die Linie weiterführen sollte, geriet in einen Hinterhalt und wurde zusammen mit seinem Begleiter Philipp von Hutten brutal gemeuchelt. Vom reichen Dutzend seiner Kinder hatte er ihn am meisten geliebt, auch und vielleicht sogar, weil er wusste, wie draufgängerisch, maßlos und unüberlegt der Sohn sein konnte.

Als die Nachricht von Bartholomäus' Tod nach Monaten Augsburg erreichte, wurde das Firmenoberhaupt über Nacht zum alten Mann, dessen Kopf zu wackeln begann, als weigere er sich, zu fassen, was inzwischen geschehen war, wenngleich sein Gehirn noch immer mit der Präzision eines Uhrwerks zu arbeiten vermochte.

An seiner Stelle saß nun Christoph im Kontor, der weder in Gestalt noch im Wesen Ähnlichkeit mit seinem Vater besaß. Niemand wusste, wie er die Brüder dazu gebracht hatte, ihm diesen Vortritt zu lassen. Doch innerhalb der Familie kursierte dazu eine Reihe hässlicher Gerüchte.

Philippine strich sich das Haar aus der Stirn, als sie die Hand auf die Klinke legte. Sie trug ihr bestes Kleid aus rosenfarbenem Taft – und fühlte sich trotzdem elend. Diese Bettelgänge, zu denen die Mutter sie immer wieder verpflichtete, waren ihr aus tiefstem Herzen zuwider. Aber blieb ihnen etwas anderes übrig, da Franz Welser ja kaum noch für ihren Unterhalt aufkam?

Christoph blickte nur kurz auf, nachdem sie eingetreten war, dann führte er in Seelenruhe seine Liste weiter. Drei weitere Männer arbeiteten an den langen Tischen, erfahrene Buchhalter, dem Unternehmen seit Jahren treu ergeben. Neben seinem Tintenfass stand ein großer Humpen Bier. Sein Wanst, der sich unter dem Wams aus braunem Samt wölbte, verriet diese Vorliebe.

»Welchem Umstand verdanke ich deinen Besuch?« Er legte ein leeres Blatt über seine Aufzeichnungen, als fürchte er, sie könne etwas erspähen, das nicht für ihre Augen bestimmt sei. »Ist euch schon wieder das Geld ausgegangen?«

Wie sie es hasste, vor allen so angeredet zu werden!

Sie kannte diese Räume beileibe nicht nur als Besucherin oder Bittstellerin. Ihr Onkel hatte sie oftmals hierher eingeladen, um ihm beim Rechnen oder Kalkulieren zu helfen. Die neue Art der Buchführung beherrschte sie im Schlaf. Keiner seiner zahlreichen leiblichen Töchter hatte er dieses Privileg zuteilwerden lassen. Wäre sie ein Mann und kein Weib, säße womöglich sie auf dem abgewetzten Lederstuhl!

»Wollen wir nicht lieber für einen Augenblick nach nebenan gehen?«, erwiderte sie so ruhig wie möglich. »Dort wären wir ungestört.«

»Ich habe keinerlei Geheimnisse vor meinen Leuten«, sagte Christoph, und die Lüge kam geschmeidig über seine Lippen. »Jeder Gulden, der unsere Schatullen verlässt, wird bis zum letzten Heller in unseren Büchern verzeichnet. Wir ständen heute anders da, hätte Vater nicht diese unglückliche Vorliebe für schwarze Kassen und bodenlose Wagnisse gehabt, die uns fast an den Rand des Ruins getrieben haben. Sogar meine Brüder teilen inzwischen diese Ansicht.«

»Onkel Bartholomé war und ist ein großer Mann mit eigenen Regeln«, erwiderte Philippine, noch immer mühsam gefasst. »Der so vieles für unsere Familie erreicht hat. Hätte er nicht klug und mutig das Unternehmen vorangetrieben, du würdest heute wohl kaum …«

Sie biss sich auf die Zunge. Sie war hier, um Hilfe zu erbitten und legte sich schon nach den ersten Sätzen mit Christoph an!

Aber so war es gewesen, seitdem sie denken konnte.

Schon als kleines Mädchen hatte sie mit ihm gestritten oder lieber noch schleunigst das Weite gesucht, sobald der um zehn Jahre Ältere auf sie zustrebte. Dass die Pocken ihn in jungen Jahren gezeichnet hatten, hatte sie dabei noch am wenigsten gestört. Viel mehr waren es seine Grobheiten, die sie abstießen, die großen Worte, die er um alles machte. Christophs vorgebliche Neckereien waren in Wirklichkeit Püffe gewesen, die blaue Flecken auf ihrer Haut hinterließen; was er unter Kitzeln verstand, hatte sie stets als unangenehmes Zwicken empfunden. Doch während sie seine Nähe nach Möglichkeit mied, unternahm er vielfältige Anstrengungen, um ihre Gesellschaft zu suchen. Kaum war sie herangewachsen, hatte er sich offenbar unsterblich in sie verliebt. Mehr als einen missglückten Kussversuch seinerseits hatte es allerdings niemals zwischen ihnen gegeben. Anna Welser, der sie aufgelöst davon berichtet hatte, wusste dafür zu sorgen, dass Christoph seine junge Base nicht mehr zu Gesicht bekam, bis er endlich eine passendere Braut heimgeführt hatte.

»Also?«, sagte er schnarrend. »Wie viel ist es dieses Mal, geschätzte Pippa?«

Inzwischen starrten alle Buchhalter sie an.

Philippine spürte, wie eine Welle von Scham und Zorn sie überflutete.

Seine Augen lagen tief in einem aufgeschwemmten Gesicht. Wie graue Kiesel kamen sie ihr vor, kalt und ohne Leben. Wenn sie doch nur einen Zauber wüsste, um an das verdammte Geld zu kommen, ohne an seinem Schreibtisch vorbei zu müssen!

»Raus damit!«, setzte er nach. »Wobei ich mich doch wundern muss, wie schlecht die gute Tante Anna zu wirtschaften vermag. Oder hat dein Besuch einen ganz konkreten Anlass? Nach Regine, die sich dank meiner Freigiebigkeit ins gemachte Nest gesetzt hat, nun endlich auch du? Das freilich wäre mir nach all den Jahren des Wartens ein ganz besonderes Vergnügen ...«

»Hör auf!«, unterbrach sie ihn.

»Jetzt läuft sie doch tatsächlich rot an!«, sagte er spöttisch. »Bist du dazu nicht schon ein wenig zu reif, geschätzte Base? Und was das Heiraten betrifft: In deinem Alter noch den Jungfernkranz flechten zu wollen, muss alles andere als ...«

Ihr Körper handelte von selbst. Philippine sprang nach vorn, packte den Humpen und schüttete ihm das Bier über den Kopf. Langsam tropfte es von der Stirn über die narbigen Wangen bis in den Stiernacken.

Es war verrückt, was sie getan hatte – und doch erfüllte es sie für einen Augenblick mit wilder Befriedigung. Christoph hatte bekommen, was er schon längst verdient hatte! Dann jedoch überfluteten sie Zorn und Beschämung über die eigene Unbeherrschtheit. Die Mutter würde die Lippen zusammenpressen, wenn sie von ihrem Ausbruch erfuhr, und längst überfällige Rechnungen müssten auch weiterhin unbezahlt bleiben.

Philippine drehte sich auf dem Absatz um und floh aus dem Kontor, die breite Treppe hinauf, auf der sie als Mädchen gespielt hatte.

Blindlings öffnete sie die nächstbeste Tür.

Sie kannte diesen Raum, doch es lag Jahre zurück, dass sie zum letzten Mal hier gewesen war. Die Wände schmückten bunte Fresken, die ihr neu erschienen. An der einen Wandseite stand ein großer Tisch mit hohen Stühlen, an der anderen eine Truhe mit dunklen Intarsien. Vor das halb geöffnete Fenster hatte jemand einen Sessel geschoben, dessen breite Lehne ihr zugewandt war.

Aus Enttäuschung über sich selbst stampfte sie mit dem Fuß auf.

»Na, na, ganz so schlimm wird es doch wohl nicht sein«, hörte sie auf einmal eine vertraute Stimme. »Warum erzählst du mir nicht, was dich so aufgebracht hat?«

»Onkel Bartholomé!« Sie lief zu ihm. »Mit keinem Wort hat er mir verraten, dass du in Augsburg bist!« Wie sie es schon als Kind getan hatte, kauerte sie sich zu seinen Füßen, während er seine warme Hand auf ihren Kopf legte.

»Christoph?«, sagte er nach einer Weile. »Natürlich wieder Christoph!«

Sie nickte.

Wie gewohnt trug er das nachtblaue Samtbarett, mit dem er sein schütteres Haupthaar bedeckte, die einzige Eitelkeit, die sie jemals an ihm bemerkt hatte. Seine wasserhellen Augen waren groß und gütig, ein fesselnder Gegensatz zu dem schmalen, beherrschten Mund und der Adlernase, die schon so manchen beeindruckt hatte. Sein kurz geschnittener Bart, inzwischen mehr weiß als grau, verlieh ihm etwas Würdevolles. Was sie jedoch beunruhigte, war die durchscheinende Blässe seiner Haut.

War er kränker als sie wusste?

Der Gedanke, ihn zu verlieren, war unerträglich.

»Er hat dir doch nicht etwa wehgetan?«, fragte er weiter.

»Nein«, sagte sie. »Das würde ich nicht zulassen. Aber

er hat mich sehr wütend gemacht. Mein Vetter Christoph besitzt wahre Meisterschaft darin, andere auf ihren Platz zu verweisen.«

»Du hast ihn verschmäht. Das wird er dir niemals vergessen, solange du lebst. Ich wünschte, er wäre anders. Doch nicht alle Wünsche gehen in Erfüllung.«

»Er will alle klein halten«, sagte Philippine. »Um sich selbst größer zu fühlen. Das stört mich am meisten an ihm. Und ich hasse es, ihn um Geld anbetteln zu müssen!«

»Warum fragst du dann nicht lieber mich?«, sagte Bartholomäus Welser. Sein Tonfall war scherzhaft, doch ihr entging nicht die gewisse Schärfe, die darin lag. »Du weißt doch, dass ich es anders mit den Menschen halte – und das wird so bleiben, auch wenn ich allmählich alt und zittrig werde.«

»Vielleicht, weil ich mich schäme, dass wir ständig mit neuen Bitten und Forderungen daherkommen müssen?«, sagte sie leise. »Ich wünschte, du wärst mein Vater ... seit jeher. Dann wäre alles leichter für uns. Aber das weißt du ja seit Langem.«

»Du bist die Tochter meines Herzens, und das weißt du, seitdem du auf der Welt bist. Jetzt schau nicht mehr so grimmig drein! Es macht mich ganz krank, wenn dein hübsches Gesicht nicht fröhlich ist!«

Mit dem Hauch eines Lächelns blickte sie ihn an.

»Schon viel besser!« Es entging ihr nicht, wie schwer ihm das Aufstehen fiel, doch sie sprang ihm nicht bei, weil es ihn sonst gekränkt hätte. »Wollen wir nicht zusammen nach oben gehen, auf den Dachgarten?«

Wie stolz war er damals gewesen, als alles nach seinen Plänen fertiggestellt war! Ein Turm hatte abgetragen werden müssen, ein Schuppen eingerissen, eine Treppe verkürzt, bis es so gewesen war, wie er es sich vorgestellt hatte. An ihrer Seite hatte er den Dachgarten schließlich zum ersten Mal betreten, in einer klaren warmen Augustnacht, in der unzählige Sternschnuppen über den Himmel tanzten.

»Du musst dir etwas wünschen«, hatte er damals gesagt. »Aber darfst mir nicht verraten, was.«

Genau das hatte sie getan.

Philippine musste lächeln, als sie an jenen besonderen Augenblick dachte, und ihm erging es nicht anders, das spürte sie, ohne den Kopf wenden zu müssen. Ihr Wunsch von damals war in Erfüllung gegangen, wenngleich ganz anders, als sie geglaubt hatte.

»Und noch ein Geheimnis will ich dir verraten, Pippa«, setzte Onkel Bartholomé heute hinzu. »Von weit oben werden alle Sorgen auf einmal sehr viel kleiner – daran solltest du stets denken!«

❉

Wie kam es, dass ihre Füße auf einmal bergab ins Lechviertel strebten, anstatt sie auf dem schnellsten Weg nach Hause zu tragen?

Im Nachhinein gab sie Onkel Bartholomé die Schuld daran. Wie keinem anderen in der Familie gelang es ihm, sie allein durch seine Gegenwart aufzumuntern. Sie fühlte sich wohl, wenn sie beide nur stumm nebeneinander saßen; noch viel erfüllender war es, sich mit ihm auszutauschen. Heute allerdings hatte die Erinnerung an den Toten ihn nach Kurzem ungewohnt wortkarg gemacht, ein Schatten, der für immer auf seiner Seele lasten würde. Philippine war nicht weiter in ihn gedrungen, weil sie wusste, dass keiner ihm diese Last abnehmen konnte.

Wie großzügig er sich trotz seines Kummers gezeigt hatte!

Ihre Rocktasche beulte eine prall gefüllte Geldkatze aus, die fürs Erste die Sorgen aus dem Peutingerhaus vertreiben würde.

»Gib auf dich acht, Kleines!«, hatte er zum Abschied gesagt. »Und komm wieder zu mir, wenn du etwas brauchst. Versprich mir das!«

»Ich danke dir, ich danke dir so sehr …«

»Das musst du nicht!« Er hatte einen Golddukaten herausgeholt und tippte auf König Ferdinands Konterfei. »Schau ihn dir ganz genau an, Pippa! Ein harter Mann auf einem harten Stück Metall. Bald wird er unser Kaiser sein. Der große Karl, der einst die Welt beherrscht hat, hängt jetzt die meiste Zeit des Tages in einem Leinengestell, weil er vor Schmerzen weder ein noch aus weiß. Würdest du ihn nach uns fragen, ich wette, seine Antwort wäre, er habe uns niemals gekannt.« Seine Stimme hatte auf einmal einen besonderen Klang angenommen, wie immer, wenn er an seinen ermordeten Sohn dachte. »So sind sie, diese Habsburger, launisch, unberechenbar, eigensüchtig. Was wir Welser immer wieder bitter zu spüren bekommen haben …«

Was konnte er wissen? Was ahnte er?

Hatte Tante Kat ihren heiligen Schwur gebrochen und ihn eingeweiht?

Auf einem der unzähligen kleinen Stege, die über das Gewirr der Bäche führten, blieb sie stehen. Das Klappern, Stampfen und Hämmern, das aus den Handwerksbetrieben ringsumher drang, klang auf einmal überlaut in ihren Ohren. Sie alle wussten, wohin sie gehörten, auch wenn ihre Arbeit schwer und mühselig sein mochte.

Aber was war mit ihr?

»Philippine Welserin?«, hörte sie jemanden rufen. »Ich glaub es nicht!«

Von der anderen Seite des Stegs winkte Caspar ihr lachend zu.

Ihre Augen flogen zu dem Haus, vor dem er stand, erfassten mit einem Blick die schmucklose Fassade, die vielfach geflickten Ziegel, die das Dach in Form eines Biberschwanzes bedeckten, die Tür, die einladend offen stand.

»Worauf wartest du?«, rief er. »Dass ich dich über den Bach trage?«

Langsam kam sie näher.

»Ich bin nur ganz zufällig in der Gegend …« Sie brach ab, um vor ihm nicht wie eine dumme Gans dazustehen.

»Ich hab gerade von einem Nachbarn ein Fässchen Holunderwein bekommen, das sollten wir schlachten.« Er zog sie nach drinnen, als sei es das Selbstverständlichste der Welt. »Schau dich in Ruhe um. Jetzt kann ich dir zeigen, wo ich aufgewachsen bin!«

»Dein Elternhaus?«, sagte sie und verglich es, ohne zu wollen, mit dem stattlichen Anwesen, in dem sie groß geworden war.

»Sozusagen«, sagte Caspar. »Es hat meinem Onkel gehört, der die Mutter und mich aufgenommen hat, nachdem mein Vater fort war. Kein übler Kerl, auch wenn er den Selbstgebrannten mehr liebte als Säge und Hammer. Seit ein paar Monaten ruht er neben ihr auf dem Friedhof. Bin leider zu spät zurückgekommen, um mich noch von ihm verabschieden zu können.«

In der rußigen Küche begann er mit Fässchen, Krug und zwei Bechern umständlich zu hantieren.

»Trink!«, sagte er, nachdem ihm das Einschenken endlich geglückt war. »Hollerwein macht gute Laune, das weiß jedes Kind. Und du siehst aus, als könntest du das heute gebrauchen.«

Verstohlen musterte sie die einzige Zinnpfanne, die sie entdecken konnte, die angeschlagenen Schüsseln, das rostige Messer, das in einem groben Block steckte, die Herdstätte, ein Dreifuß, so niedrig, als würden Zwerge an ihm brutzeln. Das ölgetränkte Papier vor der Fensteröffnung tauchte alles in warmes, ein wenig düsteres Licht.

Nach einer Sitzgelegenheit suchte sie vergebens.

»Ja, zurzeit ist alles leider ziemlich durcheinander«, hörte sie Caspar sagen. »Zum Schluss hat er sich nicht mehr recht um seinen Haushalt kümmern können. Aber so soll es nicht bleiben, das kann ich dir versprechen. Ich werde eines Tages gewiss nicht zwischen meinen Sägespänen verrotten wie Onkel Marx!«

»Was hast du vor?«, fragte Philippine. Den Becher hatte sie inzwischen leer getrunken. Und einen zweiten gleich hinterher.

War ihr deswegen so heiß, dass ihr Brustbein zu brennen schien?

»Jetzt?«, murmelte Caspar. Er stand auf einmal so nah bei ihr, dass sie seinen Atem auf ihrer Haut spürte.

Sie stieß ihn weg.

»Wenn du denkst, dass ich …«

»Ich denke gar nichts«, murmelte er. »Ich möchte nur, dass es dir gut geht. Das ist alles.«

»Das Haus gefällt mir«, sagte sie rasch, obwohl es nicht wahr war. »Aber ich sollte jetzt besser gehen.«

»Du hast doch noch gar nichts gesehen. Komm!« Er streckte seine Hand aus, und sie ließ es sich gefallen.

Die Treppe nach oben war so steil, dass sie froh war, den Vortritt zu haben, auch wenn er ihr dabei auf das Hinterteil starren konnte. Caspar schien zu gefallen, was er zu sehen bekam, denn sie hörte ihn anerkennend schnalzen.

Wie frivol das klang!

Und dennoch wurden ihre Brustspitzen hart. Philippine schielte an sich hinunter und wäre dabei um ein Haar über die eigenen Füße gestolpert.

Ein Grund mehr für Caspar, sie an den Hüften zu packen und energisch weiter nach oben zu schieben.

»Das hätten wir schon einmal geschafft!«, sagte er, als sie im ersten Stock angelangt waren. »Hier hat früher meine Mutter gelebt. Aber es geht noch höher hinauf.«

Sie lugte nach oben.

»Das sieht ja lebensgefährlich aus. Keinen Schritt mache ich mehr!«

»Ach, halb so schlimm! Willst du meine Skizzen denn

nicht sehen?« Auf einmal klang er enttäuscht wie ein Kind. »Die allerneuesten sind, wie ich finde, am besten gelungen. Ich hab mir etwas ausgedacht, um die Kraft der Stadtbäche noch besser zu nutzen. Das musst du dir unbedingt anschauen!«

»Überredet!« Sie lachte, sagte sich, es sei nichts Schlimmes dabei.

Erstaunliches kam zum Vorschein, als Caspar unter dem Dach die Tür zu einem niedrigen Raum aufstieß. Nicht nur der Tisch, von dem kein Fitzelchen Holz mehr zu sehen war, so war er mit Papier überladen, auch der Boden war über und über mit Zeichnungen bedeckt.

»Ginge es nach mir, ich würde die gesamte Bewässerung Augsburgs auf den Kopf stellen«, rief er enthusiastisch. »Und vielleicht wird es ja auch bald so weit sein. Denn haben wir erst einmal mehr Mühlen, dann wird es auch den Zimmerleuten besser gehen. Sieh doch nur einmal, Pippa …« Leichtfüßig sprang er zum Fenster, schob das Ölpapier beiseite und ließ Licht herein.

Caspar hatte ein gutes Auge und einen sicheren Strich, das fiel ihr auf, als sie die ersten Blätter zur Hand nahm, wenngleich sie mit dem Abgebildeten nicht allzu viel anzufangen wusste. Rohre sah sie, Holzpfosten, Wasserräder, Brunnen …

Sie schaute sich weiter um, eher höflich als wirklich gefesselt, bis sie unter einem Stoß etwas sah, was ihre Neugierde weckte.

Vorsichtig zog sie es heraus.

Ihr Porträt, in Rötel scheinbar spielerisch hingeworfen,

und dabei doch so gekonnt ausgeführt, dass Philippine eine Gänsehaut bekam.

Waren ihre Augen wirklich so melancholisch?

Der Blick so hungrig?

Das Kinn so energisch? Der Hals so lang und stolz?

Sie starrte auf eine Frau, die sie wie eine Fremde empfand. Und dennoch war sie ihr gleichzeitig innigst vertraut. Sie musste Caspar etwas bedeuten, sonst hätte er sich wohl kaum diese Mühe gemacht.

Hatte sie ihn bislang unterschätzt?

Die Wurzel im Seidensäckchen schien auf einmal zu brennen, als trüge sie das Zauberding auf der bloßen Haut. Auf der anderen Rockseite wog die Geldkatze mit einem Mal so schwer, als habe ihr Inhalt sich heimlich verdoppelt.

Konnte er wissen, dass sie ein kleines Vermögen mit sich herumtrug, und hatte sie deshalb ins Haus gelockt?

Sie schämte sich für den Gedanken, kaum war er ihr durch den Kopf geschossen.

»Gefällt dir meine Zeichnung?«, fragte er.

»So also verbringst du deine Nächte?«, sagte sie scheinbar leichthin, doch der Scherz misslang.

»Gib mir Besseres zu tun!« Er lachte. »Du magst, wie ich dich gezeichnet habe?«

»Du hast durchaus Talent. Aber ich sollte gar nicht hier sein …«

»Warum?« Sein Blick streichelte ihr Gesicht.

»Weil die Leute sonst reden könnten.«

»Tun sie das nicht ohnehin?« Seine Augen waren groß, sein Mund war warm und schmeckte süß und bitter zugleich, als er sich auf ihre Lippen senkte und sie sanft öffnete, als hätten sich in den dunklen Holunderwein auch die gefährlichen Beeren der Tollkirsche geschmuggelt. »Ich hab schon längst damit aufgehört, mich darum zu scheren.«

War Belladonna nicht der ältesten der drei Parzen zugeordnet, jene, die Menschen in Raserei versetzen konnte und den Lebensfaden durchtrennte? Onkel Peutinger hatte davon erzählt, an dunklen Winterabenden, wenn sie mit ihm vor dem großen Ofen gesessen und alles aufgesogen hatte, was er von sich gab. Den Mund solle Belladonna trocken machen, die Pupillen weit, den Puls beschleunigen, bis er zu rasen begann ...

Geschah das nicht alles gerade mit ihr?

Weinen hätte sie können und lachen zugleich, weglaufen und sich im nächsten Moment an Caspar schmiegen. Kurz blitzte Ferdinands heiteres Gesicht vor ihr auf, um sich dann aufzulösen wie ein Trugbild.

Er würde unerreichbar für sie bleiben – auf ewig.

Aber war das wirklich so fürchterlich, wie sie stets geglaubt hatte, wo doch gerade das Leben gebieterisch nach ihr rief?

»Was willst du von mir?«, flüsterte sie, als seine Hände an ihrem Mieder zu nesteln begannen.

»Pst!« Caspar legte einen Finger auf ihre Lippen. »Jetzt nicht mehr reden, schönste Pippa ...«

❋

Augsburg, 15. Mai 1556

ANSTATT ZU SCHLAFEN, drehe ich den Gänsekiel zwischen meinen ruhelosen Fingern. Der Magen ist mir wie zugeschnürt, Licht kann ich kaum noch ertragen und ich fange an, Dinge zu sehen, die es so gar nicht gibt.

Ob Caspar auch in ähnlicher Verfassung ist?

Wahrscheinlich nicht. Die Natur hat Männer anders ausgestattet, sonst könnten sie ihren Verrichtungen nicht weiter nachgehen, weder Waren verkaufen, noch Politik machen oder Krieg führen, während wir Frauen leiden und bangen und hoffen.

Wie bin ich nur in diesen Zustand geraten!

Die Wurzel kann nicht schuld daran sein, denn sie habe ich schon auf dem Rückweg nach Hause in den nächsten Bach geworfen, weil ich mich plötzlich vor ihr geekelt habe.

Aber ist das vielleicht zu spät gewesen?

Man sagt, Belladonna sei in der Lage, Dinge hervorzubringen und wieder verschwinden zu lassen, Menschen verrückt zu machen und sogar in den Tod zu treiben.

Bin ich auch bald soweit? Hat ihr Zauber mich verhext?

Warum sonst sollte ich im Schlaf laut nach Caspar rufen, wo ich mich doch nach Ferdinand verzehre?

Und wenn meine Mutter mich nur auf die Probe stellen will?

Seitdem ich denken kann, hat sie mir eingeschärft, dass Augsburg tausend Augen hat, die niemals schlafen. Dass tau-

send Ohren gespitzt sind, um zu lauschen; tausend Münder, die Urteile fällen, für die es keine Gnade gibt …
 Ich spüre ihren wachsamen Blick.

KAPITEL III
WERMUT

Artemisia absinthium
auch genannt Artenheil, Wurmkraut,
Ölde, Heilbitter

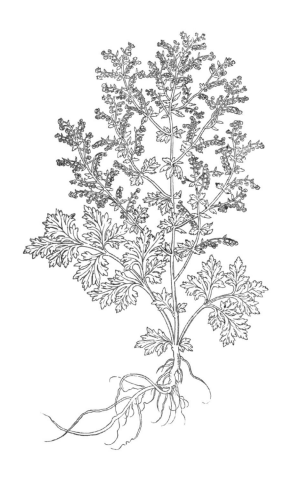

POSITIVE WIRKUNG: Dämpft Regelschmerzen, wirkt Appetitanregend, hilft gegen Blähungen und Gallenbeschwerden.
NEGATIVE WIRKUNG: Kann zu Fehlgeburten führen.

Augsburg, Mai 1556

Kaum hatte Karl die Schwelle überschritten, schien das eben noch so stille Peutingerhaus erfüllt von seiner lärmenden, besitzergreifenden Gegenwart. Anna Welser stieß einen Freudenschrei aus, als sie ihn erblickte. Soeben zurückgekehrt von der Maiandacht, die sie den ganzen Monat über keinen Abend versäumt hatte, stürzte sie sich in die Arme ihres Lieblingssohns.

Karl hob sie hoch und schwenkte sie übermütig hin und her.

»Leicht wie eine Feder bist du geworden, trotz all der köstlichen Rezepte, die du schon seit langem hortest! Wird es nicht allmählich Zeit, deine Sammlung an Pippa weiterzugeben? Damit meine Schwester dafür sorgt, dass du auch genug zu essen bekommst? Sonst muss ich gleich einmal gründlich mit ihr schimpfen.«

Philippine sandte ihm einen warnenden Blick.

Sie mochte ihren Bruder – vorausgesetzt, er benahm sich nicht gerade, als sei er der Herr der Gezeiten, wie es leider immer wieder vorkam. Diesen Spitznamen hatten sie ihm verliehen, weil er sich in Kindertagen gern als kleiner König aufgeführt und alle herumkommandiert hatte, bis die Geschwister sich schließlich gegen ihn zusammenschlossen und rebellierten. Noch heute zogen sie ihn gelegentlich damit auf, was ihn jedes Mal aufs Neue ärgerte.

»Mehr als genug«, versicherte Anna. Er stellte sie zurück auf den Boden. »Aber du musst doch sicherlich ausgehungert sein!«

»Er kommt aus Nürnberg, Mutter, nicht von jenseits des Ozeans«, warf Philippine ein.

»Gegen gebratenen Kapaun und einen schönen Roten hätte ich trotzdem nichts einzuwenden«, sagte er. »Reisen ist immer eine gefährliche und kräftezehrende Angelegenheit!«

»Von Mittag sind noch Hechtklößchen und ein Rest Mandelmus übrig«, sagte Philippine. »Außerdem hat Hilli, unsere neue Magd, Brot gebacken.«

»Brot, Fisch und Mus – das kann nicht dein Ernst sein! Damit könnt ihr einen Kranken laben, aber doch nicht mich. Seht ihr denn nicht, mit wem ihr es zu tun habt?«

Langsam drehte er sich um die eigene Achse. Seine Schaube, körpernah geschnitten, war offensichtlich nagelneu, wenngleich er unter dem festen, dunklen Stoff stark schwitzen musste. Doch die imposanten Hängeärmel, die nach der neuesten Mode tiefe Schlitze besaßen und zartes Seidenblau hervorblitzen ließen, sowie Samtaufschläge und Zierbesätze brachten seinen schlanken Körper aufs Beste zur Geltung. Hautenge Beinlinge, ebenfalls in Blau gehalten, sowie braune Stiefel ergänzten seinen prächtigen Aufzug.

»Wenn das ein eitler Pfau fragt, so lautet die Antwort nein.« Philippine hatte sich nicht von der Stelle gerührt. »Sollte dagegen mein kleiner Bruder freundlich um Stärkung bitten, könnte ich mich durchaus anders besinnen.« Sie zog die Stirn kraus. »Und jetzt komm endlich her und lass dich ordentlich begrüßen!«

Ihre Umarmung war kurz, aber herzlich.

Karl löste sich als Erster, schob sie ein Stück von sich weg und musterte sie prüfend.

»Die Wangen so rund, die Augen so glänzend, der Mund so weich – fast könnte man auf die Idee kommen, du seist verliebt«, sagte er. »Aber der Mann, der dein Herz erobern kann, muss wohl erst noch geboren werden!«

Sie drehte ihm den Rücken zu und lief voran, während die anderen beiden ihr folgten.

»Hast du denn noch immer nichts anderes im Kopf als Putz und Tand?«, sagte Philippine, während sie die Tür zur Speisekammer öffnete. »Manchmal könnte man meinen, du seist ein Weib und kein Mann!«

»Doch«, sagte er. »Sehr viel sogar. Aber davon verrate ich dir erst mehr, wenn ich ordentlich gegessen habe. Ich sterbe nämlich fast vor Hunger!«

Die Mischung verschiedenster süßer und salziger Aromen, die ihnen aus der Vorratskammer entgegenströmte, ließ Philippines Eingeweide revoltieren. Sie presste sich die Hand vor den Mund und lief nach draußen, doch alles, was sie im Hof ausspuckte, war ein grünlicher Galleschwall.

»Muss mir den Magen verdorben haben«, murmelte sie, als sie mit fahlem Gesicht wieder zurückkehrte und Mutter und Bruder sie fragend ansahen. »Schon seit Tagen geht das so. Nur einen Moment ausruhen! Hilli wird sich inzwischen um alles kümmern.«

Als sie später zusammen am Tisch saßen, war ihre Blässe einer frischeren Hautfarbe gewichen, aber sie redete noch immer nicht sonderlich viel. Den Wermuttee, den Anna ihr gebraut hatte, ignorierte Philippine geflissentlich. Beim Essen hielt sie sich zurück, begnügte sich mit wenigen Löffeln Graupensuppe und ein paar Bissen Brot. Karl dagegen schwelgte in Hasenpastete, gehackter Leber, Schweinesülze und Kalbfleischschnecken, bis er sich schließlich über die Zimttorte hermachte.

»Was für eine Köstlichkeit! Da können nicht einmal die Nürnberger Welser mithalten«, sagte er, als kaum noch etwas davon übrig war. »Und die wissen zu leben. Mit geschickt eingefädelten Hochzeiten haben sie ihren Reichtum klug vermehrt und neue Bündnisse mit anderen wichtigen Familien geschlossen. Außerdem ist das Palais, das Meister Behaim ihnen mitten in der Stadt ausgebaut hat, ein wahres Wunderwerk mit all seinen Zimmern, Türmen und Pfeilern.« Mit leuchtenden Augen wandte er sich Philippine zu. »Vermisst du das schöne Haus, in dem wir aufgewachsen sind, eigentlich auch so sehr wie ich?«

Warnend schüttelte sie den Kopf. Anna starrte auf die Tischplatte.

Erst jetzt begriff er, was er angerichtet hatte.

»Es tut mir leid«, rief er und ähnelte bei jedem Wort seinem treulosen Vater mehr. »Ich wollte doch keine alten Wunden aufreißen! Dann habt ihr also noch immer nichts von ihm gehört?«

Beide schwiegen hartnäckig.

»Warum erzählst du uns nicht lieber, was du in Nürnberg zu tun hast«, sagte Philippine schließlich, bemüht, die Welle von Übelkeit zurückzudrängen, die sie erneut zu überfallen drohte.

»Nichts lieber als das«, rief er strahlend. »Über kurz oder lang werde ich ja ohnehin ins Montangeschäft einsteigen. Für eine Saigergesellschaft verantwortlich zu sein und mit Kupfer und Silber zu spekulieren – wie aufregend und zutiefst befriedigend zugleich stelle ich mir das vor! Die Schätze der Erde zu Geld zu machen, habe ich mir schon als Kind gewünscht. Doch bis ich das nötige Kapital dazu aufbringen kann, hat Onkel Sebastian mich erst einmal im Safranhandel eingesetzt.« Bedeutungsvoll schaute er von einer zur anderen.

»Habt ihr beide eine Ahnung, wie stark die Konkurrenz auf diesem Gebiet ist? Und all diese Imhofs, Holzschuhers, Tuchers und wie sie noch heißen mögen, waren schon lange vor uns aktiv!«

»Dann müsst ihr euch also gewaltig anstrengen, um aufzuholen?« Auch das insgeheim gelockerte Taillenband vermochte Philippine keine wirkliche Erleichterung zu verschaffen. Seit Tagen schon quälte sie ihr Körper, war träge und schwer. Allmonatlich musste sie sich damit herumplagen. Doch so schlimm wie dieses Mal hatte es sich noch nie angefühlt.

»Wo denkst du hin!« Karl war aufgesprungen. »Das ist doch längst geschehen. Wir haben ihnen gezeigt, dass sie an uns nicht vorbeikommen. Und von Jahr zu Jahr werden wir immer noch besser. Unser neues Nachrichtensystem sucht seinesgleichen: die schnellsten Pferde, die redlichsten, unermüdlichsten Boten und Gewährsleute vor Ort, die engstens mit uns kooperieren. Sobald irgendwo Safran geerntet wird, erfahren wir es als Erste. Unsere Umsätze steigen unaufhörlich, und Ähnliches gilt auch für die Gewinne, was beileibe nicht immer dasselbe ist in diesen schwierigen Zeiten. Vor allem sind die Nürnberger Welser mehr als zufrieden mit meiner Arbeit. Ich dachte, das zu hören, würde euch Freude bereiten!«

Anna begann zu nicken, während Philippine eher unbeeindruckt blieb, was ihm nicht entging.

Karl zog eine flache Holzdose aus seinem Wams, öffnete den Deckel und streute ein paar der rötlichen Fäden in seine Handfläche.

»Seht ihr das? Safran – wertvoller als Gold! Allerdings nur, wenn man die allerbeste Qualität aussucht. Er kann die Stimmung heben, kostbare Stoffe färben und sogar in Liebesdingen äußerst anregend wirken …«

Philippine stieß den Stuhl zurück. Ihr Gesicht glänzte wächsern, die Augen waren unnatürlich groß.

Wortlos stürzte sie aus dem Zimmer.

Karl ließ die Dose fallen und wollte ihr hinterher, doch Anna hielt ihn zurück.

»Lass sie«, sagte sie. »Ich sehe später nach ihr.«

❋

Augsburg, 1. Juni 1556

Es wird bald hell – und ich kann noch immer nicht schlafen.

Die Worte der Mutter klingen in mir, obwohl sie meine Kammer schon lange verlassen hat.

Schon vor Tagen hat Hilli mich scheinbar beiläufig nach den Laken und Leinenstreifen gefragt, die in die Monatswäsche müssten. Mit einer Ausrede habe ich sie vertröstet. Wahrscheinlich ist sie danach gleich zur Mutter gerannt.

Warum sonst sollte diese mir sonst auf einmal so merkwürdige Dinge erzählen?

Von Törinnen hat sie geredet, die auf Hasenpfoten schwören, um nicht schwanger zu werden. Von anderen, die die Blätter und Früchte der Trauerweide in sich hineinstopfen, um eine ungewollte Empfängnis zu verhindern. Von wieder anderen, die zu gemahlenen Eselshufen, Habichts- oder Taubenmist greifen und nicht einmal davor zurückschrecken, den Scharfrichter um den kleinen Finger eines Gehängten anzubetteln, um ihn im Mörser zu zerkleinern, oder sich Schafsurin in den Schlund zu schütten – alles ebenso nutzlos, wie gefährlich.

Ich bin ganz still, bis sie geendet hat.

Wenngleich um eine Handvoll Jahre älter, so ist ihre Ähnlichkeit mit Tante Kat seit jeher verblüffend gewesen, jene Herzensvertraute, die im fernen Böhmen als Herrin eines großen Schlosses lebt und Hüterin meines Geheimnisses ist. Heute jedoch erscheint mir die Mutter wie die älteste der drei Schicksalsgöttinnen, jene, die die größte Macht besitzt, weil sie Herrin über Leben und Tod ist.

»Frauen tun manchmal seltsame Dinge, wenn sie verzweifelt sind. Ich hoffe doch sehr, das gilt nicht für meine kluge Tochter! Du kannst immer zu mir kommen – mit allem. Das weißt du.«

Damit lässt sie mich allein.

Tausenderlei Gedanken, Ängste und Wünsche schwirren seitdem durch meinen Kopf. Ich versuche, vernünftig zu bleiben, wie ich es von Kind an gelernt habe, doch es fällt mir so schwer wie nie zuvor.

Es kann nicht sein, es darf nicht sein, so denke und fühle ich in einem Moment.

Und wenn es doch so sein sollte …

Mein Magen fühlt sich an, als habe jemand ihn verknotet. Meine Hand schmerzt, so fest halte ich den Federkiel umklammert, als könne er mir Sicherheit und Halt geben.

Ein Leben drunten im Lechviertel, an Caspars Seite?

Ganz anders als alles, was ich bislang erfahren habe!

Ein Habnits, flüstert die hässliche Stimme, die ich am liebsten zum Schweigen gebracht hätte, aber es nicht kann, weil sie sich immer wieder dreist zu Wort meldet. Einer jener, die kaum etwas besitzen, während deine Familie seit jeher über Grund und Vermögen verfügt hat. Die Welser sind Patrizier, führen das Lilienwappen, sitzen und saßen im Rat der Stadt. Sein Onkel dagegen war ein Trunkenbold, ist arm und wahrscheinlich im Suff gestorben. Nichts als ein muffiges, baufälliges Haus hat er ihm hinterlassen.

Und wenn schon, hätte ich am liebsten geschrien.

Zählt nicht allein das, was zwei Menschen miteinander verbindet?

Onkel Bartholomé schießt mir plötzlich durch den Kopf, der mich liebt und stets nur das Beste für mich will. Vielleicht könnte ich ja ihn um Unterstützung bitten! Falls er bereit wäre, ein wenig Kapital vorzustrecken, könnte Caspar womöglich …

Nein, ihm muss ich es zuerst sagen!

Caspar ahnt ja nicht, in welch aufgelöstem Zustand ich mich befinde.

Doch wie wird er darauf reagieren?

Zugeneigt oder abweisend?

Waren seine Komplimente und Schwüre, die er mir ins Ohr geflüstert hat, nichts als heiße Luft? Ist er ein Luftikus und Taugenichts wie Vater, der keinem Rock widerstehen kann?

Oder fühlt er für mich inniglich und tief?

Noch nie zuvor habe ich das Morgenlied der Vögel so sehr herbeigesehnt.

Wenn es doch endlich, endlich Tag wäre ...

❇

Bei diesem Gang waren Philippines Füße schwer. Und auch ihr Herz klopfte bei jedem Schritt hart gegen die Rippen. Dabei hätte der Tag schöner kaum sein können, ein blauer Junimorgen mit duftigen weißen Wolken, die über den Himmel zogen, als habe der Sommer bereits Einzug gehalten. In der Nacht war ein kräftiges Gewitter über Augsburg niedergegangen; jetzt roch die Stadt wie frisch gewaschen – bis sie das Lechviertel mit seinen fleißigen Handwerksbetrieben erreicht hatte. Aus einem der Gerberhäuser, wo sie Lederstücke zum Trocknen aufgehängt hatten, kam ihr eine Urinwolke entgegen.

Sie wandte den Kopf ab, versuchte, ganz flach zu atmen.

Waren das die Gerüche, die ihr künftig in die Nase stechen würden, sobald sie vor die Tür trat?

Auf der kleinen Brücke machte sie Halt, strich ihr Kleid glatt, bevor sie noch zögerlicher weiterging. Sie hatte sich für leuchtendes Blau entschieden, weil es ihre Augen zum Strahlen brachte, und trug das Haar heute offen, von einem Blütenreif aus der Stirn gehalten, wie es Onkel Bartholomé am besten an ihr gefiel.

An ihn zu denken, machte ihr Mut. Er würde sie niemals fallen lassen, egal, was auch geschah!

Mit seinem Segen wäre sie zu diesem neuen Leben bereit.

Die Tür zu Caspars Haus stand offen, wie damals. Trotzdem schlug Philippine mit der Faust kräftig an das Holz, bevor sie eintrat.

»Du?« Er streckte seinen Kopf aus der Küche heraus und starrte sie an wie eine Erscheinung.

»Ja, ich.« Sie bemühte sich um ein Lächeln, was ihr schwerfiel, so trocken war der Mund auf einmal. »Wir sollten reden, Caspar.«

Eine steile Falte erschien zwischen seinen Brauen.

»Vielleicht ein anderes Mal? Wie du siehst, habe ich jede Menge zu tun!« Er schien am Um- oder Ausräumen zu sein. Die Unordnung in dem niedrigen Raum war nicht besser als beim letzten Mal – aber irgendwie anders.

Nach Aufbruch roch es. Und nach Abschied.

Philippine spürte einen unangenehmen Druck auf der Brust. Häuser sind von dem Leben getränkt, das in ihnen geführt wird, davon war sie schon seit Langem überzeugt. Das Haus ihrer Kindheit hatte viel Schmerzliches gehabt, weil auf den Vater kein Verlass gewesen war; im Peutingerhaus dagegen, das sie nun seit einem Jahrzehnt beherbergte, spürte man bis heute den Atem des großen alten Humanisten. Caspars Haus verströmte etwas Dunkles, Ausweisloses, das sie heute stark wie nie zuvor empfand.

Vielleicht war es besser, diese Vergangenheit zurückzulassen.

Aber wo sollten sie dann leben?

»Du willst das Haus von Onkel Marx verkaufen?«, sagte sie.

»Was sonst? Natürlich werde ich es verkaufen. Und das so schnell wie irgend möglich. Ich brauche jeden Heller. Jetzt, wo ich bald …« Er brach ab. »Weshalb bist du hier?«

»Ich muss dir etwas sagen.« In ihrer Aufregung hatte sie ihre Stimme erhoben. Unangenehm klang sie in ihren eigenen Ohren, schrill, fast keifend. Philippine machte einen Schritt auf ihn zu, weil sie ihm näher sein wollte, während er im gleichen Augenblick zurückwich, was ihr einen Stich versetzte. »Etwas, das uns beide betrifft. Etwas sehr Wichtiges. Caspar, ich glaube, ich bin …«

Abwehrend erhob er die Hände.

»Da bist du bei mir an der falschen Adresse, Pippa! Denn ich hab etwas anderes vor mit meinem Leben.« Sein Blick flog über ihren Leib, abschätzig, ganz und gar nicht erfreut. »Such dir einen anderen, denn du und ich, so etwas würde doch niemals gut gehen, und das weißt du ganz genau. Und sei bitte nicht so laut! Muss ja nicht gleich jeder alles mithören.«

War das der Mann, der behauptet hatte, er schere sich schon seit Langem nicht mehr um Gerede und Tratsch? Der sie porträtiert hatte, als kenne er ihre geheimsten Gefühle? Dessen Hände sie als kühn und gleichzeitig herrlich kundig erfahren hatte?

Vor ihr stand ein Fremder, jemand, den sie kaum kannte.

»Caspar?«, hörte sie eine Frauenstimme rufen. »Wo steckst du denn? Bin oben jetzt soweit fertig …«

Eine schmale Gestalt erschien in der Tür, so zartgliedrig und klein, dass Philippine sie im ersten Moment für ein Kind hielt. Der zweite Blick verriet ihr allerdings, dass sie sich getäuscht hatte, obwohl die Frau sehr jung sein musste. Das rote Mieder war nachlässig geschnürt und stellte die kleinen Brüste ungeniert zur Schau. Rauchschwarzes, lockiges Haar umrahmte ein herzförmiges Gesicht.

Die hellgrünen Augen musterten sie kühl.

»Das ist Lisi.« Caspar räusperte sich, bevor er weitersprechen konnte. »Die Tochter von Brunnenmeister Karius.« Ein weiteres Räuspern. Verlegen schaute er zu Philippine. »Und das ist …«

»Ich kenne sie«, sagte Lisi. »Jeder in Augsburg weiß, wer Philippine Welserin ist.«

Ihr wurde heiß und kalt zugleich.

Was tat diese Kindfrau hier, die so selbstverständlich schaltete und waltete, als sei sie die Hausherrin?

Mit keinem Wort hatte er je zuvor eine Lisi erwähnt.

Dann jedoch fiel ihr ein, was er über die Zähmung des Wassers, über Rohre und Brunnen geäußert hatte. Ich werde eines Tages gewiss nicht wie Onkel Marx zwischen meinen Sägespänen enden …

Caspar hatte gesagt, was er vorhatte, auch wenn sie nicht bereit gewesen war, es zu hören. Augsburger Brunnenmeister wollte er werden, und das offenbar so schnell wie möglich. Was hätte ihn sicherer in diese Position gebracht als eine Heirat mit der einzigen Tochter des amtierenden Brunnenmeisters?

Längst wartete ein neues Heim auf ihn – das stattliche Haus des Brunnenmeisters am Roten Tor!

Lisi war jung und mehr als ansehnlich. Anzunehmen, dass Caspar nicht der einzige Bewerber war. Er schien entschlossen, seinen Vorteil zu nutzen und keinerlei Risiko einzugehen.

Ihr Schicksal dagegen war ihm gleichgültig. Ein netter Zeitvertreib war sie für ihn gewesen, ein Abenteuer – nicht mehr.

Ihr Magen krampfte sich zusammen, obwohl sie so gut wie nichts gegessen hatte. Vielleicht war ja genau das der Fehler gewesen. Etwas Bitteres schoss von unten herauf.

Philippine presste die Lippen fest aufeinander.

»Womit können wir Euch dienen, mein Verlobter und ich?« Lisis raue Stimme passte nicht zu ihrer grazilen Gestalt. »Vielleicht hätte es ja Zeit bis nach unserer Hochzeit? Denn es gibt noch so vieles, was wir bis zur nächsten Woche fertig haben müssen! Aber danach, da könnte er sicherlich Euren Auftrag annehmen. Worum geht es denn genau?«

Caspar – ein Hochzeiter!

Wann genau hatte er vorgehabt, es ihr zu sagen?

Morgen?

Wenn die Feierlichkeiten bereits vorbei waren?

Gar nicht?

»Bemüht Euch nicht«, brachte sie unter größter Anstrengung hervor. »Ich werde lieber …«

Es gab nur noch eines, was sie wollte: raus aus diesem Haus, diesem Viertel, diesem Albtraum, aus dem es kein Erwachen gab!

Sie warf Caspar einen letzten Blick zu.

All das Gelassene, Selbstbewusste, das ihr stets so gut an

ihm gefallen hatte, war verschwunden. Wie ein geprügelter Hund stand er neben der Herdstatt, den Blick zu Boden gesenkt, zu feige, um sie anzuschauen.

Philippine drehte sich auf dem Absatz um und rannte hinaus.

❉

Beim Nachhausekommen lief sie Karl direkt in die Arme.

Aufgeregt zog er sie in die Stube, wo er sich auf dem großen Tisch ungeniert ausgebreitet hatte. Dutzende von Papieren und Pergamenten lagen neben- und übereinander, alle bedeckt von Zahlenreihen und seiner krakeligen, schwer lesbaren Schrift, die weder diverse Hauslehrer noch die Benediktinermönche, bei denen er ebenfalls die Schulbank gedrückt hatte, verbessert hatten.

»Du musst mir helfen!«, verlangte er. »Keiner versteht sich so gut mit Onkel Bartholomé wie du. Deshalb musst du auch meine Fürsprecherin sein. Sieh doch nur einmal: Hier habe ich alles bis ins Kleinste aufgeschrieben und kalkuliert!«

Sie versuchte zu protestieren und wollte die Stube verlassen, um endlich allein zu sein, doch er ließ es nicht zu.

»Sei doch nicht so eigensüchtig!«, rief er. »Soll ich vielleicht ein Leben lang bei unseren reichen Verwandten buckeln?«

»Das hat sich gestern aber noch ganz anders angehört ...«

»Gestern, gestern! Natürlich hab ich es erst einmal für mich behalten! Soll ich die Mutter vielleicht auch noch kirre machen, wo sie vor Kummer doch ohnehin weder ein noch aus weiß? Dich aber muss ich nicht schonen. Du bist jung, gesund und besitzt genügend Verstand, um meine Lage zu verstehen. Also: Ich brauche dringend eigenes Kapital, Geld, mit dem ich etwas Anständiges auf die Füße stellen kann. Ist es vielleicht meine Schuld, dass wir einen Windhund zum Vater haben, der sich all seinen Aufgaben und Pflichten entzieht?«

»Meine vielleicht?«, sagte sie, schon wieder leicht würgend. Außerdem war ihr glühend heiß. Ihre Stirn brannte, und das Kleid klebte am Körper.

»Nein, aber du kannst mein Schicksal zum Besseren wenden. Ich will keine unbedeutende Nummer im Kontor bleiben. Ich möchte auch ein großer Handelsherr sein. Bitte, Pippa, lass mich jetzt nicht im Stich – das darfst du nicht! Wie soll ich denn sonst jemals an eine gute Partie kommen?«

Sie hatte den Geschmack der Morgensuppe schon wieder im Mund, so elend war ihr, er jedoch hatte in seiner Erregung ihr Handgelenk umklammert und hielt sie wie in einer Zwinge.

»Er hat uns erst neulich Geld gegeben«, sagte sie. »Wir können ihn nicht ständig anbetteln, Karl. Das musst du doch verstehen! Und mit dem Heiraten noch ein Weilchen warten.«

»Dann eben Christoph. Du gehst zu Christoph und bittest ihn, mir die Summe von …«

»Vergiss es!«, unterbrach sie ihn. Was war mit ihren Ohren? Da war ein Dröhnen und Rauschen im Gehörgang, das sie immer unruhiger machte. »Außerdem würde es nichts nützen. Christoph nimmt mir noch immer übel, dass ich ihn nicht wollte.«

»Ja, warum eigentlich nicht? Ich kann dich bis heute nicht verstehen. Er ist unser Vetter, der Vetter aus der reichen Linie wohlgemerkt, und er war verrückt nach dir. Jeden Wunsch hätte er dir von den Augen abgelesen – und uns wahrscheinlich auch. Du hättest einen Schlechteren zum Mann bekommen können. Und das hättest du jetzt wenigstens: einen Mann an deiner Seite …«

Sie trat ihm fest gegen das Schienbein.

Mit einem empörten Schrei ließ er sie los.

»Du wirst lernen müssen, allein zurechtzukommen«, sagte Philippine. »Denn nichts anderes muss ich auch.«

Bevor er etwas antworten konnte, wurde das Rauschen in ihren Ohren stärker. So stellte sie sich das Brechen der großen Wellen am Strand vor, auch wenn sie das Meer bislang nur aus Erzählungen kannte.

Karl schien auf einmal zu schwanken, bis sie bemerkte, dass sie es war, die ihren Blick nicht länger gerade halten konnte. Der Schwindel kam über sie wie ein kräftiger Windstoß, fegte ihr die Füße weg, bis sie zusammensank.

Dann wurde es schwarz vor ihren Augen.

❧

Augsburg, 10. Juni 1556

So hat sie begonnen, meine Reise in die Unterwelt, und dauert bis heute an. Dies ist der erste Tag, an dem ich fähig bin, wieder zu Feder und Tinte zu greifen, wenngleich es mich noch immer viel Kraft kostet und ich das Bett noch immer hüten soll.

So schreibe ich halb liegend, vor mir ein altes Gemüsebrett, das Hilli mir aus der Küche geholt hat. Lange dazu überreden musste ich sie nicht. Alle gehen mit mir um, als sei ich aus Glas und könne bei jedem lauten Wort, bei der kleinsten Unvorsichtigkeit zerbrechen.

Sogar Karl scheint besorgt, er kam auf Zehensitzen in meine Schlafkammer geschlichen, um sich leise von mir zu verabschieden und zu versprechen, er wäre bald wieder zurück.

Was genau mit mir geschehen ist, weiß ich nicht. Wenn ich meine Mutter danach frage, schüttelt sie nur den Kopf.

Ich war sehr krank, mehr ist nicht aus ihr herauszubekommen. Aber ich werde wieder ganz gesund.

Daran soll ich fest glauben. Sie tut es auch.

Wenn sie das sagt, bekommt sie einen starren Blick, als müsse sie sich selbst davon überzeugen. Noch bin ich nicht ganz sicher, dass sie recht behalten wird, denn ich fühle mich noch immer sehr schwach.

Tagelang habe ich offenbar so gut wie nichts Festes gegessen, denn mein Fleisch ist dahingeschmolzen wie Butter in der Sonne. Wenn ich meinen Körper jetzt berühre, ist alles knochig und dünn. Die Brüste sind viel kleiner geworden, als wollten sie sich verstecken; sogar der harte Bauch der vergangenen Wochen ist verschwunden. Stattdessen spannt sich meine Haut zwischen den spitzen Hüftknochen straff wie bei einer Trommel.

Wäre da nicht dieses Gefühl von Verlust, das nicht weichen will …

Ich kann nicht anders, ich muss weiterfragen.

Schließlich erbarmt sie sich meiner.

Ein böses Fieber hat mich überfallen, so erfahre ich endlich, verbunden mit einer hartnäckigen Stockung des Geblüths, wie sie bei jungen Frauen manchmal auftritt. Mit der Heilkraft ihrer Kräuter hat sie beides behandelt, für mich eine spezielle Mischung zusammengestellt, die mich schließlich kuriert hat.

Mit einem Mal habe ich einen widerlichen Geschmack im Mund, muss mich schütteln, so sehr ekle ich mich.

Wermut schmecke ich, der den Menschen als Augenwasser so gute Dienste leistet oder in die Kleidertruhen gelegt wird, um die Motten zu vertreiben, doch dieser Wermut, den sie mir eingeflößt hat, ist voller Bitternis und Trauer. Dem Weg der Schlange soll er entsprungen sein, als Gott sie aus dem Paradies verwiesen hat, hat Tante Kat es mir einst erzählt, die dererlei Geschichten und Mythen sammelt und liebt. Weil die Menschen sündigten, ist seitdem in jedem Glück auch ein Tropfen Bitternis enthalten.

Ein Tropfen?

Für mich ist es ein riesiges Meer, in dem meine Liebe zu Ferdinand haltlos treibt wie eine Nussschale auf hoher See.

Da ist Blut zwischen meinen Beinen. Viel Blut.

Und anstatt erleichtert zu sein, weil der Mondfluss zurückgekehrt ist, muss ich nur noch weinen.

Die Mutter streichelt meinen Kopf, wie sie es früher getan hat, wenn Albträume mich als Kind quälten, nimmt mich in die Arme, wiegt mich, bis ich langsam ruhiger werde.

»Es wird alles wieder gut«, flüsterte sie mir ins Ohr.

»Ich weiß es, weil ich deine Mutter bin. Mütter wissen so etwas!«

Mütter ...

Werde ich jemals eine Mutter sein?

KAPITEL IV
BILSENKRAUT

Hyoscyamus niger
Auch genannt Hexenkraut,
Rasewurzel, Zahnwehkraut

POSITIVE WIRKUNG: Bilsenkrautöl vertreibt Schmerzen und tötet Würmer im Ohr. Tee hilft bei Magenschmerzen. Wurzel in Essig vertreibt Zahnweh.

NEGATIVE WIRKUNG: Kraut wie Samen sind sehr giftig, führen zu Schwindel, Krämpfen, schließlich zum Tod.

Regensburg, August 1556

WIE BREIT DIE DONAU WAR – und wie majestätisch sie dahin floss! Verglichen mit ihr war der Lech nichts als ein schmaler, lebhafter Gebirgsfluss, der in Philippines Erinnerung allmählich verblasste, obwohl gerade einmal fünf Tage vergangen waren, seitdem sie Augsburg verlassen hatten. Inzwischen hatten sie Regensburg erreicht, wo die kleine Reisegesellschaft, der sie sich angeschlossen hatte, eine kurze Pause einlegen wollte, bevor es weiter in Richtung Pilsen ging.

Sie reckte und streckte sich, um die Steifheit aus den Gliedern zu bekommen. Die langen Tage in dem schlecht gefederten Kobelwagen, der den Namen Kutsche kaum verdiente, forderten ihren Tribut. Sobald sie ihr abendliches Ziel erreicht hatten, kroch sie förmlich auf allen Vieren heraus. Die muffigen, oftmals durchgelegenen Strohlager der Herbergen, auf denen sie sich anschließend betten mussten, taten ein Übriges, wenngleich sie trotz aller Müdigkeit nur schlecht in den Schlaf fand.

Wie viel schneller hätte sie ihr Ziel auf einem Pferd erreicht!

Doch allein der Vorschlag hatte die Mutter blass werden lassen und zu einem energischen Kopfschütteln veranlasst, das gar nicht mehr aufhören wollte. Selbst wenn Karl oder Georg sie begleitet hätten, die beide jedoch verhindert waren, auf diese Weise nach Böhmen zu gelangen, lag für eine junge Frau ihres Standes außerhalb jeder Möglichkeit.

Philippine sah den Besuch bei Tante Kat schon in unerreichbare Ferne entschwinden, da kam ihr der Zufall in Gestalt von Braumeister Jörg Siedeler zu Hilfe. Dessen zweite Frau Babette bezog seit mehr als einem Jahr diverse Kräutermischungen von Anna Welser, weil ihr sehnlicher Kinderwunsch sich nicht erfüllen wollte. Zur Unterstützung hatte die Welserin nun zusätzlich eine Bäderkur empfohlen, die der Braumeister mit einer Reise nach Pilsen verbinden wollte, um dort mehr über das Geheimnis untergäriger Biere zu erfahren. Er erbot sich sogar, Philippine auch das letzte Stück nach Bresnitz zu bringen, in der Hoffnung, dass Anna seinem jungen Weib nach der Rückkehr weiterhin mit Rat und Tat zur Seite stehen würde.

So waren sie also aufgebrochen, Jörg Siedeler, Babette, Peter, sein Ältester aus erster Ehe, der Pickel und Stimmbruch gerade erst hinter sich hatte, und Philippine, der die aufgezwungene Enge allerdings schon bald mehr zu schaffen machte, als sie sich jemals hätte vorstellen können. Jörg und Peter saßen auf dem Kutschbock und lenkten die beiden Rösser. Was sie den Frauen unterwegs zuschrien, war oftmals kaum zu verstehen, so uneben waren die Straßen, von tiefen Rillen durchzogen, die die Kutsche zum Schaukeln brachten und danach unsanft aufsetzen ließen.

Dafür redete Babette ohne Unterlass – und welchen Unfug sie daherplapperte! Sie begann damit am frühen Morgen, kaum hatten sie die unbequemen Plätze auf der Holzbank eingenommen, und hörte nicht einmal damit auf, wenn sie vor Erschöpfung abends schier aus dem Wagen purzelten. Jeden einzelnen Tag ihres Lebens glaubte Philippine inzwischen zu kennen, jedes Glück, jedes Leid, auch die allerkleinste Gemeinheit, die man Babette jemals angetan hatte. Sie beschränkte sich nur noch auf Nicken, Kopfschütteln oder zustimmendes Schnalzen, da der Redefluss der Brauersgattin offenbar durch nichts und niemanden zu bremsen war.

Wie wohl tat es da, allein auf der Steinernen Brücke zu stehen, unter sich nichts als Wasser, das im schwindenden Licht wie flüssiges Silber aussah, abgesehen von ein paar Fischern, die ihre kleinen Boote ans Ufer ruderten, um den Fang an Land zu bringen!

Nichts zog sie zu den anderen, die sich in der windschiefen Garküche auf den Kranchen in Flussnähe den Bauch mit Kesselfleisch, Sauerkraut und Zwiebeln vollschlugen, bevor sie zum Schlafen in die Herberge zurückkehrten. Obwohl seit Wochen körperlich wieder ganz genesen, war sie empfindlich und schnell irritierbar geblieben, nicht nur was grelles Licht und zu laute Geräusche betraf, sondern auch gewisse Gerüche. Sie, die ein Leben lang gern herzhaft zugelangt hatte, wenn liebevoll zubereitete Gerichte auf dem Tisch dampften, war plötzlich anspruchsvoll, ja geradezu mäkelig.

Anna hatte sie erst damit aufgezogen, dann war sie nachdenklich geworden, schließlich besorgt. Essen war für die Welser wie Atmen. Wer keinen Appetit hatte, mit dem war etwas nicht in Ordnung. Zunächst kam sie mit ihrem Rezeptbuch an und versuchte, der Tochter damit die Lust am Genießen wieder näherzubringen. Philippine zeigte trotzdem keinerlei Interesse. So begann sie, weiter in sie zu dringen, was lediglich dazu führte, dass die Bedrängte sich ganze Tage in ihrer Kammer verkroch und noch immer nur an den Speisen pickte, wenn sie überhaupt zu den Mahlzeiten erschien.

Als sie beide nicht mehr weiter wussten, traf der Brief aus Böhmen ein.

Doch die herzlich formulierte Einladung von Tante Kat, die noch vor Monaten einen Freudentanz bei Philippine ausgelöst hätte, machte sie jetzt nur noch grüblerischer. All die sehnsuchtsvollen Gedanken an Ferdinand, für sie untrennbar mit Burg Bresnitz verbunden, auf der die Loxans lebten, hatte sie sich seit ihrer Krankheit untersagt, und wenn sie sie trotzdem zu überfallen drohten, wie einen Feind abgewehrt.

Aber würde sie das auch noch fertig bringen, wenn sie ihm auf einmal so nah war?

Knappe 50 Meilen trennten die Bresnitzer Burg vom Prager Hof. Nicht mehr als ein guter Tagesritt, erst recht für einen erfahrenen Reiter, der oft und lange im Sattel saß …

Philippine strich sich das Haar aus der Stirn.

Sie würde jetzt nicht mehr ruhiger werden, dazu kannte sie sich zu gut. Selbst wenn es ihr später gelang, in der Herbergsküche warmes Wasser aufzutreiben, um sich den Eisenkrauttee zu brauen, den die Mutter ihr zur Stärkung so sehr ans Herz gelegt hatte – eine weitere schlaflose Nacht stand unweigerlich bevor.

Sie löste ihren Blick vom Wasser und ging zurück ans Ufer. Die Kräutertasche, die sie keinen Augenblick aus den Augen ließ, weil in ihr auch ihr Tagebuch versteckt war, wog nicht sonderlich schwer in ihrer Hand. Vielleicht würde es ja helfen, noch ein paar Schritte in der warmen Abendluft zu machen, um doch noch auf andere Gedanken zu kommen und leichter einschlafen zu können.

Die Türme des Doms kamen immer näher, weil sie ihren Rhythmus gefunden hatte und nun schnell ging. Ein Schwalbenschwarm sauste im Sturzflug darauf zu, um sich im nächsten Moment elegant wieder in die Höhe zu schwingen.

Sie schaute ihnen nach, wehmütig, fast neidisch. Sich einmal so leicht und unbeschwert zu fühlen!

Ein Vogel zu sein, der keine Grenzen, keinerlei Standesschranken kennt …

Vor lauter Tagträumen wäre sie beinahe in zwei Frauen hineingelaufen, die sich aber nicht weiter um sie kümmerten, sondern nach ihrer hastig gemurmelten Entschuldigung zügig auf eine kleinere Kirche zusteuerten, die ihr sonst wohl nicht aufgefallen wäre.

Sie folgte ihnen.

Drinnen war es dämmrig und ruhig.

Vor dem Altar brannten dicke weiße Kerzen auf schönen Silberkandelabern. Die Frauen waren wohl zum Beten in einer Seitenkapelle verschwunden, während sie langsam nach vorne ging.

Ein Bild im Chor zog ihren Blick an, Maria mit dem Jesuskind auf dem Arm, kein Säugling, sondern ein schön gestalteter kleiner Junge, dessen nackte Beine aus dem Gewand ragten. Darunter stand in einer hohen Vase ein Kräuterbusch. Drapiert um eine stolze blaue Königskerze entdeckte sie Johanniskraut, Beifuß, Rainfarn, Schafgarbe, Kamille, Thymian, Baldrian, Eisenkraut – und Wermut.

Abermals jene hässliche Bitternis auf ihrer Zunge.

Und in ihrem Herzen.

Alles war plötzlich wieder so gegenwärtig, als sei es erst gestern geschehen – die Angst, die Hoffnung, der Schmerz, die Scham, der Ekel, die Trauer, die Leere ...

Genau davor hatte sie davonlaufen wollen.

Und spürte es in dieser unbekannten Kirche nur noch umso deutlicher.

Philippine sank auf die Knie und bedeckte das Gesicht mit beiden Händen.

»Nicht weinen!«, hörte sie plötzlich eine Frauenstimme sagen und spürte eine zarte Berührung an der Schulter. »Sie kann alle Wunden heilen. Einen blinden Jungen sehend machen. Eine Gelähmte zum Gehen bringen. Verzweifelten neuen Lebensmut einhauchen. Schon seit Jahrhunderten vollzieht sich das hier an diesem besonderen Platz. Du musst nur daran glauben!«

Eine der Frauen, so dachte sie zunächst, die zu ihr gekommen war, um sie zu trösten, und nickte nur kurz zur Bestätigung, weil sie sich nichts mehr als das wünschte.

Doch als Philippine sich nach einer Weile umdrehte, war sie ganz allein.

✣

Taus, 22. August 1556

WIR SIND DEM VERDERBEN ENTRONNEN – und waren ihm doch schon so nah. In meinem Kopf überschlägt sich noch immer alles, beinahe wie unser Wagen es getan hat, der uns fast zur Falle geworden wäre.

Aber wir sind entkommen, sonst könnten meine bebenden Hände in diesem Gasthof zu Taus die Feder nicht führen und zu Papier bringen, was geschehen ist.

Ein Wunder, wie ich glaube.

Das ich dem Gnadenbild des Regensburger Kirchleins verdanke?

Die Gottesmutter steht uns bei, wenn wir in Not geraten. Ich hatte beinahe vergessen, daran zu glauben.

Doch heute bin ich eines Besseren belehrt worden.

In Fürth, einem kleinen Flecken, machen wir Rast, weil wir hungrig und vor allem sehr durstig sind. Es gibt nur ein schäbiges Wirtshaus auf unserer Route, vor dem Babette zurückschreckt, und zum ersten Mal auf unserer Reise gebe ich ihr recht.

Doch Peter und sein Vater drängen zum Einkehren.

Wir sind nicht die einzigen Gäste. Am Nebentisch trinkt ein finsterer Geselle, der immer wieder zu mir herüber stiert. Später sehe ich ihn mit dem Wirt tuscheln. Dann serviert uns dessen Tochter Eintopf und Bier. Das fettige Zeug, in dem viele Flachsen dümpeln, bringe ich nicht hinunter, und trotz meines Durstes stoße ich den Humpen nach dem ersten Schluck weg. Das Gesöff ist trübe, schmeckt bitter und widerlich. Ich mag es nicht trinken und halte mich an Wasser, das ebenfalls abgestanden und brackig ist. Jörg, der Brauer, teilt meine Ansicht, ist aber so ausgedörrt, dass er nach seinem sogar auch noch meinen Humpen leert.

Sein Blick ist glasig, als wir aufbrechen, sein Gang wacklig.

Meinen Vorschlag, sich auszuruhen, lehnt er ab.

Mit Peters Hilfe erklimmt er den Kutschbock. Die Pferde scheinen seine Unsicherheit zu spüren und gehorchen nicht wie gewohnt, was ihn aufbringt. Er, sonst die Ruhe selbst, beginnt zu schreien und zu krakeelen, als sei ein böser Geist in ihn gefahren – und plötzlich weiß ich, woraus die winzigen Stückchen bestanden, die wie winzige Flocken im Bier geschwebt sind: Bilsenkraut!

Ich schreie ihm zu, dass wir anhalten müssen, bis das Gift aus seinem Körper ist, er aber will nicht auf mich hören und drischt wie ein Verrückter auf die armen Tiere ein.

Auf einmal ein Ruck, dann ein dumpfes Geräusch. Jemand muss vom Bock gefallen sein.

Peter schreit auf, spitz und hilflos wie ein Kind.

Die Kutsche gerät in eine Furche und legt sich quer. Babette fällt auf mich und begräbt mich unter ihrem stattlichen Gewicht. Ich schreie auch und strample, versuche, mich zu befreien, da wird die Tür aufgerissen, und das Gesicht des Finsterlings aus der Kneipe erscheint.

Er hält ein Messer in der Hand. Wenn wir uns wehren, wird er uns die Kehle durchschneiden, brüllt er.

Babette reißt er den Beutel vom Gürtel, was sie mit einem empörten Aufschrei quittiert. An den kleinen Münzenvorrat, den ich am Körper trage, kommt er wegen meiner misslichen Lage nicht heran.

Er ist nicht allein.

Wir hören, wie er weiteren Spießgesellen raue Befehle

zuschreit. Sie machen sich an den Kisten zu schaffen, die wir hinten geladen haben, unser Reisegepäck.

Für einen Moment verschlägt es mir die Sprache.

Wie eine Bettlerin werde ich bei Tante Kat eintreffen – aber nur, wenn ich diesen Überfall überlebe!

Ein Lachen steigt in mir auf, das ich nicht zurückhalten kann.

Hatte ich mich nicht danach gesehnt, alles hinter mir zu lassen? Manchmal erfüllt das Schicksal die Wünsche schneller, als einem lieb sein kann!

Zum ersten Mal seit Wochen spüre ich, wie sehr ich am Leben hänge. Und riesigen Hunger habe ich auf einmal auch.

Babette, die noch immer halb auf mir liegt, beginnt mich wüst deshalb zu beschimpfen, was mich nur noch mehr zum Lachen reizt.

Irgendwann wird es draußen still, dann erscheint Peters verweintes Gesicht.

Ich schreie Babette an, die sich mit seiner Hilfe endlich von mir herunterrollen lässt. Es gelingt uns, die Kutsche zu verlassen.

Jörg liegt im Graben. Sein Gesicht ist rot, die Pupillen sind weit. Er atmet stoßweise.

War die Dosis im Bier so hoch, dass sie ihn vergiftet hat?

In meinem Gedächtnis krame ich nach allem, was die Mutter mir jemals über Bilsenkraut gesagt hat. Es schenkt Träume, schwarze Träume allerdings, für die es oftmals keine Rückkehr gibt, das fällt mir ein. Manche Hebammen setzen es bei Geburten ein, eine zweifelhafte Hilfe, denn obwohl es

Krämpfe löst und Schmerzen nimmt, kann nur ein Samenkorn zu viel das Ende für Mutter und Kind bedeuten.

Was ich noch aus der Kutsche zerren konnte, ist meine Tasche mit den Kräutern, die ich im Wageninneren aufbewahrt habe, um sie als Geschenk der Mutter an Tante Kat zu übergeben. Doch welches der Gewächse könnte ich als Gegenmittel einsetzen – hier, auf freier Strecke, mitten im Niemandsland?

Ich sehe mich nach Babette um, aber auch die erscheint mir leicht weggetreten. Dann rufe ich mit fester Stimme den Jungen.

Mit Peters Hilfe gelingt es, den schweren Männerkörper in die Seitenlage zu bringen. Noch zögere ich, dann jedoch stecke ich Jörg kurz entschlossen meinen Finger so weit in den Mund, dass er sich in einem Schwall erbricht – leider auch auf mein Kleid.

Er wird ruhiger, sobald er wieder auf dem Rücken liegt, das ist deutlich zu sehen. Ganz bei sich ist er noch immer nicht. Ich beschließe, ihm ein Schlafmittel zu verabreichen, um die Heilung voranzutreiben, doch dazu brauchen wir erst eine Unterkunft, in der wir halbwegs sicher sind.

Ich stehe auf, versuche, mein besudeltes Kleid zu übersehen, das einzige, was ich noch besitze.

Es ist so still hier.

Ein Eulenruf vom nahen Wald.

Die Todesbotin wie in den Mythen und Sagen, die Tante Kat mir als Kind erzählt hat?

Sind wir also doch verloren?

Verzweiflung greift nach mir mit klebrigen Fingern.

Dann, endlich, sehe ich in der Ferne eine Staubwolke. Reiter ...

❀

Pilsen, August 1556

Tage verstrichen, bis Jörg wieder halbwegs genesen war. Und wären die beiden Nürnberger Reiter nicht gewesen, die ihnen dabei halfen, die Kutsche wieder aufzustellen sowie Geleit bis zum nächsten Ort namens Taus zu geben, sie hätten die böhmische Stadt wohl gar nicht erreicht.

Dreimal hatte der ansässige Medicus nach ihm gesehen, ein dürrer, baumlanger Mann, der nur ein paar Brocken Deutsch sprach, seine Kunst offenbar aber beherrschte. Philippines Kräutertasche, die sie ihm geöffnet entgegenhielt, schob er mit einem Brummen beiseite. Dann legte er seine Hände auf Jörgs Schädel und begann, einen seltsamen Singsang auf Chodisch zu halten, wie sie später erfuhr, weil sie die Wirtin, die neugierig an der Tür gelauscht hatte, danach fragte.

»Unsere Sprache.« Die rundliche Frau mit den dunklen Flechten und der farbenfrohen Tracht hatte plötzlich stolz geklungen. »Und wird es noch immer sein, wenn die Habsburger uns schon lange nicht mehr regieren. So viele sind gekommen und wieder gegangen – wir jedoch bleiben!«

Sie hatte die Reisenden aus Augsburg nicht unfreundlich behandelt, aber doch mit spürbarem Vorbehalt, erst recht, als Babette, die inzwischen ihr gewohntes Plappern wieder aufgenommen hatte, der Name Schloss Bresnitz herausgerutscht war. Jetzt wurden aus den zurückhaltenden Blicken argwöhnische. Tante Kat hatte mehrmals davon gesprochen, dass die fremde Herrschaft im Land von vielen als Unterdrückung empfunden wurde. Wer zu denen gehörte, die mit dem Hof in Prag paktierten oder sogar von ihm lebten, bekam das zu spüren.

Philippine war heilfroh, als sie endlich aufbrechen konnten und nach zwei Tagen Pilsen ohne weitere Zwischenfälle erreichten. Dort allerdings verschlechterte sich Jörgs Zustand erneut. Er begann zu fiebern, sprach von dunklen Schatten, die an seinem Bett stünden, verweigerte die Nahrung.

Hin und her gerissen zwischen der Loyalität dem Reisegefährten gegenüber, der dringend Hilfe brauchte, und dem Wunsch, endlich bei der Tante anzukommen, wachte sie bei ihm, gab ihm abwechselnd Weißdorn- und- Lindenblütentee zu trinken und sorgte dafür, dass sein Zimmer in der Herberge einmal täglich gründlich ausgeräuchert wurde.

Am dritten Tag schlug Jörg die Augen wieder auf, offenbar wieder ganz bei klarem Verstand.

»Wird Zeit, dass du dein Ziel endlich erreichst«, sagte er. »Sonst werden deine Leute noch vor Sorge umkommen. Ich hab versprochen, dich sicher auf der Burg abzuliefern – und genau das werde ich jetzt auch tun. Und essen muss ich. Anständig essen!«

Viel zu packen hatte sie nicht.

Die Kisten waren und blieben verloren; die Tante würde ihr mit so gut wie allem aushelfen müssen, was eine junge

Frau brauchte. Ihr Kleid war inzwischen wieder sauber, weil sie es einer Wäscherin anvertraut hatte, doch die Flecken waren trotz aller Bemühungen noch immer deutlich zu sehen. Um nicht wie eine Landstreicherin dazustehen, hatte Philippine ein schlichtes Gewand aus hellem Leinen erstanden, das bereits fertig genäht auf eine neue Trägerin gewartet hatte. Nach ein paar kleinen Änderungen saß es an ihr wie angegossen und brachte sogar Peter dazu, einen anerkennenden Pfiff auszustoßen, als er sie darin erblickte.

Allein die Vorstellung, abermals zwei Tage in dem kaum gefederten Gefährt von jeder Bodenwelle hin und her geschleudert zu werden, bereitete ihr Unbehagen. Umso größer ihre Überraschung, als Jörg mit zwei Pferden vor der Herberge erschien.

»Ich nehme doch an, du kannst einigermaßen reiten?«, sagte er, weil ihre unverhohlene Freude ihn verlegen machte.

»Kann ich«, versicherte sie und verschwieg, dass es Jahre zurücklag, dass sie zum letzten Mal im Sattel gesessen hatte. »Meine Brüder haben es mir beigebracht.«

»Die Stute ist für dich, den Wallach nehme ich.« Seine Stimme klang stolz.

»Wo hast du die denn so schnell aufgetrieben?«

»Bierbrauer halten zusammen. Erst recht in schweren Zeiten. Mit Meister Karel Kubelík stehe ich seit über zwei Jahren in Briefverkehr. Von ihm stammen auch die beiden Rösser.«

»Aber bist du denn dafür auch schon wieder gesund genug?«, fragte Philippine besorgt.

»Meine Versprechen pflege ich zu halten«, erwiderte Jörg. »Erst recht, wenn ich sie einer Welserin gegeben habe. Deine Tante wird mir sicherlich jemanden zuteilen, der die Stute heil zurück nach Pilsen bringt. Und in der Scheune muss ich dort sicherlich auch nicht schlafen, oder doch?« Zum ersten Mal seit Tagen war sein Lachen wieder unbeschwert und breit. »Willst du nicht endlich aufsitzen? Oder soll ich doch lieber den Wagen anspannen?«

Sie verstaute den Kräuterbeutel in einer der Satteltaschen. Dann war sie so rasch auf dem Pferd, dass er nur noch verdutzt den Kopf schütteln konnte.

❄

Schloss Bresnitz, 1. September 1556

Ich bin endlich angekommen – und kann es noch kaum fassen!

Im Nachhinein erscheint mir der ganze Ritt hierher wie ein einziger Traum. Wälder, Felder, Ortschaften, Klöster, alles gleitet an mir vorbei, als seien es Bilder meiner Fantasie. Immer wieder muss ich mir bewusst machen, dass es genügen würde, die Hand auszustrecken.

Dass alles, was ich rieche und fühle, real ist. Zum Greifen nah.

Wie schön diese Gegend ist, wie gesegnet!

Jetzt, im warmen Schein des Spätsommers, liegt etwas Warmes, Sattes, Goldenes auf dem Land, das ich von meiner Heimat her nicht kenne. Obwohl ich nicht zum ersten Mal hier bin, empfinde ich es stärker als bei all meinen bisherigen Besuchen.

Es ist, als würde dieses Fleckchen Erde mich willkommen heißen.

Als habe es auf mich gewartet.

Ein Gefühl, hierher zu gehören.

Erst recht, als Tante Kats feste Arme mich umschließen, auch wenn mein Hinterteil höllisch schmerzt und die Hände sich ganz steif anfühlen, weil ich an Reiten nicht mehr gewöhnt bin.

Jörg, mein Begleiter, wird herzlich bedankt und so schnell versorgt, dass er schon nach Kurzem aus meinem Blickfeld verschwunden ist.

Dann gibt es nur noch mich.

Kat lässt mich gar nicht mehr los, so groß ist ihre Freude, redet und lacht und weint in einem – und ich mit ihr.

Ich bin kaum in der Lage, ihren lebhaften Erzählungen zu folgen, die auf mich niederprasseln, so schnell klopft auf einmal mein Herz.

Hier bin ich ihm begegnet.

In diesen Mauern haben wir getanzt.

Ich muss an Ferdinand denken, obwohl ich mich doch zwingen wollte, es nicht mehr zu tun.

Und irgendwie scheint sie es zu spüren, sie, die schon immer alles gespürt und gewusst hat, was in mir vorgeht.

Du wirst dich jetzt erst einmal ausruhen. Ihr Blick ist prüfend und weich zugleich. Entsetzlich dünn bist du geworden – und wunderschön.

Ins Bett mit dir!

Ich bin zu glücklich und viel zu erschöpft, um mich dagegen aufzulehnen, wenngleich ich schon weiß, dass ich nicht ganz gehorchen werde, weil ich ja noch schreiben muss.

Morgen ist auch noch ein Tag, ruft sie mit ihrer dunklen, melodischen Stimme, die ebenso schön Kirchenlieder singen wie Gute-Nacht-Geschichten erzählen kann. Die Mythen so lebendig wiedergibt, dass mir auch noch nach dem vierten Mal der Atem stockt. Die alles weiß, was zwischen Frauen und Männern geschehen kann.

Morgen ist auch noch ein Tag …

Wie lange habe ich auf diesen tröstlichen Spruch aus ihrem Mund warten müssen!

**KAPITEL V
ROSMARIN**

Rosmarinus officinalis
auch genannt Brautkleid,
Hochzeitsblume, Meertau

POSITIVE WIRKUNG: Wirkt anregend auf die Herztätigkeit, ausgleichend auf das Gemüt und fördert die Menstruation, lange auch als Hochzeitsschmuck beliebt.
NEGATIVE WIRKUNG: Bei Überdosierung droht Magen-, Darm- und Nierenschädigung, Achtung bei Schwangerschaft: wirkt leicht abortiv!

Schloss Bresnitz, September 1556

PHILIPPINE LAG in der hölzernen Wanne, die Augen geschlossen, bis zum Hals in warmem Wasser, das nach Melisse duftete. Noch nie zuvor hatte sie einen so riesigen Badetrog gesehen, in den mühelos zwei Erwachsene passen würden.

Tante Kat hatte angesichts ihrer Verblüffung zunächst gelacht, dann war sie plötzlich sehr ernst geworden.

»Georg hatte immer gern Gesellschaft in der Wanne. Und ich auch.« Schimmerten ihre Augen auf einmal feucht? »Es gab sogar den Plan, im Erdgeschoss einen großen Raum zu Badebecken und Schwitzbad ausbauen zu lassen, doch dazu ist es leider nicht mehr gekommen.«

Der Tod ihres Mannes lag zwei Jahre zurück, und in nahezu allem, was sie sagte oder tat, war zu spüren, wie sehr sie ihn vermisste. Ihre Ehe mit Georg von Loxan war glücklich gewesen, eine Liebesheirat, wie sie Philippine schon früher verraten hatte. Ganz anders als die ihrer Schwester Anna Adler mit Franz Welser, die ausschließlich aus den Geschäftsinteressen zweier angesehener Familien angebahnt worden war und schon bald in Streitigkeiten, gegenseitigen Anschuldigungen und schließlich Entfremdung und Kälte gemündet hatte.

Dusana, die junge Magd, die ihr als Zofe zur Hand gehen sollte, kam mit einem Korb voller Rosenblätter herein und begann, einige davon in die Wanne rieseln zu lassen.

»Was machst du da?«, rief Philippine.

»Die Herrin hat es so befohlen«, lautete der Kommentar.

Zuerst wollte sie dagegen protestieren, weil sie gern noch länger ungestört ihren Gedanken und Träumen nachgehangen wäre, dann jedoch ließ sie es zu. Bald schon vermischte sich der süße Duft der Rosen mit dem frischen der Melisse. Einige der Blütenblätter blieben wie zarte bunte Schiffchen an ihrer Haut kleben, andere umschmeichelten die Beine, den Schoß.

Mit einem Lächeln schaute sie an sich hinunter.

Sich einmal als Prinzessin zu fühlen – ganz und gar undenkbar in Augsburg unter dem gerechten, aber strengen Regime der Mutter! Hier dagegen, in diesem verwunschenen Schloss mit seinen Laubengängen, Gärten und Gemächern war es ganz einfach.

Dusana war wartend neben der Wanne stehen geblieben.

»Ihr wünscht noch etwas?« Sie sprach das weiche, leicht singende Deutsch, das unverkennbar eine böhmische Melodie besaß, auch wenn Worte und Grammatik meist fehlerlos waren. »Soll ich beim Abtrocknen behilflich sein?«

»Danke nein«, erwiderte Philippine. »Ich bin wunschlos glücklich!«

Nicht ganz die Wahrheit, aber beinahe.

Sie hatte gewiss nicht vor, sich vor dem blutjungen Ding aus der Wanne zu erheben. Dusanas Blicke klebten ohnehin an ihr, als wollten ihre schmalen dunklen Augen sich für immer einprägen, was sie da zu sehen bekamen. Schon beim Ankleiden, wo sie wenigstens ein ordentliches Hemd trug, war ihr das reichlich unangenehm. Sie war gewohnt, sich ohne Hilfe anzuziehen. Bis auf die frühesten Kindertage, wo eine Amme Anna Welser bei ihrem vierköpfigen Kleeblatt zur Hand gegangen war, war keine fremde Frau Philippine jemals mehr so nah gekommen.

»Und die Haare?«, fragte Dusana weiter. Nicht zum ersten Mal glaubte Philippine, unter der scheinbaren Freundlichkeit eine gewisse Schärfe herauszuhören. »Wollt Ihr damit etwa auch allein zurechtkommen?«

»Das werde ich übernehmen, wenn ich darf!«, sagte Katharina von Loxan, die unbemerkt hereingekommen war. »Meine Töchter sind schon so lange fort. Und bis die Söhne die richtige Braut nach Hause bringen, dauert es wohl noch eine ganze Weile. Der ganze vertraute Weiberkram von früher fehlt mir!« Sie krempelte die Ärmel auf. »Lass uns allein, Dusana. Du kannst einstweilen in der Küche beim Pflaumenmuskochen helfen.« Ihr Tonfall war gelassen, ließ aber keinerlei Widerspruch zu.

Dusana knickste sichtlich widerwillig und verschwand.

»Welch schönes Haar du hast«, sagte sie, als sie nach der Wäsche später Philippines Flechten im Schlosshof über eine Stuhllehne fächerte, damit sie schneller trockneten. »Im Sonnenlicht sieht es aus wie gesponnenes Gold!«

»Wie schamlos du übertreibst! Es sind ganz gewöhnliche blonde Haare«, widersprach die lachend, weil so viel Lob ihr unangenehm war. »Nicht einmal besonders hell. Im Winter bin ich fast braun. Du solltest aufhören, mir dauernd Komplimente zu machen, sonst werde ich noch eingebildet auf meine alten Tage.«

»Aber du bist eine schöne Frau, Pippa«, beharrte Katharina. »Das kann man dir nicht oft genug sagen. Und kein bisschen alt. So etwas möchte ich aus deinem Mund nie wieder hören! Wenn erst einmal die neuen Kleider fertig sind …«

»Gibt es einen speziellen Grund, warum du mich so herausstaffieren willst?«, unterbrach sie Philippine.

»Meine geliebte Nichte ist auf dem Weg zu mir von Wegelagerern überfallen und ausgeraubt worden«, kam als Antwort. »Ist das nicht Grund genug?«

»Aber ich brauche doch nicht gleich ein ganzes Dutzend neuer Gewänder auf einmal! Wann soll ich die denn tragen? Da müsste ich ja die nächsten fünf Jahre hier bleiben!«

»Wer weiß? Außerdem: wenn die Näherinnen schon einmal bei der Arbeit sind …« Katharina blinzelte träge gegen die Sonne. »Ich hoffe nur, sie lassen genug Spielraum in den Nähten, denn ein wenig mehr Fleisch solltest du schon noch auf die Rippen bekommen! Wollkleider brauchst du, wenn die Tage kühler werden, und das wird hier bald der Fall sein, Samt und Seide, sobald die langen Nächte der Festlichkeiten beginnen.«

»Sag nicht, dass du heimlich vorhast, mich zu verkuppeln, indem du mich geschmückt wie ein Pfingstochse herumreichst!« Sie musterte die Tante eingehend. »Das lass lieber sein, Tante Kat. Denn dazu tauge ich nämlich ganz und gar nicht.«

»Papperlapapp! Hier in Böhmen feiert man gern, nicht mehr und nicht weniger. Georg und ich haben stets ein offenes, gastfreundliches Haus geführt. Er würde mir zürnen, sollte ich nach seinem Tod mit dieser guten Tradition brechen, das weiß ich.« Sie nahm ihre schwarze Haube vom Kopf. »Zwei Jahre strenge Witwentrauer sind genug. Jetzt soll endlich wieder das Leben in unserem Schloss Einzug halten. Ich freue mich schon auf die Tänze und Gelage – und unsere Nachbarn nah und ferner mit mir! Sogar aus Prag hab ich bereits erste Anfragen erhalten.«

»Dann kommen auch hochgestellte Personen vom Hof zu dir?« Philippine schämte sich, wie angespannt und dünn ihre Stimme auf einmal klang.

»Als ob du das nicht wüsstest, Pippa«, sagte Katharina. »Auch wenn der Erzherzog schon lange nicht mehr hier war. Er ist in Ungarn auf Kriegszug gegen die Türken, und gebe der Allmächtige, dass es bald vorbei sein möge! Schreckliches muss sich dort in manchen Dörfern und Städten zutragen. Die Grausamkeiten auf beiden Seiten wollen kein Ende nehmen. Von zahllosen Gefallenen ist die Rede, von Gefangenen und schwer Verwundeten. So viele der ansässigen Familien haben Verluste zu beklagen! Wenn ich nur daran denke, dass auch mein Sohn darunter sein könnte …«

»Georg kommt zurück, ganz bestimmt«, sagte Philippine schnell. Der groß gewachsene Vetter mit den stechend blauen Augen und dem heiteren Wesen war ihr wie ein Sieger vorgekommen, seitdem sie denken konnte. »Einer wie er geht doch niemals unter!«

»Woher willst du das wissen? Jeden im Feld kann es treffen – jeden! Gerade einen wie ihn, der so impulsiv ist, stets zu Späßen und Dummheiten aufgelegt. Gut möglich, dass Georg wieder einmal Tollkühnheit mit Tapferkeit verwechselt, so war er schon als kleiner Junge, ein Draufgänger, der die eigenen Grenzen überschätzt. Ich werde jedenfalls erst wieder ruhig schlafen können, wenn ich sein Lachen hier im Schlosshof höre.

Doch damit sind meine Sorgen noch lange nicht vorbei. Sobald Andreas und Ladislaus alt genug sind, sind sie keine Pagen mehr, sondern müssen ebenfalls als Soldaten einrücken – und der nächste Krieg kommt bestimmt.« Katharina nahm einen Schluck Most. »Hier, im Osten des Reiches, sitzen wir auf einem Pulverfass, das sich jederzeit entzünden kann!«

Philippine setzte sich so abrupt auf, dass ihre Haare wie ein schimmernder Vorhang um sie schwangen.

»Und Erzherzog Ferdinand wird auch diesen nächsten Krieg zu führen haben?«, sagte sie. Trotz der Sonne, die ihr den Rücken wärmte, hatte sich auf einmal Kälte unter ihrem Brustbein eingenistet. Wie ein zweites Herz aus Eis, so fühlte es sich an. »Und selbst erneut dabei in Gefahr geraten?«

»Endlich.« Katharina nickte befriedigt. »Ich dachte schon, ich würde diesen Namen nie mehr aus deinem Mund zu hören bekommen!«

»Genau das hatte ich auch vor.« Philippine starrte zu Boden. »So fest war ich dazu entschlossen! Meine Schwärmerei, meine Träume, all meine sinnlosen Hoffnungen – wie dumm und kindisch erscheint mir das inzwischen. Doch seitdem ich hier bei dir in Böhmen bin …«

Sie schwieg, spielte mit den seidenen Bändern des grünen Kleides, das früher einmal Katharina gehört hatte.

»Meine Schwester hat sich nur in geheimnisvollen Andeutungen ergangen.« Katharinas Stimme war sanft. »Darin war und ist Anna eine wahre Meisterin! Ich weiß also lediglich, wie krank du warst. Und dass du dringend Aufmunterung brauchst. Willst du mir nicht endlich erzählen, was in Augsburg geschehen ist?«

Schloss Bresnitz, 7. September 1556

Was bleibt mir anderes übrig, als ihr nach diesen Worten alles zu erzählen?

Wie keine andere in der Familie, besitzt Tante Kat schon immer den Schlüssel zu meinem Herzen, den sie nicht einmal im Schloss herumdrehen muss, damit ich es ihr öffne.

Als sei ein Damm gebrochen, fließt es aus mir heraus: meine Einsamkeit, die Begegnung mit Caspar am Lech, der Besuch in seinem Haus, meine Angst, die Entdeckung seiner Täuschung, Lisi, die raffinierte Kindfrau, mein Zusammenbruch, die Krankheit, die Leere …

Ich bin atemlos, als ich endlich geendet habe.

Sie ist noch immer ganz still, nur ihre sprechenden braunen Augen sind voller Mitgefühl.

Dann spüre ich ihre warme Hand auf meinem Kopf.

Die Klippen des Lebens, Pippa. Manchmal sind sie besonders steil. Aber es ist vorbei. Für immer vorbei!

Zum ersten Mal in all der Zeit kann ich es selbst glauben. Ein schwerer Brocken rollt von meiner Brust.

Und Ferdinand, sagte sie. Noch immer Ferdinand?

Jetzt beginne ich zu weinen und kann nicht mehr damit aufhören, selbst wenn ich es gewollt hätte.

Er ist so unerreichbar wie der Mond.

Niemals hab ich ihm auch nur das Geringste bedeutet.

Er hat mich längst vergessen.

Ich will ihn nicht wiedersehen, sonst fängt das ganze Leid von vorn an!

Ich stammle und stottere, muss mich schnäuzen, weil mir die Nase läuft und ich kaum noch Luft bekomme, sie aber setzt ein Lächeln auf, das ganz von innen zu kommen scheint.

Hast nicht du die Kräuter deiner Mutter zu mir gebracht – selbst unter Lebensgefahr?

Ich nicke, verstehe aber nicht, was sie damit meint.

Du hättest ihr besser zuhören sollen! Meine Schwester Anna ist eine kluge Frau.

Sie steht auf, geht zu den Tontöpfen, die mir noch gar nicht richtig aufgefallen sind, so sehr war ich mit mir beschäftigt.

Als sie zurückkommt, hält sie einen grünen Zweig in der Hand, an dem weiße Blüten sitzen, obwohl der Herbst doch schon ganz nah ist.

Ros marinus, der Tau des Meeres. Der Aphrodite geweiht. In jeden freien Topf, der mir untergekommen ist, hab ich ihn pflanzen lassen.

Und weiter?

Man sagt, wer einen blühenden Zweig berührt, verliebt sich unweigerlich. Aber Rosmarin schärft auch den Blick: Man kann erkennen, ob der, den man liebt, es auch wirklich wert ist.

Ich starre ihr hinterher, als sie zur Tür geht.

Du wirst wunderbar in weinrotem Samt aussehen, sagt sie. Aber noch berückender in taubenblauer Seide.

❋

Schloss Bresnitz, September 1556

Kerzen unterteilten den Speisesaal in verschiedene Areale von Licht und Schatten. Dutzende hatte die Schlossherrin auf den großen silbernen Kandelabern aufstecken lassen, so geschickt platziert, dass die Tafel in warmes Licht getaucht war und besonders anheimelnd wirkte, während die Wandmalereien in geheimnisvollem Dämmer lagen.

Katharina von Loxan hatte zu Tisch gebeten, und alle waren sie gekommen, die Liebsteins, Schwarzenbergs, Lobkowitz', Thuns, Kinskys, Rosenbergs – und wie sie noch heißen mochten. Philippine schwirrte der Kopf von den fremden Namen, den Gesichtern und Gerüchen.

Wie die Mode es vorschrieb, waren die meisten Damen in eine Wolke schwerer Düfte gehüllt, während die meisten der Herren eher nach Pferd und Stall rochen. Auch die Kleidung der Gäste wirkte zwar auf den ersten Blick prunkvoll, zeigte aber, sah man genauer hin, durchaus gewisse Tragespuren, die sich kaum verbergen ließen. Manch einer der Stoffe war dünn geworden oder glänzte abgeschabt. Auch die Schnitte verrieten, dass viele der Gewänder schon einige Jährchen auf dem Buckel hatten.

Plötzlich wünschte sich Philippine, ein schlichteres Kleid zu tragen, doch der weinrote Samt, der eng an der Taille saß und sich verschwenderisch an den Hüften bauschte, machte sie unweigerlich zum Blickfang des Abends. Katharina hatte darauf bestanden, dass sie ihr Haar in ein golddurchwirktes Netz mit winzigen weißen Perlen einschlug, das die Stirn noch höher wirken ließ. An ihren Ohrläppchen baumelten böhmische Granate, eine Leihgabe der Tante für diesen besonderen Abend, so blutrot wie das Granatband, das ihren Hals schmückte.

Selbst in raschelnde moosgrüne Seide gewandet, schien sie es zu genießen, wie sehr die Nichte im Mittelpunkt stand, das verrieten die zufriedenen Blicke, die sie ihr immer wieder zuwarf, mehr auf jeden Fall als Philippine selbst, die nur am Wein nippte und die Angst nicht verlor, in der illustren Runde etwas Falsches zu sagen.

War es anfangs noch ein wenig hölzern, ja geradezu steif zugegangen, so wurde die Stimmung immer gelöster, je mehr von den Köstlichkeiten aufgetragen wurden. Auf gebratene Hühner in verschiedenen Farben, für die unter anderem Petersilie, Nelke und Safran gesorgt hatten, folgten Rühreier mit Majoran, Salbei und Käse sowie Fleischkäs aus Kalbfleisch im Speckmantel.

Die Wangen der Damen und Herren hatten sich inzwischen gerötet, die Finger glänzten fettig, derart beherzt griffen alle zu, der Wein floss in Strömen.

Als Küchenmeister Wenzel Husák eine riesige Platte hineintragen ließ, auf der ein Pfau mit Federkleid und Beinen thronte, aus dessen Schnabel eine Flamme schoss, ertönte lebhafter Beifall. Sein zart gegartes Fleisch, das zum Vorschein kam, nachdem die Haut behutsam abgelöst worden war, wurde ebenso hurtig verschlungen wie der darauf folgende Wildpfeffer mit Rotwein, blauen Trauben und Nelkenpulver.

Herr von Schellenberg, Philippines Tischnachbar, lehnte sich mit wohligem Rülpsen zurück. Den ganzen Abend hatte er sie angestarrt, als sei sie der nächste Gang, den er sich einverleiben wollte.

»Aber Ihr esst ja fast gar nichts«, sagte er erstaunt, als fielen ihm erst jetzt die kleinen Portionen auf ihrem Teller auf. »Schmeckt Euch denn nicht, was die verehrte Frau Tante servieren lässt?«

»Ganz im Gegenteil«, versicherte Philippine. »Aber ich bin diese Mengen einfach nicht gewöhnt. Bei uns in Augsburg könnte eine Familie eine Woche damit auskommen – und hätte immer noch genügend Vorrat für die nächste.«

Er lachte, als habe sie einen köstlichen Witz gerissen, und verschlang sie weiterhin mit seinen Augen.

Nachdem die Platten abgetragen worden waren, erschienen Agata und Bozena, zwei der jüngsten Mägde, in weißen Gewändern. Jede von ihnen trug einen Korb, in dem blühender Rosmarin lag, den sie vor und zwischen den Tellern der Gäste verteilten.

Philippine suchte den Blick der Tante, doch die gab nur ein kurzes Nicken von sich, als sei alles in bester Ordnung.

Dann erhob Katharina ihr Glas.

»Ein Hauch von Süden auf unserer Tafel«, sagte sie. »Ein kleiner Abgesang auf den Sommer, der uns bald endgültig verlassen wird, ein Dank an die göttliche Aphrodite, deren Zauber in diesem Kraut wirkt und hoffentlich damit in unser aller Leben, denn was wäre unser irdisches Dasein ohne die Himmelsmacht Liebe? Zuletzt ein dezenter Hinweis auf den nächsten Gang, der hoffentlich Euren Zungen schmeicheln wird!«

Auf länglichen Silberplatten wurden Spieße mit gebratenem Wels, Speck und Rosmarin hereingetragen. Der Duft war so intensiv, dass er für einen Augenblick all die anderen vielfältigen Aromen im Saal überdeckte.

Die Sehnsucht nach Ferdinand wurde so stark, dass Philippine Angst bekam, innerlich zu verglühen.

Man kann auch aus Liebe sterben, dachte sie. Ich wäre nicht die Erste und gewiss nicht die Letzte, der das widerfährt.

In diesem Augenblick wurde die Tür aufgerissen, und Georg stürmte in den Saal, lachend, schmutzverkrustet, so abgerissen und mager, wie sie ihn noch nie zuvor gesehen hatte.

»Bin wieder da, Mutter«, rief er. »Heil an Kopf und Gliedern, was willst du noch mehr? Und eine schöne Feier hast du gleich für meine Rückkehr eingerichtet!«

Er ließ zu, dass sie ihn kurz an sich drückte, dann machte er sich frei und beäugte die Tafel. Ohne sich um den Staub auf seiner Schaube und den Morast an seinen Stiefeln zu scheren, zog er sich einen freien Stuhl heran und quetschte sich zwischen Philippine und Schellenberg.

»Musst schon entschuldigen, Jaro«, rief er unbekümmert. »Aber meine schöne Base hab ich um einiges länger nicht mehr gesehen als dich.« Dann wanderten seine Augen über den Tisch. »Soll das etwa alles sein, was ihr mir übrig gelassen habt?«

Er aß, während neue Platten hereingetragen wurden, als hätte er wochenlang nur von Luft und Gras gelebt, leerte zwischendrin sein Glas so zügig, dass die Bediensteten kaum noch mit Einschenken nachkamen, und begnügte sich mit

Lachen oder knappen Antworten, wenn jemand mehr über seine soeben bestandenen Abenteuer erfahren wollte.

Als der alte Herr von Lobkowitz hartnäckig nachfragte, wurde seine Miene plötzlich verschlossen.

»Was willst du von mir hören? Krieg ist immer schrecklich«, sagte er. »Vor allem, wenn man tot ist. Lasst uns lieber auf die Lebenden trinken! Die Toten haben nichts mehr davon.«

Nun ließen ihn die Tischgäste in Ruhe, und auch er schien plötzlich stiller, wie in sich gekehrt. Seine Hände spielten mit den Rosmarinzweiglein, schoben sie auf dem Tisch hin und her, rissen einzelne Nadeln ab, zerkrümelten sie zerstreut.

»Wie lange wirst du bleiben, Pippa?«, fragte er plötzlich.

»Solange deine Mutter mich hier haben will. Auf jeden Fall noch eine Weile. Und du?«

»Ich muss morgen wieder zurück nach Prag. Der Erzherzog erwartet mich. Er braucht uns jetzt alle.«

Die Kehle wurde ihr plötzlich eng.

»Du reitest zu ihm?«, sagte sie leise.

»Was sonst sollte ich tun? Der Krieg ist erst einmal vorbei, solange bis der Reichstag neue Gelder bewilligt hat. Jetzt geht das höfische Leben weiter.« Georg hüstelte. »Weißt du, dass er über dich geredet hat?«

»Ferdinand? Du lügst!«, sagte sie schnell.

»Ich lüge nie. Vielleicht übertreibe ich gelegentlich, das mag durchaus vorkommen, doch in diesem speziellen Fall ist jedes Wort wahr.« Er legte die Hand auf sein Herz, schaute sie treuherzig an. »Willst du, dass ich schwöre? Dann werde ich hier und jetzt auf das Leben meiner Mutter schwören!«

»Aber es ist Jahre her, dass wir uns begegnet sind!« In ihrer wachsenden Aufregung hatte nun auch Philippine nach dem Rosmarin gegriffen und begann, einen Zweig zwischen den Fingern zu zerreiben.

»Das hat er auch gesagt. Und es schien ihm durchaus leidzutun. Wenn ich ihm nun ausrichte, dass du hier bist, bei meiner Mutter …«

»Gar nichts wirst du, verstanden!« Philippine erhob sich so abrupt, dass der Stuhl hinter ihr umfiel.

Alle Blicke flogen zu ihr. Sie konnte förmlich spüren, wie ihr Gesicht blutrot anlief.

»Willst du dich ausruhen, Kind?«, sagte Katharina besorgt. »Wir werden dich vermissen, aber ich denke, es wäre keine schlechte Idee!«

Sie nickte, unfähig, noch etwas herauszubringen, raffte ihr Kleid und verließ den Saal.

❋

Schloss Bresnitz, 22. September 1556

Georg ist ein Lügner!

Und doch wünsche ich mir nichts sehnlicher, als dass er die Wahrheit gesagt hat.

Weißt du, dass er über dich gesprochen hat …

Selbst, wenn er tatsächlich Ferdinand damit meint, so kann das alles und nichts bedeuten!

Warum aber fliegt mein Herz dann so? Warum sind meine Hände eiskalt und der Kopf ist glühend heiß?

Aus Versehen hab ich einen Rosmarinzweig aus dem Saal mitgenommen und ihn in die Ecke geworfen, als ich mich endlich in mein Gemach flüchten konnte, weil meine Züge mir nicht länger gehorchen wollten.

Jetzt bücke ich mich nach ihm, hebe ihn auf, streiche ihn reumütig glatt, als wollte ich ihn um Vergebung bitten.

… und es schien ihm durchaus leidzutun …

Leid … leid … leid …

Warum aber dann kein Brief in all der Zeit, keine Nachricht, nicht ein einziges Wort?

Weil er der Statthalter von Böhmen ist, Sohn des Königs und künftigen Kaiser Ferdinand I.

Und ich nichts als eine törichte, hoffnungslos verliebte Bürgertochter.

Ich packe den Rosmarin, öffne mein Fenster und werfe ihn in die mondlose Nacht hinaus, die die Kühle des Herbstes schon spüren lässt.

Dann schnuppere ich an meinen Händen. Ich kann nicht anders, halte sie mir vor die Nase, atme tief ein.

Der Geruch ist noch immer da, stärker sogar als zuvor, als sei er mir unter die Haut gegangen.

Ich kann ihn nicht vertreiben.

Er lässt mich nicht mehr los.

KAPITEL VI
FRAUENMANTEL

Alchemilla vulgaris
auch genannt Marienkraut, Röckli, Frauenhilf, Hasenmänteli, Taukraut

POSITIVE WIRKUNG: Als Tee blutreinigend, das gequetschte Blatt hemmt Entzündungen und fördert die Wundheilung.
NEGATIVE WIRKUNG: Keine.

Schloss Bresnitz, Oktober 1556

Jedes Buch besass einen eigenen Geruch, ein Geheimnis. Eine Seele.

Schon im Haus ihrer Eltern und erst recht später im Peutingerhaus konnte Philippine nicht genug davon bekommen. Sie liebte es, mit den Fingern über die alten Einbände aus Holz oder Leder zu streichen, die immer öfter verwendet wurden, und zuerst in die bedruckten Seiten hinein zu schnuppern, bevor sie mit dem Lesen begann.

Hier jedoch war die Ausbeute schier unerschöpflich. In massiven Holzkisten sicher verwahrt, fand sie alles, was das Herz begehrte: Bibeldrucke und religiöse Traktate ebenso wie Liebesgeschichten, Ritterromane oder Anleitungen zu Imkerei und Gartenbau. Besonders angetan hatten es ihr die Kräuterbücher, und unter diesen wiederum vor allem ›De historia stirpium‹, ein Werk von Leonhard Fuchs, auch wenn es ihr halb vergessenes Latein auf eine harte Probe stellte.

Tag für Tag ging sie inzwischen hinüber zum Rohbau, der einmal die Bibliothek werden sollte. Der unerwartete Tod des Schlossherrn hatte auch dieses ehrgeizige Projekt zum Erliegen gebracht. Doch seitdem die Nichte auf Bresnitz weilte, hatte Katharina es mit frischer Kraft erneut angekurbelt, und Philippine machte es Spaß, die sichtbaren Fortschritte zu bewundern.

Eine Schar von Arbeitern war emsig am Werk, die meisten von ihnen Männer aus der nahegelegenen Ortschaft. Doch sogar einige Handwerker aus Prag hatten sich so weit nach Süden verirrt. Bis zum Wintereinbruch sollten die Wände hochgezogen, die Decken mit Holz verkleidet und die Böden im Innenbereich fertig verlegt sein. Mit dem Ausmalen der Wände wartete man besser auf das Einsetzen des Frühlings, um die empfindlichen Farben, die dafür verwendet wurden, nicht durch Kälte und Nässe unnötig zu strapazieren.

Wie schön würde es sein, umgeben von lauter Büchern zu lesen!

Bis dahin trug Philippine das schwere Werk am liebsten in den kleinen Speisesaal, um sich dort am länglichen Tisch ungestört in die Welt der einheimischen und exotischen Pflanzenwelt zu vertiefen. Neben ihr standen Feder und Tinte, und manchmal notierte sie sich ein paar Zeilen, die sie besonders interessierten, oder sie machte eine kleine Skizze, um sich etwas besser einzuprägen.

Sie war so vertieft in ihre Studien, dass sie Dusana zunächst gar nicht bemerkte.

»Die Herrin schickt Euch eine kleine Stärkung.« Sie stellte einen Teller mit krossen Teigtaschen vor sie, die mit Zimt bestreut und mit heißer Butter übergossen waren. »Wünsche guten Appetit!«

»Lieb von ihr, aber ich bin eigentlich gar nicht hun…«

Philippine brach ab. Der Duft war so überwältigend, dass ihr das Wasser im Mund zusammenlief. Im Nu war der Teller leer. Am liebsten hätte sie ihn noch abgeschleckt, so gut hatte es ihr gemundet.

»Mir scheint, da habe ich mitten ins Schwarze getroffen«, sagte Katharina, als sie wenig später nach ihr sah. In ihrer Rechten hielt sie etwas, das wie ein Bündel Briefe aussah.

»Aber wer auf Gottes schöner Erde könnte schon Wenzels Pflaumenmustaschen widerstehen?« Sie griff nach dem Buch, in dem die Nichte gelesen hatte, blätterte eine Seite weiter, dann nickte sie anerkennend. »Wusste ja gar nicht, dass du so gut Latein kannst!«

»Kann ich auch nicht«, gestand Philippine. »Ich muss mich durch jede Seite regelrecht quälen. Und hätte ich nicht diese dicke Grammatik in der einen und jenes halb zerfledderte Wörterbuch in einer anderen Kiste entdeckt, ich hätte sicherlich längst schon aufgeben müssen!«

Katharina begann zu schmunzeln.

»Dabei könntest du es wesentlich einfacher haben«, sagte sie. »Aber meine Lieblingsnichte mag es offenbar besonders kompliziert.«

Worauf genau spielte sie an?

In ihren braunen Augen funkelte der Schalk, aber da war noch etwas anderes, das Philippine nicht zu deuten wusste.

Fragend sah sie sie an.

»Das heißt, dass wir davon auch eine deutsche Übersetzung im Haus haben! ›Das neue Kräuterbuch‹, so lautet der eingängige Titel. Georg hat es in Prag erstanden, zusammen mit einem besonders schönen Bibeldruck. Das Wort Gottes, niedergeschrieben in der Landessprache und damit allen Frommen zugänglich – du weißt ja, dass wir darauf stets großen Wert gelegt haben. Und so will ich es auch nach seinem Tod weiter halten.«

Nicht die erste unverblümte Anspielung auf den Protestantismus, dem sowohl Georg von Loxan als auch seine Frau zugeneigt waren, doch Philippine ging auch dieses Mal nicht weiter darauf ein. Es erschien ihr nicht richtig, sich mit der Tante in religiöse Streitgespräche zu verwickeln.

Nicht für die kurze Zeit, die sie hier zu Gast war.

»Mit einigem Glück kann ich dir sogar auf Anhieb die richtige Kiste zeigen, in der du es findest«, fuhr Katharina fort. Sie lehnte sich zurück, musterte die Nichte. »Dann trittst du also doch ganz in die Fußstapfen deiner Mutter!«

»Scheint so«, sagte Philippine. »Früher haben mir Pflanzen und Kräuter nicht sonderlich viel bedeutet. Oftmals fand ich es sogar lästig, wenn die Mutter mich zum Sammeln schickte oder mir später zeigen wollte, wie man sie bestimmt und wozu man sie einsetzen kann. Inzwischen aber weiß ich, wie viel Gutes man damit tun kann, wenn man diese Kunst beherrscht. Das hat meine Haltung grundlegend verändert.«

»Wie recht du hast – ich wünschte, meine liebe Schwester wäre an meiner Seite gewesen, als Georg so krank wurde! Dann würde er vielleicht noch leben.« Katharinas sonst so beherrschtes Gesicht war plötzlich offen wie eine Wunde. »Der ortsansässige Medicus hat nichts anderes im Repertoire gehabt als Aderlass und Purgieren, was den Kranken immer nur noch schwächer gemacht hat. Eine Lungenentzündung heilt man damit jedenfalls nicht!«

Sie strich sich über das Kleid, als wolle sie etwas wegwischen.

»Der Tod ist stets bei uns, das sollten wir nie vergessen. Im letzten Winter musste ich um meine Kleine bangen, Kathi, die als Hofdame der Prinzessin Barbara in Wien lebt. Mit einem Schnupfen fing es an, dann kam Fieber dazu, schließlich die

Halsbräune. Nach Hause holen konnte ich sie nicht, dazu war ihr Zustand zu bedenklich. Was blieb mir anderes übrig, als mich in Schnee und Eis aufzumachen und vor Ort selbst nach dem Rechten zu sehen? Ich kann dir sagen, es gibt kaum einen düstereren und kälteren Ort als diese Wiener Hofburg, wenn die Januarwinde um die Mauern heulen!«

»Inzwischen geht es ihr wieder gut?«

Katharina nickte.

»Sie ist kerngesund und hat sich sogar verlobt, das sehe ich als glückliches Zeichen. Mit Ladislaus von Sternberg, dem Hofkämmerer des Erzherzogs. Ich denke, die Zeiten ihres Wiener Exils sind bald vorbei.« Ein Räuspern. »Du wirst ihn übrigens kennenlernen. Sehr bald sogar.«

»Er kommt uns besuchen?«

»Ich erwarte ihn morgen. Und er kommt nicht allein.«

»Bringt er Kathi mit?«

»Nein, ganz so weit sind die beiden noch nicht«, sagte sie lachend. »Er reitet an der Seite seines Dienstherrn.«

Katharinas Worte hingen eine ganze Weile in der Luft wie überreife Früchte, bis sie sie verstand. Erst als sie schließlich zu Boden fielen und zerplatzten, fand Philippine wieder zurück zu ihrer Sprache.

»Ferdinand kommt – hierher?«

Katharina verzog keine Miene. »So jedenfalls steht es in diesem Schreiben.«

»Aber das ist ja nur noch ein einziger Tag!«, flüsterte Philippine.

»Hast du dir das nicht von ganzem Herzen gewünscht?«, sagte Katharina. »Und mein blühender Rosmarin, über den du erst noch spotten wolltest, hat womöglich auch seinen Teil dazu beigetragen.« Als Philippine etwas darauf erwidern wollte, brachte sie sie mit einer Geste zum Schweigen. »Zur Ablenkung habe ich hier drei Briefe aus der Heimat für dich, Pippa. Scheint, als würden dich alle gründlich vermissen.«

Der erste kam von Onkel Bartholomé.

Krank sei er gewesen, las sie zu ihrer Bestürzung, niedergestreckt von einem bösen Fieber, das ihn matt und schwach gemacht habe. Doch nun sei er wieder auf dem Weg der Besserung, gedenke ihrer und wünsche ihr eine schöne Zeit auf dem Schloss. Der letzte Satz machte sie nachdenklich: »Ich weiß, du wirst das Richtige tun, Pippa.«

Den zweiten hatte Anna Welser geschrieben.

Wie immer eher spröde, wenn es ums Schriftliche ging, erkundigte sie sich nach Philippines Befinden, um dann einen knappen Überblick über die wichtigsten Ereignisse in Augsburg zu geben. Sie vergaß nicht zu erwähnen, wie gut sich der jüngste Bruder Georg im Gewürzhandel mit Italien mache, wo man ihm immer größere Aufgabenbereiche anvertraue, so zufrieden sei man mit seiner Arbeit. »Sei klug und vorsichtig, mein Kind«, so lautete eine Passage. »Gott schütze dich!«

Philippine legte den Brief beiseite.

Konnte die Mutter direkt in ihren Kopf schauen? Oder hatten die Wände hier Ohren, die Türen Augen? Und die Tante sandte Botschaften nach Augsburg, die sie ihr gegenüber lieber für sich behielt?

Karls Brief, den sie als Nächstes las, machte sie erst ungehalten, dann zwang er ihr ein Lächeln ab.

Kein Vergleich mit dem genügsamen, strebsamen Georg, der sich bemühte, stets das gut zu tun, was man ihm aufgetragen hatte! Dieses Schreiben strotzte vor Unzufriedenheit, Ansprüchen und wilden Plänen. »Kannst du Tante Kat nicht fragen, ob sie Kapital für mich übrig hat?«, stand da in einer Schrift, so anmaßend und krakelig, dass sie für wenige Zeilen ein ganzes Blatt Papier beanspruchte. »Sollte das nicht der Fall sein, so hör dich wenigstens am Prager Hof für mich um, das ist die Schwesterliebe, die ich mir vorstelle …«

Jetzt lachte sie schallend.

»Ich freue mich, Euch in so ausgezeichneter Laune vorzufinden«, sagte eine tiefe Männerstimme. »Nichts anderes habe ich mir gewünscht!«

Sie fuhr auf, schaute in leuchtende Augen von der Farbe alten Goldes.

»Euer Gnaden«, murmelte sie und wollte sich erheben, doch ihre Knie waren auf einmal merkwürdig kraftlos.

»Da waren wir doch schon viel weiter.« Er klang vergnügt. »Ferdinand und Philippine – erinnert Ihr Euch denn nicht?«

»Ich erinnere mich an alles«, hörte sie sich zu ihrer eigenen Überraschung antworten. »Leider!«

»Leider?«, wiederholte er. »Wie darf ich das verstehen?«

Heilige Gottesmutter – auf welch brüchiges Eis hatte sie sich da begeben! Aber jetzt gab es kein Zurück mehr.

»Ich erinnere mich an alles, was uns beide betrifft, sonst wäre es ja nicht so schwer für mich«, sagte Philippine, ohne zu atmen.

Er begann zu lächeln, als gefiele ihm, was er zu hören bekam.

»Ich habe Euch bei der Lektüre gestört«, sagte er. »Verzeiht! Ich weiß, wir waren erst für morgen angekündigt, aber etwas in mir wollte und konnte nicht länger warten.«

Hatte sie ihn richtig verstanden?

In ihrem Kopf begann sich alles zu drehen wie ein bunter Kreisel.

»Ihr stört ganz und gar nicht, Ferdinand«, sagte sie und genoss es, die Buchstaben seines Namens wie Perlen von der Zunge rollen zu lassen. »Was ich lese, ist Post aus der Heimat, Briefe von meinem Onkel, meiner Mutter und meinem Bruder Karl. Ich bin so froh, dass sie alle gesund und wohlauf sind …«

Sie hielt inne.

Was für einen Unsinn plapperte sie!

Die Befindlichkeiten der gesammelten Familie Welser interessierte ihn gewiss weniger als ein Jaulen seines Jagdhunds.

»Niemand als ich könnte Euch besser verstehen«, erwiderte er zu ihrer Verblüffung. »Meine Familie ist riesengroß – und manchmal alles andere als einfach. Ständig gibt es da neue Aufregungen und Schicksalsschläge. Auch ich habe einen Bruder namens Karl, wenngleich mir die älteren Schwestern stets näher waren, gleich fünf an der Zahl und jede mit einer anderen Meinung, womit man auch erst einmal zurechtkommen muss.«

Jetzt schwiegen sie.

Seine Haut war glatt und leicht gebräunt. Ein rötlicher,

akkurat gestutzter Bart auf Wangen und Kinn gab ihm etwas Keckes, das ihr gefiel. Die Augen, das war ihr damals schon aufgefallen, konnten ihre Farbe von einem Moment zum anderen wechseln, waren manchmal durchsichtig wie heller Bernstein, dann wieder tiefgolden, um schließlich grünlich aufzublitzen. Er war nicht viel größer als sie, aber seine Schultern waren breit, die Taille schmal, und der Brustkorb leicht gewölbt. Die Statur eines Athleten, aber eines Athleten, der den Genüssen des Lebens von ganzem Herzen zugetan war.

Wenn er nicht aufpasst, wird er bald ein stattliches Bäuchlein bekommen, dachte Philippine und hatte Mühe, ein nervöses Kichern zu unterdrücken. Doch selbst dann gäbe es keinen Mann, der mir besser gefallen könnte.

»Ich will Euch nicht länger beim Lesen stören«, sagte Ferdinand. »Und lieber die Dinge mit der Hausherrin besprechen gehen, die es zu besprechen gibt. Ich denke, wir sehen uns später.«

Sein Blick wärmte ihre Haut, als würde er sie wirklich berühren.

Damit ließ er sie allein.

✽

Schloss Bresnitz, 7. Oktober 1556

MEIN GEMACH IST ein einziges Durcheinander von Stoffen und Röcken und Miedern – so oft hab ich mich vor dem Essen umgezogen, um endlich doch erhitzt in die taubenblaue Seide zu schlüpfen, die Tante Kat mir von Anfang an empfohlen hatte.

Ich sehe den Unwillen in Dusanas Augen, die nur daran denkt, dass sie das ganze Durcheinander wieder in Ordnung bringen muss, während sie fast schon verbissen Haken um Haken öffnet und wieder schließt, Bänder zuzieht und wieder löst und mir schließlich empfiehlt, die Haare offen zu tragen, während ich darauf bestehe, dass sie aufgesteckt und mit der Aquamarinnadel geschmückt werden, die Tante Kat mir vorhin noch schnell in die Hand gedrückt hat.

Ich schäme mich, aber nur ganz kurz. Aus schlechtem Gewissen, das rasch verflogen ist, schenke ich ihr ein Mieder aus hellem Barchent, das sie mir förmlich aus der Hand reißt.

Ist heute nicht der Abend der Abende?

Ferdinand ist nach Schloss Bresnitz gekommen, um mich wiederzusehen, daran gibt es für mich keinen Zweifel mehr!

Aber werde ich vor seinen Augen auch bestehen können?

Meine Kehle ist wie zugeschnürt, die Hände sind so kalt, als hätte ich sie in eine Schale mit Eiswasser getaucht.

Als ich den Speisesaal betrete, bin ich zunächst vor Aufregung wie geblendet, doch wir sind nicht zu viert, wie angekündigt, sondern zu fünft. Ladislaus von Sternberg, schmal und blond, springt auf und begrüßt mich überschwänglich. Ich mag ihn auf Anhieb und kann meine Base Katharina zu ihrer Wahl nur beglückwünschen. Der fünfte Gast am Tisch jedoch, Jaroslav von Pernstein, begrüßt mich zurückhaltend, ja, reserviert.

Daran wird sich den ganzen Abend nichts ändern, und

obwohl es mir doch gleichgültig sein sollte, was der Oberstallmeister Ferdinands von mir denkt, stört mich seine kaum verhohlene Missachtung dennoch. Er ist ein Berg von einem Mann, mit wildem schwarzem Bart, der sein halbes Gesicht bedeckt, und Händen groß wie Schaufeln.

Schwer vorstellbar, dass diese Pranken Rösser lenken und führen können, doch genau das scheint der Fall zu sein, denn Ferdinand lobt Pernsteins Geschick im Umgang mit diesen Tieren mehrere Male. Überhaupt dreht sich das ganze Gespräch hauptsächlich um Pferde, was mich ärgert, weil ich dazu kaum etwas beitragen kann.

Ab und zu spüre ich Ferdinands Blick auf meinem Gesicht, ruhig, als wolle er meine Züge tief in sich aufnehmen.

Ich bin zerstreut und gebe seltsame Antworten, wenn ich überhaupt den Mund aufbekomme, schmecke keinen Unterschied zwischen Taube und Fasan, gieße mir um ein Haar Rotwein über mein sündteures Kleid und habe nicht einmal Lust, am süßen Mandelgebäck zu naschen, für das ich sonst jederzeit mitten in der Nacht aufstehen könnte.

Tante Kat beobachtet das Geschehen, das spüre ich genau, obwohl sie wie sonst lacht, parliert und scherzt, so klug und gewandt, wie ich es mein ganzes Leben niemals sein werde. Dumm und hölzern komme ich mir vor, ein Bürgermädchen mit großen Ambitionen, das gerade auf bittere Weise zu spüren bekommt, dass nichts so viele Sehnsüchte weckt wie das Unerreichbare.

Nach dem Essen schlägt Tante Kat den Herren Sternberg und Pernstein eine Besichtigung der fortschreitenden Bauarbeiten vor – und wir sind plötzlich allein.

Jetzt wird das Schweigen plötzlich lastend, bis er nach meiner Hand greift und mich hinaus in den Schlosshof führt. Die Nacht ist klar und kühl, der Sternenhimmel über uns unendlich weit.

Als er mich anlächelt, bin ich verloren.

Ich spüre einen Druck in meiner Brust, als wolle sie mir im nächsten Moment zerspringen.

Dann küsst er mich, erst zart, dann entschlossen. Seine vollen Lippen auf meinem Mund, seine freche Zunge, die mich erkundet, als würde ich ihm schon gehören. Ein Geschmack nach Wein, die wohlige Nähe seines Atems, seine warme Hand in meinem Nacken.

Ich rühre mich nicht, aus Angst, dieser wunderschöne Traum könnte ausgeträumt sein, bevor ich mich versehe.

»Ich will bei dir sein«, höre ich ihn sagen und kann es doch kaum glauben. »Immer.«

Ich fliehe, als ich die Schritte der drei anderen zurückkommen höre, und ärgere mich über mich selbst, kaum habe ich mein Gemach erreicht, denn nun kann ich ohne große Erklärungen nicht mehr zurück. Ans Fenster gepresst, versuche ich noch einen Blick von Ferdinand zu erhaschen, doch alles, was ich sehe, ist ein großer Mann, der auf eine Frau einredet.

Pernstein?

Etwas Helles blitzt auf, als sie sich bewegt.

Dusana?

Was zum Himmel haben der Hofstallmeister und meine Zofe im Dunkeln miteinander zu besprechen?

Ich frage sie später danach, als sie mir einen dampfenden Tee bringt, ein nächtlicher Gruß von Tante Kat, wie sie sagt.

Sie hat mit niemandem geredet, sagte sie aufmüpfig. Lediglich dem Stallmeister gezeigt, wo auf Schloss Bresnitz die Pferde stehen. Muss sie nicht zu allen Gästen höflich sein?

Ich zögere, den Tee anzurühren, will nur noch, dass sie mich allein lässt.

Sie steht neben mir, beobachtet mich.

Frauentrost, sagt sie dann, als ob ich es selbst nicht wüsste. Beruhigt das Gemüt, wenn das Herz in arge Wallung gerät. Sie kichert. Manche nutzen das Kraut allerdings auch anders. Waschungen damit am geheimen Ort sollen die Jungfernschaft wiederherstellen.

Aber wer glaubt heute noch an solche Wunder?

Ich trinke den Tee, als sie endlich weg ist, widerwillig, weil er bitter und seltsam abgestanden geschmeckt. Danach kann ich nicht schlafen, liege wach mit brennenden Augen.

Die Welserin und der Habsburger, das kann, das darf nicht sein!

Und doch gibt es da etwas zwischen ihm und mir, das uns unaufhaltsam zueinander zieht.

Ich stehe wieder auf, wickle ein warmes Tuch um mein Nachtgewand, verlasse mein Gemach, das Schloss. Scheinbar blindlings finde ich ihn im Hof, als habe er bereits auf mich gewartet.

Schweigend sehe ich ihn an.

Dann kniet er sich nieder auf den Kies, das Haupt an meinem Herzen.

Ich schaue auf seinen Kopf, die störrischen braunroten

Haare, die einen Wirbel bilden, von dem aus sie in alle Richtungen wachsen. Er ist ein Fürstensohn mit einem eigenen Willen, denke ich.

Vielleicht wird doch noch alles gut.

Die erste Welle von Übelkeit überkommt mich ohne Vorwarnung. Ich schaffe es gerade noch, mich von Ferdinand zu lösen, dann erbreche ich das gesamte Abendessen in einem Blumenbeet.

Nie im Leben habe ich mich mehr geschämt, will nur noch weg, aber eine eisige Kälte sitzt in meinen Gliedern, und ich vermag mich kaum zu bewegen.

Er kümmert sich nicht um mein Gebrabbel, hebt mich hoch, trägt mich auf seinen Armen zurück nach drinnen.

Türen öffnen sich, Kerzen werden entzündet, nach Kurzem ist das halbe Schloss wieder auf den Beinen, allen voran Tante Kat, die mich ins Bett verfrachtet, meine Zunge begutachtet, mir den Puls fühlt, mich streichelt wie ein Kätzchen.

Ich bin zu müde, um zu reden, doch sie zwingt mich dazu.

Als ich ihr von dem Tee erzähle, verlangt sie, den Becher zu sehen, doch der ist spurlos verschwunden.

Dusana, ebenfalls von ihrem Lager im Dienstbotentrakt hochgezerrt, zuckt die Achseln. Sie hat die Befehle der Herrin befolgt, nichts weiter. Wohin der Becher verschwunden sein mag, weiß sie nicht.

Sie wird zurück ins Bett geschickt mit der Aussicht auf weitere Befragungen.

Mir fallen vor Erschöpfung die Augen zu. Ich schlafe bis weit in den nächsten Tag hinein.

Als ich aufwache, sitzt Ferdinand an meinem Bett.

Er stützt mich, damit ich einfacher nach oben komme, bis ich mich in seinem Arm halb aufgerichtet habe. Dann flößt er mir schluckweise warmen Kamillentee ein.

Es wird nicht leichter werden. Ganz im Gegenteil.

Sein Gesicht ist ernst, als er das sagt.

Ich lächle, denke nicht an meine verschwollenen Augen, nicht an das zerzauste Haar, nicht daran, dass ich keine Veilchenpastillen zur Hand habe und aus dem Mund rieche.

Er ist mein Ritter, mein strahlender Held.

Unverwundbar fühle ich mich nach dieser Nacht, nahezu unsterblich.

Ich halte sein Herz in der Hand.

KAPITEL VII
NELKE

Dianthus caryophyllus
auch genannt Nägelein, Grasblume,
Landnelke, Donner-Nägelein

POSITIVE WIRKUNG: Hilft bei Magenverstimmung und Fieber; als Öl zieht es den Schmerz aus den Wunden, auf den Kopf gelegt heilt es Kopfweh.
Verlobungs-und Hochzeitsblume in Mittelalter und Renaissance.
NEGATIVE WIRKUNG: Keine.

Schloss Bresnitz, Dezember 1556

INZWISCHEN REDETE NIEMAND offen mehr davon, dass und wie Dusana verschwunden war, doch hinter vorgehaltener Hand brodelten die Gerüchte umso eifriger. Philippine merkte es daran, dass Gespräche abrupt verstummten, sobald sie die Küche betrat oder verfrüht in die Badestube platzte, bevor der große Zuber ganz gefüllt war.

Keiner im Schloss hatte die junge Zofe mehr gesehen, seitdem die hohen Herren aus Prag nach jenem festlichen Abend fortgeritten waren. Zuerst hieß es, sie sei mit einem bärtigen Kesselflicker davongelaufen. Später, eine versteckte Schwangerschaft habe sie in ihr Heimatdorf zurückgetrieben – wo sie freilich, wie sich herausstellte, niemals angekommen war. Je mehr Wochen ins Land gingen, desto wirrer und haltloser wurden die Mutmaßungen, die schließlich darin gipfelten, sie habe sich aus Liebeskummer im Teich hinter dem Schloss ertränkt und spuke seitdem dort in Neumondnächten.

An ihre Stelle war Lenka getreten, so blond und still, dass Philippine manchmal vergaß, dass sie überhaupt mit im Raum war. Sie war unscheinbar und lächelte selten, aber gab sich größte Mühe, alles richtig zu machen. Gewissenhaft und ordentlich in allen Belangen, wirkte sie gleichzeitig so verschwiegen, dass man sich keine bessere Zofe hätte wünschen können.

Denn zur Verschwiegenheit gab es allerlei Grund.

Ferdinand besuchte Schloss Bresnitz inzwischen regelmäßig. Manchmal kam er sogar mitten in der Nacht, als könne er es nicht ertragen, die Sonne auch nur ein einziges Mal ohne Philippines Gegenwart aufgehen zu sehen.

Diese Morgen, wenn sie ihn unversehens in dem gemütlich ausgestatteten Raum vorfand, den Katharina eigens für ihn zum Speisezimmer hatte einrichten lassen, liebte sie am allermeisten. Dann flog sie an seine Brust, während er sie festhielt, als wolle er sie niemals wieder loslassen. Während er seinen Hunger stillte – und Ferdinands Appetit war beachtlich –, ließ sie tausend Fragen auf ihn niederprasseln, die er lächelnd und geduldig beantwortete.

Wie nah sie sich inzwischen waren!

Sie kannte sein Lächeln, die kleine blaue Ader, die neben seinem rechten Auge zu pochen begann, sobald ihn etwas ärgerte. Seinen Geruch, in den sich inzwischen eine kräftige winterliche Note geschlichen hatte, weil er nicht genug von Bratäpfeln mit Zimt und Zucker bekommen konnte. Seinen Körper, der so weich und geschmeidig war, wenn ihn etwas freute, und zur Eissäule erstarren konnte, ging ihm etwas gegen den Strich – allerdings bislang nur unter Kleidern.

Die Spannung zwischen ihnen stieg von Mal zu Mal mehr, das spürten sowohl Philippine als auch Ferdinand. Manchmal genügten schon zufällige Berührungen, um die Funken fliegen zu lassen. Die Küsse, die sie tauschten, waren von solch verzweifelter Wildheit, dass sie mit einer Mischung aus Bienenhonig und Lavendelöl ein bewährtes Mittel ihrer fernen Mutter anwenden musste, um die aufgesprungenen Lippen wieder zu glätten.

Und doch hatten sie noch keine gemeinsame Nacht miteinander verbracht.

Trotz aller Diskretion, um die sie sich bemühten, war es

unmöglich, seine Besuche zu verheimlichen. Weil Katharina es vorzog, den Stier bei den Hörnern zu packen, anstatt womöglich unter den donnernden Hufen von Gerede und Spekulation zertrampelt zu werden, hatte sie eines Abends die gesamte Dienerschaft um sich versammelt. Der Erzherzog sei ein geschätzter Gast, der Hausrecht besitze. Ihm sei höflich und freundlich zu begegnen, mehr erwarte er nicht. Wer dagegen bösartigen Tratsch verbreite, könne auf der Stelle sein Bündel schnüren und gehen.

Wo sollte man mitten im Winter eine neue Anstellung finden? Außerdem war Katharina von Loxan bei Dienern und Mägden beliebt, und der halbe Silbertaler, den sie jedem zur Bekräftigung zusätzlich in die Hand drückte, tat sein Übriges.

Trotzdem schien die Situation auch ihr allmählich zuzusetzen, und als Ferdinand sich nach dem letzten Besuch auf sein Ross geschwungen und zusammen mit seinem Hofstallmeister, den Philippine ebenso wenig leiden konnte wie am ersten Tag, davongeritten war, zog sie die Nichte zur Seite.

»Ich weiß nicht genau, welches Spiel du da spielst, Pippa«, sagte sie. »Aber es macht mir Angst.«

»Das ist kein Spiel, Tante Kat«, versicherte sie. »Niemals war mir ernster zumute. Ferdinand ist alles, was mir fehlt. Und ich denke, ihm geht es ebenso mit mir.«

»Hat er jemals von Heirat gesprochen?«, sagte Katharina ruhig.

»Er hat gesagt, dass er mich nie mehr loslassen wird.«

»Das ist nicht dasselbe, und das weißt du.« Sie schnitt eine

Scheibe von dem Früchtebrot ab, das Meister Wenzel frisch kreiert hatte, und biss hinein. »So bist du also einverstanden, seine Buhlin zu sein?«

»Welch hässliches Wort ...«

»Nicht hässlich, deutlich, Pippa! Nenn es Geliebte oder Konkubine, wenn du lieber willst, es bleibt doch immer gleich. Ferdinand ist ein Kerl im besten Saft. Der hält das ganze Hin und Her nicht mehr lange aus, das ist ihm an der Nasenspitze anzusehen. Schafft endlich klare Verhältnisse! Sonst werde ich eingreifen.«

»Aber wie soll ich das anstellen?« Philippine sank auf einen der Hocker. »Er ist doch der Mann! Soll ich ihn vielleicht fragen?«

»Lass dir etwas einfallen. Es sind immer die Frauen, die die Signale geben. Männer reagieren lediglich darauf.« Sie begann zu schmunzeln. »Bei Georg und mir war es auch nicht anders. Natürlich hat er sich bis zum letzten Atemzug für den großen Verführer gehalten. Dabei war es einzig und allein meine Entscheidung, die passende Situation herbeizuführen.«

»Ihr habt das Bett geteilt, bevor ihr getraut wurdet?«

»Glaubst du vielleicht, ich sei bereit gewesen, die Katze im Sack zu kaufen?« Katharina sah plötzlich wieder jung aus. Und sehr, sehr übermütig. »Ich wollte ganz genau wissen, wie der Mann ist, dem ich einmal Kinder schenken werde!«

»Und die Angst, schwanger zu werden, falls du dich getäuscht hättest?«

»Die kann dir keiner nehmen, Kind. Sie gehört zum Frauenleben wie der Mond zum Himmel und die Fische zum

Meer.« Sie sah, wie Philippine plötzlich angestrengt zur Wand starrte. »Du musst dabei an jenen Caspar denken? Das ist es also! Du hast Angst, Ferdinand zu sagen, dass du …«

»Er hat die Königstöchter von halb Europa abgewiesen«, sagte Philippine leise. »Das hat er mir anvertraut, und damit seinen Vater und die Brüder tief erzürnt, weil es nicht in ihre dynastischen Pläne passte. Keine von ihnen wollte er an seiner Seite haben. Wie sollte er sich da mit einer wie mir zufriedengeben?«

»Weil er dich liebt, eine echte Frau mit allem, was dazugehört – kein unreifes Kind! Er hat auch ein Leben geführt, bevor er dich gekannt hat. Wieso sollte er dir dann übel nehmen, dass du auch vor ihm schon geatmet hast? Es liegt an dir, es ihm so beizubringen, dass es dich nur noch reicher macht und nicht ärmer.«

Philippine sprang auf.

»Und wenn schon! Selbst, wenn mir das gelingen sollte: Seine Familie wird mich niemals anerkennen. Du hast Glück gehabt mit deinem adeligen Georg, der dich Bürgerkind vergöttert und versorgt hat, aber bei Ferdinand ist das etwas anderes. Er ist Erzherzog und der Statthalter dieses Landes. Ich kann nicht seine liebe kleine Frau werden – nicht, solange die Erde sich um die Sonne dreht!«

Katharina kam ihr ganz nah.

»Hast du das nicht von Anfang an gewusst? Ich hab dir nie verschwiegen, mit wem du es zu tun hast!«

»Nein, das hast du nicht. Aber ich hab mich trotzdem in ihn verliebt.«

»Wenn du ihn dennoch nicht erhören kannst, dann hab

auch den Mut und beende diese seltsame Verbindung, solange es noch möglich ist«, forderte Katharina. »Das musst du tun, wenn du so wenig Vertrauen in eure Liebe hast, sonst wirst du untergehen.«

Philippine war bleich geworden.

»Und wenn ich genau das nicht kann?«, flüsterte sie. »Weil es mich sonst töten würde – was dann?«

❊

Schloss Bresnitz, am Nikolaustag 1556

ER LÄSST MICH MALEN – als Braut.

Ich trage ein hochgeschlossenes Hemd aus cremeweißer Seide mit einem Stehkragen, der weich mein Kinn umschmeichelt. Darüber fällt ein helles Kleid, ebenfalls aus Seide, das breit bestickte Besätze zieren. Weder Haube, noch Netz oder Barett bedecken mein Haar. Ein goldener Blütenreif aus Tante Kats unerschöpflichen Beständen hält es aus der Stirn, festlich und reich.

Ohrhänger mit schimmernden weißen Perlen schmücken mich, eine lange goldene Kordelkette, ein goldener Gürtel mit schwerem Gehänge – aber kein Ring.

Meine Linke, die mit der Kette spielt, ist bloß.

In einer Vase stehen Nelken, obwohl wir mitten im Winter sind, das Symbol für Verlobung. Ich hab mein schweres Pflanzenbuch anschleppen müssen, damit der Maler sie nicht aus der Erinnerung darstellen muss. Ferdinand hat darauf bestanden, ebenso wie auf den Handschuhen, die mir eher lästig sind.

Weil es so kalt ist, obwohl die Öfen wummern, hat der Maler mir einen schweren schwarzen Mantel mit gebauschten Ärmeln umgelegt, aus dem das helle Kleid hervorblitzt.

Ich lächle nicht, das habe ich mir vorgenommen. Ernst will ich dreinschauen, würdevoll, in mir ruhend.

Außerdem tut mir der Rücken weh vom langen Stehen.

Ich gehe also in mich, wie so oft, während er die Pinselstriche setzt, und lasse die Wochen hier auf Schloss Bresnitz vor meinem inneren Auge vorbeigleiten wie gläserne Murmeln.

Dann höre ich Hufe, Pferdeschnauben, Stimmen.

Ich renne hinunter, um ihn freudig zu begrüßen, doch es ist nicht er, der gerade angekommen ist, sondern Pernstein, der mich finster anschaut.

Und Ferdinand? Kaum bringe ich es heraus. Ihm ist doch nichts zugestoßen?

In allerbester Verfassung – noch.

Er packt mein Handgelenk, zieht mich heran. Ich will schreien und kann es doch nicht.

Seine Augen sind harte schwarze Steine.

Womit habt Ihr ihn verhext? Welchen Zaubertrank ihm heimlich eingegeben? Der Teufel wird Euch holen für Eure schändlichen Taten!

Wieso hasst Ihr mich so sehr?

Ich hasse Euch nicht. Ich will nur das Beste für den Erzherzog. Und das ist sicherlich keine billige Augsburger Krämertochter!

Was uns verbindet, geht niemanden etwas an.

Sein Messer blitzt vor meinem Gesicht, bevor ich einen Fuß rühren kann. Wir alle sind in Gottes Hand. Seine Stimme ist rau. Was aber, wenn er plötzlich vergisst, sie über uns zu halten?

So wie bei Dusana? Habt Ihr sie beseitigen lassen?

Er lacht und sieht dabei aus wie ein Wolf.

Ihr leistet der anderen Hexe im Mondschein Gesellschaft? Welch schönes Paar!

Ich fürchte mich vor diesem schwarzen Riesen. Noch mehr aber verabscheue ich ihn.

Ihr werdet uns nicht auseinanderbringen. Jetzt schreie ich. Ebenso wenig wie irgendeine andere lebende Seele!

Ich lasse ihn stehen, renne ins Schloss zurück. Der Maler hat seine Sachen zusammengepackt. Die Staffelei ist mit einem Tuch verhüllt. Die leere Vase starrt mich feindlich an.

Niemand feiert Verlobung im Dezember.

Ich falle aufs Bett, presse die Faust vor meinen Mund.

Pernstein wird mich nicht zum Flennen bringen, schwöre ich mir – und dann weine ich doch.

Irgendwann muss ich eingeschlafen sein.

Ich erwache von seinen Küssen.

Ferdinand hat Mantel und Schaube auf den Boden geworfen und trägt nur noch ein weites, helles Hemd. Meine Hände zerren an ihm, als er sich über mich beugt, ungeduldig, voller Hunger nach seiner Nähe, bis er es sich mit einem Lachen über den Kopf zieht. Dann streift er auch Stiefel und Beinlinge ab und legt sich neben mich.

Ich bestaune seine glatte Haut. Die unbekannten Landschaften seines Körpers. Den Bau seiner langen Knochen.

Seinen Adamsapfel.

Er beginnt, mich auszuziehen – ein schier endloses Unterfangen, weil alles sich ständig untereinander verheddert.

Schließlich trage ich nur noch die weißen Perlen.

Wie schön du bist, meine Pippa!

Seine Worte wärmen mich mehr als der kostbarste Pelz.

Jetzt muss ich es ihm sagen – oder für immer schweigen. Doch die Buchstaben scheinen sich in meiner Kehle zu verwirren. Sobald ich den Mund aufmache, kommt nur noch sinnloses Gebrabbel heraus.

Ich bin keine Jungfrau mehr.

Der Rubikon ist überschritten. Jetzt gibt es kein Zurück mehr.

Mit allem hätte ich gerechnet – nur nicht mit diesem fröhlichen, glucksenden, zutiefst befreiten Gelächter, das er ausstößt, und das schließlich auch mich ansteckt, obwohl ich soeben noch stocksteif vor Schreck über meinen eigenen Mut gewesen bin.

Gott sei Lob und Dank, ruft er. Ich nämlich auch nicht!

❃

Schloss Bresnitz, Januar 1557

DIE NIEMANDSZEIT WAR angebrochen, so nannte man in Böhmen die verzauberten Nächte vom Christabend bis zum

Dreikönigstag. Jetzt zog die Percht mit ihrem wilden Dämonengefolge durchs winterliche Land, und in den Stuben warfen die Menschen nach altem Brauch Äpfel und Nüsse ins Feuer und ließen Peitschen knallen, um sie gnädig zu stimmen und von den Häusern fernzuhalten. Niemand durfte spinnen, waschen oder weben. Dafür wurden alte Märchen und Sagen ausgegraben und Abend für Abend am Feuer erzählt.

Das Schloss war in Schnee versunken, nicht ungewöhnlich für diese Jahreszeit, wie Katharina versicherte, die ausreichend Holz hatte machen lassen, damit niemand auf Bresnitz frieren musste. Trotzdem war es eisig auf den Gängen und Fluren, kaum setzte man einen Fuß aus der Tür, und jeder beeilte sich, wieder so schnell wie möglich in die Wärme zu kommen. Während die Flocken herabsanken, sehnte Philippine sich nach Ferdinand, der die Feiertage dem höfischen Zeremoniell in der Hauptstadt schuldete.

So mussten sie das Weihnachtsfest still und im kleinsten Kreis begehen, doch kaum war der Januar angebrochen, kam Ferdinand nach Schloss Bresnitz. Jaroslav von Pernstein hatte er aus gutem Grund in Prag zurückgelassen. Stattdessen begleiteten ihn Johann de Cavalieri, sein Beichtvater, ein kugelrunder Geistlicher, zusammen mit Ladislaus von Sternberg.

Philippine konnte sein freudiges Begrüßungslächeln kaum erwidern, so angespannt war sie. Auf einmal war alles so ernst. Keine Liebesgeschichte mehr, die nur sie und ihn anging, sondern eine folgenreiche Staatsaffäre, sollte auch nur irgendjemand von ihrem Vorhaben erfahren.

Mit versteinerter Miene überflog sie das Schriftstück, das Ferdinand vor ihr im kleinen Speisesaal ausrollte. Das klang ganz anders als Onkel Bartholomés Geschäftsbriefe, die ihr bestens vertraut waren.

»Du störst dich am schnörkellosen Kanzleideutsch?«, sagte Ferdinand, dem ihr Zögern nicht entgangen war. »Kein Wunder, dass du dich erst daran gewöhnen musst! Ich habe die ersten fünfzehn Jahre meines Lebens dafür gebraucht.«

Doch die Sprache war es nicht allein. Diese Zeilen widersprachen allem, wonach sie sich immer gesehnt hatte.

Sollte der Bund der Ehe nicht vor Gott und den Menschen geschlossen werden? Gehörte nicht ein fröhliches, öffentliches Fest dazu, bei dem die Familie und Freunde die Freude des Brautpaares teilten?

Von ihrer Familie würde lediglich Katharina anwesend sein, von seiner Familie nicht eine Menschenseele. Beinahe, als täten sie etwas Verbrecherisches, das das Licht scheuen müsse. Sie musste sich verpflichten, für immer Stillschweigen zu bewahren, während ihr Herz sich doch danach sehnte, den Bund mit ihm in die ganze Welt hinaus zu schreien.

Philippine griff sich an den Kopf.

Seit gestern schon hatte sie das Gefühl, als läge ein eiserner Reif um ihre Stirn, der ihr die Schläfen zusammendrückte.

Ferdinand musterte sie besorgt, Katharina nicht minder.

»Ich kann es so nicht unterschreiben«, hörte Philippine sich zu ihrer Verwunderung murmeln. »Nicht heute. Nicht in dieser Verfassung – verzeih, aber ich kann es einfach nicht!«

Sie wollte hinauslaufen, Ferdinand aber hinderte sie daran, indem er ihren Arm festhielt.

»Du sollst nichts tun müssen, was du nicht willst«, sagte er beschwörend. »Nicht heute. Und auch nicht zukünftig. Darauf gebe ich dir mein Wort.«

Ihr Blick war voller Zweifel.

»Und du versprich nichts, was du nicht halten kannst, Ferdinand von Habsburg«, sagte sie. »Weder heute, noch zukünftig.« Sie machte sich los.

Den ganzen Abend verbrachte sie in ihrem Zimmer, wartend, betend, grübelnd. Lenka kam ab und an herein, brachte heißen Würzwein und Mandelgebäck, legte frische Scheite nach und warf nachdenkliche Blicke auf ihre Herrin.

»Soll ich ihn holen gehen?«, fragte sie, als die Nacht schon hereingebrochen war. »Die gnädige Frau ist auch noch auf …«

»Untersteh dich!«, fuhr Philippine auf. »Und ebenso kein Wort zu meiner Tante, sonst wirst du mich kennenlernen!«

Lenka knickste und ging zur Tür, als sie plötzlich noch einmal stehen blieb.

»Dann wollt Ihr auch nicht den Gruß, den die Dienerschaft für Euch vorbereitet hat?«

»Welchen Gruß?«, sagte Philippine.

»Den weißen Becher und den roten. So ist es Brauch bei uns in Böhmen.«

Ein unwilliges Kopfschütteln.

Lenka runzelte die Stirn, dann begann sie zu lächeln.

»Ich werde ihn Euch trotzdem bringen. Vielleicht überlegt Ihr es Euch ja noch einmal anders.«

Wenig später erschien sie mit einem Tablett, auf dem zwei Pokale aus böhmischem Glas standen, der eine mit einer hellen Flüssigkeit, der andere mit einer roten.

»Nelkenwein«, sagte Lenka strahlend. »Hält Dämonen ab, macht fröhlich und fruchtbar. Die Frau trinkt den roten Becher, der Mann den weißen. So kommen die Gegensätze zusammen.«

»Und ich wäre dir jetzt ungemein dankbar, wenn du mich allein ließest«, sagte Philippine, die den Pokalen kaum Aufmerksamkeit schenkte.

Sie ging zum Fenster.

Draußen war die Welt weiß und kalt und still. Eine Schneelandschaft unter einem schwarzen Himmel, frostig, unberührt.

Sie lief zurück, zog die Schuhe aus, hielt die Füße an den Ofen.

»Willst du mich das nicht machen lassen?«

Ferdinand hatte sich leise hereingeschlichen. Er nahm ihren Fuß. Sie zog ihn nicht weg, sondern sah ihn nur von der Seite an. Als er erst den einen, schließlich den zweiten Fuß zwischen seinen Händen wärmte, entfuhr ihr ein leiser Seufzer.

»Ich dachte immer, sie sind zu groß«, murmelte Philippine. »Aber wenn du sie hältst, mag ich sie auch.«

»Und ich dachte, du hast es dir anders überlegt. Aber könnte ich selbst dann aufhören, dich zu lieben?«

Ihr Bein begann zu zittern. Seine Hände glitten über das Fußgelenk. Als er den Kopf wieder hob, blickte sie ihn mit der Andeutung eines Lächelns an. Er ließ ihre Füße sinken, umschlang sie, zog sie ganz nah zu sich heran.

Philippine hörte seinen Herzschlag, spürte, wie warm er war, wie lebendig. Ein Königssohn, der ihr seine Hand bot – wenngleich zu gewissen Bedingungen.

»Du wirst ja schon wieder ganz steif in meinen Armen.« Er schob ihr Haar zurück, küsste ihren Hals, jene Stelle unterhalb des Ohrläppchens, die sie stets willenlos machte. »Diese Nacht gehört den Liebenden. Wenn der Morgen anbricht, reden wir über das Schriftstück. Einverstanden?«

✻

Schloss Bresnitz, in der Nacht vor Dreikönig 1557

WIE HÄTTE ICH ihm widerstehen können, einem Mann, der mich kost, bis mir die Sinne vergehen, der mein Haar um seinen Finger wickelt, der meine Füße zierlich nennt, der die verhassten Leberflecke auf meinem Rücken als Sternenschweif rühmt und schwört, jeden einzelnen davon anzubeten?

Wir sind wie verliebte Kinder, jünger als unser eigentliches Alter, lachen und toben. Irgendwann fällt mir ein, dass ich zwei Jahre älter bin, was ihn noch mehr zu amüsieren scheint.

Dann musst eben du auf mich aufpassen, Pippa. Denn nicht immer bin ich ganz Herr meiner Sinne. Meine Großmutter Juana haben sie ›die Wahnsinnige‹ genannt. Und manchmal glaube ich, es steckt mehr als ein Quäntchen davon in jedem von uns.

Irgendwann sind wir erschöpft und halb verdurstet.

Mir fallen die Becher mit dem Nelkenwein ein, und ich stehe auf und bringe das Tablett zum Bett. Er greift danach, ohne lange zu fragen, nimmt den roten Becher und leert ihn in einem Zug.

Bittersüß, sagt er. Wie die Liebe selbst.

Als er ihn zurückstellt, bleiben am Grund zwei dunkle Beeren liegen.

Ich angle mir eine davon, weil mein weißes Gebräu fad und langweilig war.

Holunderbeeren, denke ich, doch als ich darauf beiße, weckt der zunächst süße, dann jedoch unangenehm bittere Geschmack längst vergessene Erinnerungen in mir.

Georg hatte eines Tages solche Beeren unter uns verteilt, die Mutter aber schlug sie ihm aus der Hand und zwang uns alle, Salzwasser zu trinken.

Sie machen dich schläfrig – und dann stirbst du …

Ich packe die Glocke und läute, bis Lenka vor mir steht, die Augen weit aufgerissen.

Salz, schreie ich mit letzter Kraft. Salz und drei große Krüge Wasser – schnell!

Und während mich Ferdinand verständnislos ansieht, mische ich die scheußliche Brühe und zwinge ihn, sie bis zum letzten Tropfen auszutrinken.

Er sträubt und ziert sich, aber ich ruhe nicht eher, bis er gehorcht.

Dann, endlich, kann er sich übergeben.

Ich halte ihn in meinen Armen, bis sein Zittern nachlässt und der Atem wieder ruhiger geht.

Aus seinen großen goldenen Augen schaut er mich an.

Die Beeren waren verdorben, höre ich ihn murmeln. Oder verwechselt?

Dann ist er aus Erschöpfung eingeschlafen.
Ich küsse seine Lider, die leise flattern. Beim Schlafen steht eine steile Falte zwischen seinen Brauen. Auch daran muss ich mich erst gewöhnen.
Der Becher war für mich bestimmt.
Lenka?
Ihr traue ich solche Abscheulichkeiten niemals zu!
Doch wer dann?
Wenzel, Jana, Mila, Tomek, Milan ...
Schon jetzt bin ich sicher, dass keiner im Schloss sagen kann, wie die falschen Beeren in den Nelkenwein geraten konnten. Und wenn Tante Kat es erfährt, bricht es ihr das Herz.
Ich muss noch besser aufpassen, noch mehr auf der Hut sein als bisher – nicht nur für mich.
Vor allem für ihn.
Draußen zieht die Percht mit ihren Dämonen weiter. Am Schlossteich höre ich Dusana weinen.
Mein Glück ist so brüchig wie eine Eischale. Ich will es festhalten, solange ich nur kann.
Sobald es hell ist, unterschreibe ich die Papiere, die mich für immer zum Stillschweigen verpflichten.
Danach werde ich in der Schlosskapelle mit Ferdinand getraut.

KAPITEL VIII
MELISSE

Melissa officinalis
auch genannt Bienenkraut, Frauenwohl,
Herztrost, Immenblatt

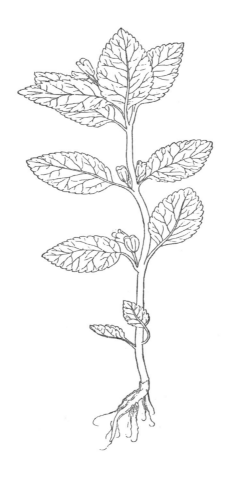

POSITIVE WIRKUNG: Ätherisches Öl beruhigt die Nerven und wirkt bei Magenbeschwerden. Krampflösend, windetreibend, kräftigend und macht ausgeglichen.
NEGATIVE WIRKUNG: Keine.

Schloss Bresnitz, März 1558

Die Augsburger Familie fehlte ihr – sie alle fehlten ihr so sehr! Philippine vermisste nicht nur die Klugheit eines Bartholomé Welser, Georgs trockenen Humor und die liebevolle Gegenwart ihrer Mutter, die sie jetzt mehr denn je gebraucht hätte. In der Abgeschiedenheit des böhmischen Schlosses verspürte sie bisweilen sogar das Verlangen, endlich mal wieder Karl reden zu hören, der nach wie vor großspurig an seinen Luftschlössern baute. Nicht einmal gegen Christophs beißende Kommentare hätte sie jetzt noch etwas einzuwenden gehabt.

Doch keiner von ihnen war da.

Nicht einer durfte Bescheid wissen über das, was sich vor mehr als einem Jahr in der eiskalten Schlosskapelle abgespielt hatte.

Wie eine Lügnerin kam sie sich manchmal vor – und sollte doch eigentlich die glücklichste Frau auf Erden sein!

Die salbungsvolle Stimme des Priesters, als er den Segen gesprochen hatte.

Ferdinands kräftiges, entschiedenes Ja, das sie erleichtert vernahm.

Ihr Ja, das zu ihrer eigenen Verblüffung so leise und spröde kam, als schwinge auch ein Vielleicht mit, womöglich sogar ein Nein.

Seitdem waren sie Mann und Frau – und die Welt durfte nichts davon ahnen.

Manchmal war Philippine in den Wald gerannt, um sich

innerlich Luft zu machen, indem sie es wenigstens den Bäumen entgegenschrie, doch seitdem sie immer schwerfälliger wurde, kam auch das nicht mehr infrage.

Immerhin hatte sie Katharina an ihrer Seite. Und auch die sanfte Base Kathi, die inzwischen dem Wiener Hof den Rücken gekehrt hatte, weil ihre Hochzeit mit Ladislaus von Sternberg immer näher rückte, war ihr eine liebe Freundin geworden. Zudem verstärkte seit Neuestem auch noch Ferdi die Runde, Katharinas Ältester, der sich nach seiner Zeit in Prag wieder ganz auf dem heimatlichen Schloss niedergelassen hatte.

Doch je mehr ihr Bauch wuchs, desto größer wurde auch ihre Angst. Längst ging es nicht mehr nur um sie und um Ferdinand. Was sie unter dem Herzen trug und nach außen hin verstecken musste, machte sie so verletzlich, dass Philippine manchmal in Tränen ausbrach, ohne genau zu wissen, weshalb.

Inzwischen wusste sie, wie vorsichtig man mit Wünschen umgehen musste. Und wie grausam und gnadenlos deren Erfüllung manchmal sein konnte. Ein Kind von ihm zu bekommen, das hatte zu ihren innigsten Träumen gehört. Jetzt freilich wünschte sie sich manchmal, sie sei noch nicht schwanger, nicht unter diesen Umständen.

Ferdinand verriet sie nichts davon.

Er würde jede Träne wegküssen, bevor sie noch ihr Kissen netzen könnte. Ihr ständig wachsender Umfang schien ihn ebenso wenig zu stören wie ihre Launen und Stimmungsschwankungen. Bislang hatte sie stets geglaubt, dass Männer die Lust an der Liebe verlören, sobald die Frauen dick wurden, doch bei ihm war das offensichtlich nicht der Fall – ganz im Gegenteil. Seine Begierde schien eher noch stärker entfacht. Nicht genug konnte er von ihr bekommen, pries ihre Brüste, küsste den schwellenden Leib, die Hinterbacken, die rosig und prall wurden. Manchmal wurde ihr seine hemmungslose Anbetung regelrecht zu viel. Dann entzog sie sich ihm, was ihn allerdings so betrübt werden ließ, dass sie sich ihm nach Kurzem wieder zuwandte.

»Keinen Tag will ich mehr ohne dich sein«, flüsterte er ihr zu, wenn er auf sein Pferd stieg, um zurück nach Prag zu reiten. »Hab Geduld, mein Engel! Irgendwann wird es soweit sein.«

Irgendwann – doch was war jetzt?

Es waren genau diese Ungereimtheiten, die ständig in ihr rumorten und Philippine nicht zur Ruhe kommen lassen wollten. Die ihr den Schädel zusammenpressten, bis sie kaum noch sehen konnte und sie in die Stille ihres Gemachs zwangen, wo sie nur noch warten konnte.

Sie war verheiratet – und war es auch wieder nicht.

Sie erwartete ein ehelich gezeugtes Kind – und galt doch vor der ganzen Welt als ledige Mutter.

Ferdinand kam so oft aus Prag, wie er nur konnte – was dazu führte, dass nun im Schloss gemunkelt wurde, es sei Katharina, mit der er eine heimliche Affäre habe.

Jetzt, wo selbst das raffiniertest geschnittene Kleid ihren Zustand nicht mehr verbergen konnte, überschlugen sich die Mutmaßungen, und kein Appell der Schlossherrin und auch kein zusätzlicher halber Silbertaler, den sie der Dienerschaft in Aussicht stellte, konnte etwas daran ändern.

»Wie lange wird es dauern, bis die Kunde doch nach Prag oder Wien dringt?«, fragte Philippine, als Ferdinand die Hand auf ihren Bauch legte, um sich an den Bewegungen des Ungeborenen zu erfreuen. »Wir können noch so verschwiegen und vorsichtig sein – Gerüchte haben trotzdem schnelle Beine.«

»Dann müssten sie schon bis Aachen rennen«, sagte Ferdinand. »Denn dort wird mein Vater in diesen Tagen zum Kaiser gekrönt. Ich hoffe, er hat einen guten Medicus, der sich um ihn sorgt. Denn seine Gesundheit ist in den späten Wintermonaten oft fragil. In gewisser Weise ist er eben doch ein echter Spanier geblieben, auch wenn er jetzt ein deutsches Reich regiert.«

Sie schwieg, niedergedrückt von der Gewalt dieser Worte.

»Was nichts anderes bedeutet, als dass die Geburt unseres Kindes niemals an sein Ohr dringen darf. Genauso verhält es sich doch, oder nicht?«, sagte sie schließlich.

»Lass es erst einmal gesund zur Welt kommen«, sagte er. »Und das wird es – denn ich spüre, wie kräftig es dich schon boxen kann.«

Sie strengte sich an, ihr Erschrecken zu verbergen.

Schon der Gedanke, dass diesem Kind auch nur das Geringste zustoßen könnte, brachte sie halb um. Mit aller Mühe zwang sie sich zu einem schiefen Lächeln, was Ferdinand offenbar als Zustimmung deutete.

»Danach werden wir weitersehen«, fuhr er fort, hörbar erleichtert. »Ich war schon immer Vaters Liebling. So glaube ich nicht, dass er sein Herz dauerhaft gegen mich verschließen kann.«

Ausflüchte, dachte sie müde. Nichts als Ausflüchte! Doch was sollte sie dagegen schon vorbringen? Sie hatte den Pakt unterzeichnet. Jetzt musste sie sich auch daran halten.

»Dann möchte ich wenigstens ein eigenes Heim«, verlangte sie. »Irgendwo. Weg von hier.«

Erstaunt musterte er sie.

»Und ich dachte immer, du hättest dich bei deiner Tante ganz besonders wohl gefühlt, vor allem jetzt, wo auch noch deine Base hier lebt! Außerdem können die beiden für dich sorgen, wo du unser Kind erwartest.«

»Habe ich ja auch.« Verzweifelt suchte Philippine nach Argumenten, die ihr beim besten Willen nicht einfallen wollten. Sollte sie ihm vielleicht sagen, dass sie noch immer Dusana singen hörte, wenn der Sturm um das Schloss brauste? Im vergangenen Herbst hatten Bauern eine vermoderte Frauenleiche aus dem Teich geborgen. Nichts erinnerte mehr an das stolze, neugierige Mädchen mit den dunklen Augen – bis auf einen schlammigen Stofffetzen, der einmal weiß gewesen sein mochte. »Und ich rede ja auch nicht von der Zeit bis und unmittelbar nach der Geburt. Aber später, nach ein paar Wochen, da könnten wir doch …«

Katharina betrat den kleinen Speisesaal, und sie verstummte abrupt. Für einen Augenblick spürte Philippine die klugen braunen Augen fragend auf sich gerichtet und war schon versucht, ihr Herz auszuschütten, bis sie sich doch dagegen entschied.

Nein, was in ihr an Ängsten und Sorgen wütete, das musste sie ganz allein mit sich ausmachen.

»Die Hebamme ist jetzt da, um dich zu untersuchen«, sagte Katharina. »Anna Ebesam. Sie gilt als die beste Wehmutter weit und breit.«

❋

Schloss Bresnitz, 20. Mai 1558

Die Wehmutter ist zufrieden mit meinem Zustand. Ich habe tüchtig Speck angesetzt, bin rund und breit geworden, das gefällt ihr, weil das Kind doch wachsen und gedeihen muss.

Mich wundert insgeheim, wie das zustande gekommen sein mag, denn nach wie vor ist mir der Hals wie zugeschnürt. Monatelang hab ich mich nach jedem Aufwachen erbrochen, willkommener Vorwand, mir eigenhändig die Morgensuppe zu rühren.

Nur so kann ich sichergehen, dass sie mir auch bekommt.

Unter Tränen hat Lenka mich angefleht, meine Vorkosterin zu sein, und meistens lasse ich sie sogar gewähren, wenngleich ich ganz genau weiß, wie wenig mich das im Ernstfall schützen würde. Der Schreck mit den böhmischen Pokalen sitzt ihr noch immer tief in den Knochen. In meinem Herzen ist seitdem ein blinder, dunkler Fleck zurückgeblieben, der nicht mehr hell werden will, nicht einmal, wenn Ferdinand mich inniglich küsst und kost.

Der Einzige, der mich noch richtig zum Lachen bringen kann, ist mein kleiner Teckel, schwarzrot, mit glattem Fell und weichen Schlappohren. Er reicht mir nicht einmal bis zur Wade und ist doch mein treuester Freund geworden. Mutig und selbstbewusst kläfft er auf seinen kurzen Beinchen jeden an, der sich mir nähern will.

Er ist verfressen, giert nach allem, was ich auf meinem Teller habe. Ich kann und will ihm niemals widerstehen. Stets bekommt er die allerersten Bissen, auch wenn so mancher im Schloss darüber die Nase rümpft.

Žit, so habe ich ihn genannt.

Žit, das ist böhmisch und bedeutet ›ich lebe‹.

※

Schloss Bresnitz, Juni 1558

»Sie ist sehr schwach.« Die Stimme der Wehmutter drang nur gedämpft an Philippines Ohr.

»Kein Wunder nach all den langen Stunden«, sagte Katharina besorgt. »Und die Wehen? Wie steht es damit?«

Anna schüttelte den Kopf.

»So wird sie es nicht austreiben können. Und es wird allmählich allerhöchste Zeit, wenn das Kind gesund bleiben soll.«

»Dann tu etwas!« Jetzt war Katharina laut geworden. »Wir brauchen Mutter und Kind. Ich werde Melissentee aufbrühen.« Sie rief nach Lenka und ordnete an, einen Kessel mit heißem Wasser aus der Küche zu holen.

»Das wird nicht genügen, und das wisst Ihr. Sie braucht die Roggenmutter. Das allein kann jetzt noch helfen.«

Wovon redeten sie?

Philippine wälzte sich unruhig hin und her. In einiger Entfernung sah sie den Gebärstuhl stehen, den Anna Ebesam angeschleppt hatte, doch das plumpe hölzerne Monstrum jagte ihr eher Angst ein, als dass es ihr echte Erleichterung verhießen hätte.

»Liebes!« Katharina nahm ihre Hand. »Du musst dich jetzt ein wenig beeilen, sonst wird es deinem Kind da drin bald sehr ungemütlich. Anna wird dir einen Tee einflößen, der bringt die ganze Angelegenheit in Schwung …«

Philippine stieß sie so heftig weg, dass Katharina aufschrie.

»Wo ist Žit?«, sagte sie. »Keinen Tropfen rühre ich an, solange er nicht bei mir ist!«

»Der Teckel? Ein Hund hat wahrlich nichts in einer Wöchnerinnenstube verloren …«

»Žit – oder meine Lippen bleiben verschlossen!«, beharrte Philippine.

Die beiden Frauen tauschten einen ratlosen Blick.

»Lasst sie gewähren«, sagte die Hebamme schließlich. »Ich hab schon ganz andere verrückte Wünsche erfüllen müssen. Viele Weiber werden regelrecht närrisch, bevor sie entbinden.« Sie beugte sich über Philippine. »Dann werdet Ihr jetzt wenigstens ein paar Löffel von meiner Hühnersuppe zu Euch nehmen, damit Ihr neue Kraft bekommt?«

»Nicht, bevor Žit sie probiert hat«, murmelte Philippine.

Es blieb ihnen nichts anderes übrig, als ein wenig Suppe in einen Napf zu gießen und diesen dem Teckel anzubieten.

Im Nu war der Napf geleert. Danach legte sich der Hund neben die Tür und schlief.

»Wollt Ihr jetzt essen?«, fragte die Hebamme.

»Meinethalben«, sagte Philippine. »Aber was habt Ihr da gerade in den Tee getan?«

»Teckel trinken keinen Kräutertee«, erwiderte Katharina an ihrer Stelle. »Nicht einmal dein heiß geliebter Žit. Du bekommst eine uralte Medizin. Die hat schon so manches Kindlein sicher auf die Welt gebracht.«

Philippine schüttelte sich, nachdem sie getrunken hatte.

»Bitter«, sagte sie, während der Argwohn in ihren Augen erwachte. »Sehr bitter! Was genau ist da drin?«

»Das muss es sein, damit es wirken kann«, sagte Anna nach einer Weile. »Wolfszahn nennt man es. Manchmal auch Krähenkralle. Spürt Ihr schon etwas?«

»Nein.« Sie schüttelte den Kopf, suchte nach einer günstigeren Position.

Irgendwann klammerte sie sich an den Strick, den Anna am Baldachin des Bettes befestigt hatte.

»Aber jetzt – ja! Eine große, große Welle ...« Sie bäumte sich auf. »Ihr wollt doch nicht etwa, dass ich ...« Sie begann zu schreien. »Es zerreißt mich!«

»So tu doch was!«, rief Katharina. »Hilf ihr!«

»Pressen!«, sagte die Wehmutter ungerührt. »Kopf auf die Brust und pressen!«

»Ihr habt ihr doch nicht etwa zu viel verpasst?«, fragte Katharina.

»Ich kenne die richtige Dosis. Vertraut mir!«

Wieder schrie Philippine auf.

»Ich kann den Kopf schon sehen!«, rief Katharina. »Du hast es gleich geschafft.«

❋

Sie war so müde, als man ihr das Kind in den Arm legte, dass sie die Lider kaum offen halten konnte – und musste doch sehen und staunen, welches Wunder ihr da widerfahren war.

Inzwischen hatte die Hebamme seine Nabelschnur abgebunden. Um den kleinen Leib trug er eine Binde, die mit Olivenöl getränkt war. Nase, Augen und Ohren waren ebenfalls mit Öl gereinigt worden. Seine Haut, von Schmiere und Blut befreit, schimmerte rosig.

Der Flaum auf dem Köpfchen war goldblond. Riesengroße blaue Augen schauten sie fragend an.

»Er sieht aus wie sein Vater«, sagte Philippine.

»Unsinn, er ist exakt dein Abbild«, widersprach Katharina. »Er hat die Welsernase und die Welserohren, sieh doch nur – ein wunderschöner, gesunder Sohn!«

»Ich bin die glücklichste Frau der Welt«, murmelte Philippine. »Nur sehr, sehr schwach! Schwindlig ist mir, und sehen kann ich auch nicht mehr richtig …«

»Du hast viel Blut verloren, und die Nachgeburt wollte und wollte nicht kommen. Anna musste dir noch einmal eine Gabe verabreichen. Wenn die Sekundia im Körper zurückbleibt, kann es für die Wöchnerin den Tod bedeuten.« Sie stieß einen tiefen Atemzug aus. »Aber du kannst beruhigt sein. Anna hat sie untersucht. Sie ist makellos.«

Den Tod … den Tod … den Tod …
Katharinas Worte wurden immer leiser.

Und wieso wurde ihr auf einmal so eiskalt, wo doch heute Sankt Veit Namenstag hatte und draußen die Junisonne lachte?

Philippine wollte die Arme fester um den Kleinen schließen, doch sie gehorchten ihr nicht mehr. Mehr und mehr verloren die Wände der Gebärstube ihre festen Konturen und begannen zu zerfließen.

Alles wurde weich … alles floss davon … löste sich auf …

Sie spürte, wie der Säugling ihren Armen entglitt.

»Ich bringe ihn fort«, hörte sie jemanden sagen. »Deine Arbeit ist noch nicht ganz getan.«

Fort – wohin?

»Du musst ihn finden … finden … finden …«

Sie öffnete den Mund zu einem lauten Schrei, doch alles, was sie hervorbrachte, war klägliches Wimmern.

Dann senkte sich Dunkelheit über sie.

❅

Schloss Bresnitz, 18. Juni 1558

SCHLAGT MIR DIE HÄNDE AB. Reißt mir das Herz bei lebendigem Leib aus der Brust – doch lasst mich nicht noch einmal solch schreckliche Stunden durchleben!

Es gibt nichts Grausameres, das man einer Mutter antun

kann, nichts Hinterhältigeres, um mich auf meinen niedrigen Stand zu verweisen.

Was bin ich?

Eine Frau ohne Ehre. Ohne Schutz. Ohne Namen.

Das Kind, das ich meinem Gatten geboren habe, ist ehrlos, da niemand von unserer Ehe wissen darf. An Kindesstatt muss ich es annehmen, vor der Welt seine Ziehmutter sein, um es bei mir haben zu können.

So wird der Kleine aus der Wiege gerissen und heimlich aus dem Schloss getragen. Mein Herz blutet, als ich sein empörtes Schreien höre, und Milch schießt in meine Brüste ein, als ob sie statt meiner die Tränen vergießen möchten, die ich mühsam zurückhalten muss.

Stunden später, so scheint es mir, findet ein Diener ihn zwischen zwei Türen am Schlosseingang.

Ein Findelkind, so tönt es durch die Räume.

Wollt Ihr es annehmen und künftig Vatergewalt über das kleine Wesen ausüben?

Wo bist du, Ferdinand, wo?

Warum lässt du mich jetzt allein?

Ich muss das Wochenbett verlassen und bin doch so schwach, dass ich kaum stehen kann. Doch ich muss mich förmlich ankleiden lassen, frisieren, muss reden und so tun, als sei die Kunde des kleinen Findlings gerade erst zu mir gedrungen.

Krebsrot ist er im Gesicht, als ich ihn endlich wieder an mich drücken kann, will nicht mehr aufhören zu brüllen, als spüre er genau, welch Unrecht ihm gerade widerfahren ist.

So gern hätte ich ihn selbst angelegt!

Doch um die hinterhältige Komödie überzeugend weiter zu spinnen, wird eiligst eine Amme herbeigeschafft, die ihn nun nähren wird. Mila heißt sie, stämmig ist sie, hat selbst gerade ein Mädchen geboren, mit dem er sich die Milch nun teilen wird.

Ich kann nicht dabei zusehen, wenn sein kleiner Mund sich um ihre Brustspitze schließt, wenn er nuckelt und saugt und zufrieden schmatzt, obwohl ich doch weiß, dass sie ihn damit am Leben erhält. Jeden dieser kostbaren Augenblicke missgönne ich ihr, könnte sie beißen, kratzen, damit sie mich an ihre Stelle lässt.

Alles ist seitdem für mich verdorben. Auf meine Freude haben Scham, Trauer und Enttäuschung sich gelegt wie klebriger Mehltau auf ein duftendes Rosenbeet.

Žit scheint meinen Kummer zu verstehen und weicht nicht von meiner Seite. Žit, der nach wie vor jeden Bissen probieren muss, bevor er in meinen Mund wandert.

Ich bekomme weiterhin Melisse eingeflößt, die die Wunden der Geburt heilen und schließen soll.

Ich lebe. Unser Sohn ist munter und gesund.

Doch was ist mit den Wunden meiner Seele?

❋

Schloss Bresnitz, Juni 1558

DIE HÄNDE DES PRIESTERS waren ruhig, als er das Wasser aus der Silberkanne über den Kopf des Säuglings goss.

»Ich taufe dich auf den Namen Andreas. Im Namen des Vaters und des Sohnes und des Heiligen Geistes. Amen.«
Kein Habsburger hieß so, darauf hatten sie bei der Auswahl achten müssen, und auch in der Welsersippe trat der Name äußerst selten auf. Erneut die Anstrengung, zu verschleiern, was doch so offensichtlich vor ihnen strampelte.
Ferdinand schien vor Stolz fast zu platzen, als er seinen Sohn in der kleinen Marienkapelle von Bresnitz über das Taufbecken hielt, Philippine dagegen war ernst.
Jetzt bist du da, dachte sie. Erst jetzt!
Paten waren Ferdi von Loxan und Ladislaus von Sternberg. In wenigen Tagen sollte seine Hochzeit mit Kathi gefeiert werden. Das ganze Schloss rüstete sich schon für dieses große Fest, an dem auch die Einweihung der Bibliothek zelebriert werden sollte.
Philippine und ihr Neugeborener jedoch waren in die Stille ihrer Kemenate verbannt, damit niemand von den Gästen auf dumme Gedanken kam, sobald er die Wöchnerin erblickte. Sie war nicht mehr die fragile junge Frau in weinrotem Samt, der damals die Männerherzen zugeflogen waren. Und auch nicht mehr die geheimnisvolle Schöne in taubenblauer Seide, die Ferdinand bezaubert hatte. Die Strapazen der Geburt hatten Spuren in ihrem Gesicht, an ihrem Körper hinterlassen, für die sie sich mal schämte, und die sie im nächsten Moment trotzig zur Schau stellte wie ein Schmuckstück.
Beim Hinausgehen, als Andreas in Milas Armen lag, die sich bereits für seine nächste Mahlzeit rüstete, schien Ferdinand zu spüren, was in Philippine vorging.

»Du sollst nicht auf alles verzichten müssen«, flüsterte er in ihr Ohr. »Ich weiß durchaus, was ich dir zumute, glaub mir das!«

Sie ließ zu, dass er sie enger an sich zog.

»Du hast nachgedacht?«, fragte sie mit klopfendem Herzen. Hatte die Gottesmutter, zu der sie täglich betete, ihr Flehen erhört?

Würde er es sich doch nicht nehmen lassen, dem Kaiser seinen Sohn persönlich zu präsentieren?

»Ja, das habe ich. Dass ich unsere Lage nicht von Grund auf ändern kann, liegt auf der Hand.«

Das freudige Flackern in ihr erlosch. Worte, dachte sie, nichts als Worte!

»Aber ich werde dir deinen Wunsch erfüllen.«

Fragend sah sie ihn an.

»Du sollst ein eigenes Heim bekommen. Burg Pürglitz, nahe bei Prag. Die notwendigen Umbauten habe ich bereits in Auftrag gegeben. Freilich musst du ein wenig Geduld aufbringen, denn es ist einiges zu tun, damit ihr«, er korrigierte sich rasch, »damit wir dort gut leben können.«

Für einen Moment wurde ihr schwindelig vor Glück.

Dusanas Fratze schien sich in nichts aufzulösen, und dass Žit gerade in diesem Moment fröhlich bellend um ihre Beine schoss, erschien Philippine alles andere als zufällig.

Manchmal bekommt man mehr auf einmal, als man zu verdienen glaubt, dachte sie. Ist es vielleicht das, was einige als Gnade bezeichnen?

KAPITEL IX
SCHLEHDORN

Prunus spinosa
auch genannt Heckendorn, Schlehe,
Bockbeerli, Sauerpflaume

POSITIVE WIRKUNG: Blüten wirken abführend und blutreinigend. Bitterstoffe regen Appetit an, wirken entzündungshemmend. Sträucher sollen vor Hexen und Zauberei schützen.
Aus der Rinde gewann man im Mittelalter Tinte.
NEGATIVE WIRKUNG: Kerne sind schwach giftig (blausäurehaltig).

Burg Pürglitz, September 1560

MIT EINEM ÄCHZEN richtete Philippine sich auf. In dieser Schwangerschaft fiel ihr das Bücken noch schwerer, und dennoch mochte sie nicht auf die Arbeit in ihrem neu angelegten Kräutergarten verzichten. Jetzt, wo der Sommer vorbei war, waren einige der Beete und Sträucher schon abgeerntet, die Pflanzen getrocknet und für die Wintermonate in Bündeln aufgehängt worden. Doch bislang war der Herbst so mild geblieben, dass Alant, Beifuß, Eibisch, Engelwurz, Nachtkerze, Sonnenhut, Weißdorn und vieles andere noch immer grünte. Ihr Bauch, der sich schon nach den ersten Monaten sichtbar nach außen gewölbt hatte, hatte mittlerweile einen Umfang erreicht, der ihr manchmal Angst einflößte. Ihre Beine waren angeschwollen; sogar die sonst so schlanken Finger hatten einiges von ihrer Eleganz verloren. Stimmten die Berechnungen der Hebamme, so würden allerdings noch fast drei weitere Monate vergehen, bis das Kind zur Welt kam – ein Mädchen, ginge es nach ihr, wogegen Ferdinand auf einen zweiten Sohn hoffte.

Andi, wie alle auf Burg Pürglitz den Kleinen nannten, war ein hübsches Kind, dabei aber so dickköpfig und launenhaft, dass jedes Geschwisterchen ihm sicherlich guttun würde, ganz egal, welchen Geschlechts. Er selbst schien nicht gerade erbaut über die Konkurrenz, die gerade im mütterlichen Leib heranreifte, lief weg, wenn Philippine ihn zärtlich zu sich heranziehen und mit ihm über das Ungeborene reden wollte, und hatte sogar schon einmal in einem seiner häufigen Wutanfälle mit den kleinen Fäusten fest gegen ihren Bauch geboxt.

»Andi mag nich«, so sein Lieblingsspruch, den er bei jeder nur denkbaren Gelegenheit von sich gab. »Andi halleine!« Er klang jünger als seine zweieinviertel Jahre, was sicherlich daran lag, dass er Deutsch und Tschechisch bunt durcheinander quatschte, was zu sonderlichen Mixturen führte, über die alle sich amüsierten. Das waren seine größten Momente: im Mittelpunkt zu stehen, umringt von Bewunderern, die ihm applaudierten.

Manchmal krampfte Philippines Herz sich zusammen, wenn sie ihren Sohn dabei beobachtete, der noch nicht wissen konnte, dass er offiziell gar nicht existierte, ebenso wenig wie das Geschwisterchen, das sie unter dem Herzen trug. Eigentlich bereits ihr drittes Kind, zählte man die Frühgeburt im letzten Jahr dazu, die sie nach vier Monaten erlitten hatte.

Sie zwang sich, so wenig wie möglich daran zu denken.

Sie hatte nicht einmal wissen wollen, welches Geschlecht das Kind hatte und die Hebamme angewiesen, es in aller Stille unter die Erde zu bringen. Seitdem sie hier in Pürglitz lebten, gelang es ihr manchmal, den Schmerz darüber aus ihrem Bewusstsein zu verdrängen, doch sobald das Ungeborene eine falsche Bewegung machte, oder ihr nach einem zu fetten Essen plötzlich speiübel wurde, wie es immer wieder geschah, war alles mit einem Schlag wieder zurück.

Dusana war ihr auch hierher nachgefolgt, das wusste sie inzwischen, selbst wenn der finstere Hofstallmeister, den Philippine noch immer mit ihr in Verbindung brachte, bislang kaum auf der Burg aufgetaucht war. Es mochten andere an seine Stelle getreten sein, so vermutete sie insgeheim, gesichtslose Ungeheuer, gegen die sie nichts auszurichten vermochte, weil sie sich feige vor ihr verbargen. Dusanas unheimliche Gesänge jedenfalls, die sie noch immer hörte, sobald es dunkel wurde, vereinigten sich mit dem Pfeifen des Winters, der durch die Wipfel fuhr, dem Heulen des Sturms, der im Winter um das alte Gemäuer brauste, dem Rauschen des Regens, der besonders im Frühling seine Schleusen öffnen konnte, als gäbe es kein Morgen mehr.

Dabei hatte Ferdinand alles getan, damit sie sich hier wohlfühlte. Die dicken Steinmauern verrieten, wie viele Jahrhunderte alt die Burg schon war, doch der Palast mit dem vierkantigen Wohnturm an der Nordwestseite, in dem Philippines Wohnräume lagen, war mit Himmelbett, Wandbehängen, Stühlen, Tischen, Truhen und allem, was man zum Leben brauchte, so prächtig und komfortabel ausgestattet, dass es ihr an nichts fehlte – außer an der Gegenwart ihres heimlichen Ehemanns.

Er mochte es nicht, wenn sie darüber klagte, und so tat sie es äußerst selten in seiner Gegenwart. Und da sie auch sonst kaum jemanden in der Nähe hatte, dem sie ganz und gar hätte vertrauen können, klagte sie so gut wie gar nicht mehr.

Innerlich jedoch war sie einsam. Obwohl sie so sehr darauf gedrängt hatte, Schloss Bresnitz zu verlassen, vermisste sie nun Katharina, die selten nach Pürglitz kam, und das auch nur, wenn Philippine sie ausdrücklich einlud. Immer wieder war sie nah daran, der Tante die wirklichen Gründe für ihren Entschluss zu verraten – und schreckte doch jedes Mal davor zurück.

Žit hatte auch hier keineswegs ausgedient, ganz im Gegenteil.

Manchmal hielt Philippine den Atem an, wenn er freudig nach ihrem ersten Bissen schnappte und ihn herunter schlang, doch bis jetzt erfreute der kleine Teckel sich allerbester Gesundheit.

»Die Herrschaften sind angekommen«, sagte Lenka. »Ich habe sie in den Speisesaal geführt. Dort können sie sich bei einem kleinen Imbiss erst einmal stärken.« Ihr Blick flog über das schmutzige Kleid, an dem Erde und Blütenstaub klebten. »Wollt Ihr Euch nicht besser umkleiden? Ich habe schon alles vorbereitet!«

Philippine nickte.

»Viel Auswahl gibt es ja ohnehin nicht mehr«, sagte sie. »Und in allem werde ich fett und hässlich aussehen. Also lass es uns so schnell wie möglich hinter uns bringen!«

War es ein Fehler gewesen, die Zofe mit in ihr neues Leben zu nehmen? Lenka war freundlich und still, zu freundlich, zu still, wie sie manchmal dachte.

Was verbarg sich hinter dieser glatten Oberfläche?

Seit jener unseligen Nacht mit den Pokalen war nichts mehr geschehen, was sie ihr hätte vorwerfen können – und doch kehrten diese Gedanken immer wieder.

Widerspruchslos ließ sie sich von Lenkas geschickten Händen aus dem beschmutzten Kleid schälen und in ein blaues Gewand hüllen, das ihr so weit wie ein Zelt erschien. Dennoch musste die Zofe es lose schnüren, weil Philippine sonst kaum noch Luft bekommen hätte.

»Nehmt noch die goldene Kette«, beschwor sie ihre Herrin. »Und die weißen Perlohrhänger …«

»Meine große Schwester Regine kommt zu Besuch«,

winkte Philippine ab, »und nicht die Kaiserin. Wir sind schon zusammen im Badetrog gesessen, da konnte ich noch nicht einmal laufen. Für sie muss ich mich nicht auftakeln!«

»Wenigstens die Ohrgehänge«, beharrte Lenka. »Schwestern können manchmal ganz schön grausam sein!«

Hatte sie eine Vorahnung gehabt?

Im Nachhinein hätte man fast daran glauben können.

Regine war um einiges schmaler geworden und trug eine Strenge im Gesicht, die Philippine neu war. Das blonde Haar unter ein weinrotes Barett gezwängt, so wie sie es früher selbst geliebt hatte, trug sie ein Jagdkostüm aus grünem Samt und dazu Granatschmuck, der alt und kostbar wirkte und aus der adeligen Familie ihres Mannes stammen musste. Sie bot Philippine die Wange zum Kuss, kühl, als sei es eine Huld, dann schob sie die jüngere Schwester ein Stück weg und beäugte sie kritisch.

»Also ist es doch wahr«, sagte sie stirnrunzelnd. »Und ich konnte und wollte es nicht glauben!«

Albrecht von Kolowrat stieß ein Hüsteln aus. Er war rundlich und freundlich, um Jahre älter als Regine, die er nach dem Tod seiner ersten Frau geheiratet hatte.

»Aber wie das blühende Leben siehst du aus, Schwägerin«, rief er. »Der Frühling in Person!«

»Wenn du damit meine Schwangerschaft meinst«, sagte Philippine ruhig, »so kann ich nicht anders, als dir recht zu geben. Was sonst bliebe mir inzwischen auch anderes übrig?«

Sie drehte sich langsam einmal um die eigene Achse. »Genug gesehen? Oder soll ich auch noch meine Röcke heben, damit ihr bloß nichts verpasst? Falls du nun deinen kleinen Neffen Andi kennenlernen möchtest …«

»Andi!«, fiel Regine ihr ins Wort. »Andreas – wie bist du ausgerechnet auf diesen Namen gekommen?«

»Uns hat er gefallen«, sagte Philippine.

Und der Rest geht dich nichts an!, fügte sie stumm für sich hinzu.

»Uns?«, sagte Regine schnaubend. »Weißt du eigentlich, wie viel Unglück dieses wahnwitzige ›uns‹ angerichtet hat? Die dumme Ausrede, der Erzherzog habe ein Verhältnis mit Tante Kat, glaubt doch schon lange niemand mehr. Jeder weiß, dass du Ferdinands Buhlin bist – du, meine einzige Schwester! Der Hof in Prag, ach, was sage ich da, das halbe Reich weiß inzwischen von euch. Und wie erst daheim in Augsburg getuschelt wird! Mutter weint sich die Augen aus und …«

»Das hat sie dir geschrieben?«, unterbrach sie Philippine.

»Ich kann auch zwischen den Zeilen lesen«, sagte Regine aufgebracht. »Schließlich ist sie auch meine Mutter. So aufgeregt hast du sie, dass sie sich zu dieser beschwerlichen Reise nach Böhmen entschlossen hat.«

»Sie kommt hierher? Wann?«

»In wenigen Tagen. Vorausgesetzt, alles geht gut. Was man ja nicht genau weiß, wenn man unterwegs ist. Karl begleitet sie. Sie kann ja schließlich nicht ohne männlichen Schutz reisen in diese … diese Wildnis!«

Plötzlich wurde alles ganz hell in ihr.

Die Mutter würde ihr beistehen, wenn sie zum zweiten Mal niederkam. Allein das zählte.

Von Angesicht zu Angesicht könnte sie ihr dann anvertrauen, wie es wirklich um sie und Ferdinand stand, dass sie sein angetrautes Eheweib war, beileibe nicht seine Geliebte. Wenn eine schweigen konnte, dann Anna Welser, das hatte sie in den langen Jahren ihrer freudlosen Ehe mehr als einmal bewiesen.

Oder würde Ferdinand so grausam sein, ihr sogar das zu verbieten?

»Möchtest du die Wildnis vielleicht näher besichtigen?«, schlug Philippine vor, und es machte sie stolz, dass die Worte leicht, wie selbstverständlich klangen. »Auf die Türme und hinunter in die Keller kann ich dich zurzeit leider nicht führen, aber für einen ersten Eindruck reichen meine Kräfte durchaus. Also?«

Schweigend folgten sie ihr.

In der geräumigen Küche, in der unzählige Kupferkessel und Pfannen blitzten, entfuhr Regine zum ersten Mal ein überraschter Laut. Als sie ihnen anschließend die kleine, alte Kapelle zeigte, den Rittersaal mit seiner perfekt ausgemalten Sternendecke, das Kräuterzimmer, das sie sich eigens für ihre Studien eingerichtet hatte, vor allem aber die Bibliothek, in der mehr als fünfhundert Bücher eine Heimat gefunden hatten, stand Regines Mund vor Erstaunen offen.

»Diese Liebschaft lässt er sich offenbar einiges kosten«, sagte sie, als sie wieder den Speisesaal erreicht hatten, wo inzwischen im Kamin ein Feuer flackerte. Die Tafel war reich gedeckt. Kein Imbiss, sondern eine veritable Tafel, die nichts zu wünschen übrig ließ. »Mehr als seine anderen.« Es schien ihr zu gefallen, dass Philippine plötzlich leicht verstimmt wirkte. »Seine kleine Landadelige im Eisacktal muss sich mit sehr viel weniger begnügen. Dafür hat er wenigstens die gemeinsame Tochter als ›natürlich‹ anerkannt. Veronika heißt sie. Um die acht Jahre soll sie jetzt sein. Du hast ja sicherlich schon davon gehört. Denn sie ist ja beileibe nicht sein einziges Kind.«

Philippine presste die Lippen aufeinander.

Ich war nicht immer der Vorsichtigste in jungen Jahren, hatte Ferdinand ihr eines Nachts in Bresnitz gestanden. Und leidenschaftlich bin ich ohnehin, wie du ja besser weißt als jeder andere Mensch auf dieser Welt. Was passiert solchen Hitzköpfen wie mir? Kinder zeugen sie. Bankerte. Kegel. Bastarde. Nenn es, wie du magst – so hat die Natur es nun einmal eingerichtet!

Sie hatte schnell genickt und ihn weder nach Namen noch Anzahl gefragt. Zu deutlich hatte ihr auf einmal das Bild des Vaters vor Augen gestanden, doch nun bereute sie ihre Feigheit.

In den Augen der Welt war Andreas nichts als ein weiterer dieser Bankerte. Ebenso wie das Ungeborene.

Und jedes weitere, das womöglich noch folgen würde …

»Du bist ja auf einmal ganz spitz um die Nase.« Regine klang beinahe zufrieden. »Soll ich dir etwas zu trinken holen lassen? Albrecht, schnell – ruf einen Diener. Nicht, dass sie uns noch umfällt!«

Philippine ließ zu, dass sie auf ein Sitzmöbel gebettet und zugedeckt wurde. Heißen Met und Hollersaft lehnte sie standhaft ab. Stattdessen wies sie Lenka an, eine Kanne mit heißem Wasser zu bringen, in das sie eigenhändig ihre getrockneten Kamillenblüten bröselte. Regine und Albrecht ließen sich Hirschschinken, Wacholderbraten und Rehnüsschen schmecken, als plötzlich die Türe aufging und Andreas hereingerannt kam, gefolgt von Žit, der ausgelassen nach seinen Fersen schnappte.

»Frau«, rief er und zeigte mit seinen Patschhändchen auf Regine. »Frau – schön!«

Sein unerwartetes Erscheinen verwandelte Regine in eine liebevolle Tante. Gar nicht genug konnte sie bekommen von dem Kleinen, herzte und koste ihn und bewunderte seine dichten Locken, die ihm in die Stirn fielen und allmählich von Blond ins helle Braun übergingen. Als sie ihn allerdings mit Leckereien von ihrem Teller füttern wollte, ging Philippine dazwischen, was Andi mit lautem Plärren quittierte.

»Du wirst immer wunderlicher«, stellte Regine beleidigt fest. »Sind wir nicht Schwestern und somit von einem Fleisch und Blut? Ich hätte nichts dagegen, würden meine Söhne von deinem Teller essen. Aber bei dir scheint das anders zu sein.«

»Sein Magen ist sehr empfindlich«, sagte Philippine schnell. »Seine Gier dagegen ist riesengroß. Und beides ist nicht immer ganz einfach in Einklang zu bringen.«

Trotzdem blieb die Verstimmung im Raum hängen.

Albrecht machte sich noch eine Weile die Mühe, die steife Unterhaltung aufzulockern, dann schwieg er, wie er es zu Hause offenbar auch die meiste Zeit über tat. Regine dagegen war endlich auf ein Thema gestoßen, das ihr offenkundig ganz besonderes Vergnügen bereitete.

»Schade nur, dass du so abgeschieden leben musst«, sagte sie und schob ihren Teller mit den abgenagten Knochen beiseite. »Du ahnst ja gar nicht, was dir dabei alles entgeht! Ferdinand hat den Prager Hof zu einem glänzenden Zentrum gemacht, und das Volk liebt ihn, das konnte man deutlich sehen und hören, als er für den Kaiser im vergangenen Jahr den großen Festeinzug in die Stadt veranstaltet hat. Wie die Menschen ihm zugejubelt haben – mir kommen noch heute Tränen der Rührung, wenn ich nur daran denke. Aus aller Herren Länder arbeiten die berühmtesten Künstler für ihn, Maler, Bildhauer, Architekten. Wenn du wenigstens ein einziges Mal sein neues Lustschloss besichtigen könntest, das wie ein sechseckiger Stern gestaltet ist! Hier wird er womöglich eines Tages mit seiner künftigen Frau Anna oder Katharina …«

Sie schlug sich mit der Hand auf den Mund, lachte gekünstelt.

»Ach, was rede ich da? Die Kandidatinnen wechseln von Monat von Monat! Eine polnische Prinzessin soll es jedenfalls werden, so munkelt man allenthalben.«

»Müsst ihr nicht langsam aufbrechen?«, sagte Philippine mühsam beherrscht. »Die Tage werden kürzer, und in dieser Wildnis zu übernachten, möchte ich euch dann doch lieber nicht zumuten.«

Der Abschied war kurz, nahezu frostig.

Kaum waren die Hufschläge der beiden verklungen, zog sie sich in ihr Kräuterzimmer zurück. In einem Mörser zerkleinerte sie Weihrauchharz, Tannennadeln, Wacholderbeeren, Mistelblätter, Eisenkraut und Schlehdornzweige. Das Gemisch verströmte einen herben, aromatischen Duft, den sie begierig einsog. Danach schüttete sie alles in eine Räucherschale, verteilte es gleichmäßig und entzündete es mithilfe einer Kerzenflamme.

Langsam ging sie mit der Schale von Raum zu Raum und beobachtete, wie der helle Rauch in alle Ecken zog.

»Mama?«, hörte sie Andreas wispern, der neugierig zu ihr hinauf starrte.

»Das soll die bösen Geister der Vergangenheit vertreiben, Andi«, sagte sie. »Und uns vor dunklen Wesen schützen, die in der Zukunft lauern. Aber dazu wird es ohnehin nicht kommen. Denn das lassen dein Vater und ich nicht zu.«

»Papa?«, sagte der Kleine. »Papa – nicht da?«

»Nein«, sagte sie und konnte gerade noch die Tränen unterdrücken, die ihr die Kehle eng machten. »Leider! Aber er wird uns sicherlich bald besuchen.«

✽

Burg Pürglitz, 22. November 1560

DAS GERÜCHT IST nicht länger ein Gerücht. Der Kaiser hat von unserer heimlichen Eheschließung erfahren – und soll schäumen.

Was hatte er nicht alles mit seinem Lieblingssohn vor!

Ferdinands hartnäckige Weigerung, zu heiraten, hatte er geduldig als Marotte ertragen, die sich doch eines Tages zum Guten wenden würde, sobald er nur die richtige Prinzessin für ihn gefunden hätte.

Und jetzt hat er ihn verloren, so glaubt er zu wissen, an mich, eine wertlose Bürgerliche.

Mindestens ebenso toben Ferdinands Brüder, allen voran Maximilian, der dem Vater auf dem Thron nachfolgen soll. Entsetzt und bekümmert sollen sie sein, wie ich gehört habe, felsenfest überzeugt davon, ich müsse ihn verzaubert haben, durch magische Mittel willenlos gemacht, um ihn für immer an mich zu binden.

Eine Hündin nennen sie mich, die in einen Sack gehört, um im Fluss ersäuft zu werden.

Und die Welpen gleich mit dazu?

Ferdinand ist krank vor Kummer und Schreck, mag nicht essen, mag nicht einmal zu uns reiten, obwohl das neue Kind nicht mehr lange auf sich warten lassen wird. Obwohl es mehr als ein Monat vor der errechneten Zeit ist, spüre ich, wie es unaufhörlich weiter nach unten rutscht, als bereite es sich bereits auf die Geburt vor.

Achtmonatskinder, so sagt man, gehören dem Teufel.

Hier in Böhmen hängt man ihnen Bernstein um den Hals, schmückt sie mit bunten Glasperlen und Murmeln aus Bein, um ihre Seelen doch noch zu retten. Ich mag es nicht glauben und will doch alles hören. Unaufhörlich kreisen die alten Sprüche in meinem Kopf.

Wie in aller Welt könnte ich zur Ruhe finden, wenn mein Liebster so elend an Leib und Seele ist?

Wird der Kaiser seinen zweiten Sohn verstoßen?

Und was würde dann aus mir – aus uns?

Müssen wir die Burg verlassen, jetzt, zu Beginn des Winters, wo alles zu frieren beginnt?

Andreas ist seit Tagen nicht wohl. Er klagt über Bauchweh und Übelkeit, und natürlich kommen sie sofort wieder angeflogen, jene dunklen, schrecklichen Gedanken, die ich wohl bis zum Lebensende nicht mehr loswerde. Zuerst hat Karl sich um ihn gekümmert, rührender, als ich es ihm jemals zugetraut hätte, hat ihm erzählt, mit ihm gescherzt, ihn zum Lachen gebracht.

Gibt es da Seiten an meinem Bruder, die ich bis jetzt noch nicht kannte?

Doch der Kleine bleibt matt und schwach.

Zum Glück hat die Mutter ihn inzwischen ganz in ihre Obhut genommen, füttert ihn, lässt ihn in ihrem Bett schlafen, singt ihm vor, streichelt ihn, weicht Tag und Nacht nicht von seiner Seite. Sie beruhigt mich, sagt, wir alle hätten dasselbe durchleiden müssen, als wir klein waren, behandelt ihn mit ihren Rezepturen.

Ich preise den Tag, der sie endlich wieder zu mir gebracht hat.

Sie weiß von uns.

Ich konnte nicht anders, als ihr die Wahrheit zu offenbaren. Sie hat vor Glück geweint und ich mit ihr.

Ferdinand hebt sie auf, als sie sich vor ihm verbeugen will, wie es das Protokoll verlangt, und umarmt sie stattdessen aufs Herzlichste.

Meine Mutter ist tot, sagt er, seit mehr als zehn Jahren. Ich habe sie sehr geliebt und vermisse sie noch heute jeden Tag.

Ab jetzt wirst du meine zweite Mutter sein.

Ein Grund für uns alle drei, noch einmal Freudentränen miteinander zu vergießen.

Doch diese sind inzwischen leider versiegt.

Etwas Dunkles, Beklemmendes liegt über Pürglitz, als seien Dämonen und böse Geister über uns gekommen, die auch das stärkste Räucherwerk nicht vertreiben kann. Ich höre Dusana klagen und fürchte mich vor den langen, schmerzensreichen Stunden, die vor mir liegen, mehr noch aber über jene entsetzliche Prozedur des Kindaussetzens zwischen den Türen, die ich abermals über mich ergehen lassen muss.

Gibt es davor kein Entkommen?

Ferdinand dreht den Kopf weg, zu schwach, um mir ein Nein ins Gesicht zu sagen.

Und wenn ich sterbe, mein Herzallerliebster? Wirst du dann die nächste Prinzessin freien?

Die Worte sind über meine Lippen geschlüpft, bevor ich sie zurückhalten kann.

Du stirbst nicht. Du darfst nicht sterben!

Sein Gesicht ist wie ein Leichentuch.

Das liegt allein in Gottes Hand. Jede Geburt ist ein Wagnis auf Leben und Tod, das weißt du ebenso gut wie ich. Wirst du also unsere Kinder als ›natürlich‹ anerkennen, wenn ihre Mutter nicht mehr lebt?

Er bleibt mir die Antwort schuldig. Als Kaisersohn weiß er genau, was er seiner Herkunft schuldig ist.

Ein Schmerz durchfährt mich, ich muss die Feder sinken lassen.

Das Wasser bricht.

Mein Kind kommt. Zu früh, viel zu früh …

❦

Burg Pürglitz, November 1560

VOR DREI TAGEN erblickte der zweite Sohn von Philippine und Ferdinand das Licht der Welt – ohne zu atmen.

So klein war er, so zierlich und perfekt, als er den Leib seiner Mutter verließ, dass in den ersten Momenten niemand etwas dagegen unternahm.

Dann allerdings erfasste Anna Welser den Ernst der Situation, griff sich ein dickes Tuch, begann ihn zu rubbeln und zu klopfen und presste schließlich ihre Lippen auf den kleinen Rosenmund, um ihm Atem einzuhauchen.

In einem Schwall erbrach er das Fruchtwasser.

Schließlich sein zorniger Schrei. Alle brachen in erleichtertes Gelächter aus.

Seitdem ließ Philippine ihn nicht mehr aus den Augen.

Die Wiege stand neben ihrem Wochenbett. Sie wurde nicht müde, sein spitzes, kleines Gesicht anzusehen, die winzigen Hände zu berühren, die meist zu Fäusten geballt waren, als müsse er weiterhin kämpfen, um zu leben.

Andreas gestattete sie, einen Blick auf den Bruder zu werfen, doch nach Kurzem zog er gelangweilt weiter.

Ganz anders als Žit, der nicht mehr von dem Kleinen weichen wollte, als habe er ihn bereits in sein Rudel aufgenommen. Seine Vernarrtheit ging so weit, dass sie ihn immer wieder in der Wiege fand, zusammengerollt am Fußende, als wolle er das Kind bewachen. Fast tat es ihr leid, ihn aus diesem Paradies zu vertreiben, aber sie tat es trotzdem.

Anna salbte das Kind täglich mit Rosenöl, das sie eigens angesetzt hatte. Sie hatte ihr Kräuterbuch mit nach Pürglitz gebracht, in einer zweiten akkuraten Abschrift, die sie Philippine feierlich überreichte, mit der Aufforderung, sie zu ergänzen und zu erweitern.

Dieses Mal hatte Ferdinand sich erboten, seiner Frau bei der entwürdigenden Zeremonie der Kindsauffindung beizustehen. Als sein sehnlichst erwartetes Kommen angekündigt wurde, erhob Philippine sich mühsam aus dem Wochenbett.

In ein dickes Wolltuch gehüllt, schritt sie ihm langsam entgegen.

»Wir haben gewonnen, Liebste«, rief er ihr entgegen. »Endlich! Mein Vater hat die Heirat akzeptiert.«

Ihre Erleichterung war so grenzenlos, dass sie ihm fast vor die Füße gefallen wäre.

»Dann sind wir jetzt offiziell Mann und Frau?«, sagte sie, als er sie nach oben zog und zärtlich küsste. »Vor Gott und vor der ganzen Welt? Ich kann es noch gar nicht richtig fassen!«

»Nicht ganz«, sagte er. Das Lächeln, das soeben noch ihr Gesicht erhellt hatte, erlosch. »Er akzeptiert zwar die Heirat – doch sie muss weiterhin geheim bleiben. Ich habe die entsprechenden Papiere bei mir, die es zu besiegeln gilt.«

»Papiere?« Philippines ganze Verachtung lag in diesem einen Wort. »Noch mehr Papiere – wozu?«

»Aber versteh doch, was das für uns bedeutet!«, rief er flehend. »Nie wieder wird mein Name mit irgendeiner Prinzessin in Verbindung gebracht werden, die ich heiraten soll. Ich bin frei – frei für dich … für uns …«

Sie wandte sich ab.

»Wohin willst du?«, rief er hinterher.

»Zu unserem neu geborenen Sohn«, murmelte sie. »Und ich dachte, aus diesem Grund seist auch du gekommen. Karl soll er heißen – nach meinem Bruder. Und nach deinem. Bist du damit einverstanden, Liebster? Willst du zuvor den Kaiser fragen? Oder müssen erst deine Herren Brüder ihre Einwilligung dazu geben? Was machen schon ein paar Monate aus, ein paar Jahre, einige Jahrzehnte …«

Er lief ihr hinterher, griff nach ihrem Arm.

»Du musst auch ihn verstehen, Pippa«, sagte er bittend. »Was hast du dir denn vorgestellt? Er kann nicht so einfach über seinen Schatten springen. Mein Vater ist nun einmal der Kaiser, und meine Brüder …«

»… dürfen mich ungestraft eine Hündin nennen, ohne dass du ihnen das Maul verbieten kannst?«, sagte sie in scharfem Ton. »Ich habe verstanden, Ferdinand. Alles! Ich bin also weniger wert als das Schwarze unter deinem Fingernagel. Bist du dir wirklich noch immer sicher, dass du die richtige Entscheidung getroffen hast? Liebst du die Söhne, die ich dir geboren habe? Kannst du sie überhaupt lieben, obwohl sie doch nur von mir stammen? Beweis es mir!«

Sie schleppte sich weiter, drückte die Klinke zur Wochenstube herunter – und erstarrte. Vor der Wiege stand Lenka, ein Kopfkissen fest auf das Köpfchen des Kleinen gepresst.

»Tod dem Bankert«, murmelte sie ohne aufzuschauen, ganz und gar bestrebt, ihr ruchloses Werk gewissenhaft zu Ende zu bringen. »Tod allen Buhlinnen!«

Philippine holte tief Luft und begann gellend zu schreien.

❦

Burg Pürglitz, 1. Advent 1560

DIE BURG BIRGT viele Geheimnisse in ihren dicken Mauern – unter anderem eine Fragstatt mit hässlichen Instrumenten, um Menschen zum Reden zu bringen, sowie feuchte Verliese, in denen Ratten hausen.

Manchmal, so hat Ferdinand behauptet, genügen schon eine Handvoll Tage, um Gefangene mürbe zu machen und ihre Schandtaten zu gestehen.

Bei Lenka ist es anders.

Kein Wort ist aus ihr herauszubringen, nicht einmal, als man ihr die Folterinstrumente zeigt.

Verstockt bleibt sie, wie erstarrt, murmelt nichts anderes vor sich hin, als eben jene hässlichen beiden Sätze, die ich bereits kenne.

Schließlich gehe ich selbst zu ihr hinunter.

Mir ist alles andere als wohl, der Wochenfluss quält mich, und noch immer sieht mein Bauch aus, als hätte ich die Geburt nicht bereits überstanden, sondern müsste erst noch ins Kindsbett.

Ihr Gesicht ist ausdruckslos, als sie mich erkennt. Man hat sie geschlagen, um etwas aus ihr herauszubringen, aber nicht viel. Ihre dünnen Beine haben blutige Striemen. Auch ihr schmaler Rücken unter dem zerfetzten Hemd hat einiges abbekommen.

Warum, Lenka, warum? Warum der Kleine? Warum solch ein unschuldiges Wesen?

Sie zieht die Achseln hoch wie ein frierendes Kind, und auch ich beginne zu frösteln, trotz des Luchsumhanges, der um meine Schultern liegt.

Wer hat dich beauftragt?, frage ich. Einen Namen, Lenka! Das kann deine Strafe vielleicht mildern.

Inzwischen weiß ich, dass Jaroslav von Pernstein tot ist, gestorben im fernen Italien, in das Ferdinand ihn gesandt hat.

Weil mein Liebster doch mehr ahnte als er zugab?

Doch wer könnte dann an seine Stelle getreten sein? Wer führt die perfiden Pläne weiter, die mir Kummer und Schmerz bringen sollen?

Lenka schüttelt den Kopf, als ich weiter in sie dringen will, beißt sich auf die Lippen. Schließlich dreht sie mir den Rücken zu, starrt auf die modrige Wand, an der winzige Eiskristalle blühen.

Ich gebe dir bis morgen Zeit, sage ich. Danach wird mein Gemahl die Sache auf seine Weise weiter verfolgen. Du kannst dir sicherlich vorstellen, was das bedeutet …

Euer Gemahl? Sie fährt zu mir herum, spuckt mir vor die Füße. Buhlinnen wie Ihr haben keinen Gemahl!

Ich fliehe aus dem Verlies. Doch selbst nach Stunden werde ich noch immer nicht richtig warm.

❉

Am anderen Morgen ist die Zelle leer.

Lenka ist fort, als hätte es sie niemals gegeben.

Das Schloss wird abgesucht, danach der Wald, in den Ferdinand seine Leute schickt, doch bald schon beginnt es zu schneien in dicken weißen Flocken, als breite der Himmel ein schweres Tuch des Schweigens über das schreckliche Geschehen.

Keiner hat etwas gesehen, keiner etwas gehört.
Irgendwann entdeckt Karl eine dünne Hufspur, die nach Osten führt ... in Richtung Prag.

KAPITEL X
ENGELWURZ

Angelica archangelica
auch genannt Brustwurz, Heiligenbitter,
Theriakwurz, Zahnwurzel

POSITIVE WIRKUNG: Ätherisches Öl und Bitterstoff der Wurzel regen Appetit an und fördern Verdauung, beseitigen Blähungen und desinfizieren.
Galt im Mittelalter als Mittel gegen die Pest.
NEGATIVE WIRKUNG: Ätherisches Öl ist in hohen Dosen gefährlich, macht lichtempfindlich und führt zu Hautreizungen.

Burg Pürglitz, März 1563

Die Kleine war ihr Augenstern, denn obwohl Philippine alle ihre Kinder von Herzen liebte, so gab es doch etwas an diesem Mädchen, das sie immer wieder sprachlos machte, so sehr rührte es sie. Es war, als wären alle Züge ihrer Ahnenreihe in diesem einen Kindergesicht miteinander verschmolzen: Onkel Bartholomés wasserhelle Augen, Georgs hohe Stirn, Karls kecke Nase, ihre geschwungenen Lippen, Regines dunkler Wimpernkranz, Katharinas elegante Ohren – von jedem besaß sie etwas und war doch ganz und gar eigenständig, ein winziges Persönchen, das schon mit neun Monaten genau wusste, was es wollte.

Dem Zwillingsbruder, kurz nach ihr geboren, war sie so weit voraus, als trennten sie Wochen und nicht wenige Minuten. Während Philipp eher rundlich und tapsig war, vom Krabbeln noch weit entfernt, konnte Maria mit entsprechender Hilfe bereits stehen und schaffte es, sich durch geschicktes Robben erstaunlich schnell auf dem Boden zu bewegen. Immer dicht hinter ihr Žit, der die Vergrößerung seines Rudels genoss und am glücklichsten schien, wenn alle Kinder so nah wie möglich bei ihm waren.

Welchen anderen Namen hätte Philippine ihr geben können?

Seit Lenkas Ergreifung und anschließender Flucht betete sie jeden Tag zur Gottesmutter, und auch Andi und sogar Karl waren schon in der Lage, einige Passagen des Rosenkranzes nachzuplappern. Ferdinand hatte ihr ein besonders schönes Exemplar geschenkt, einen Rosenkranz gefertigt aus Perlen und zartrosa Korallen, den sie ständig bei sich trug.

Allein ihn zu berühren, schenkte ihr Mut und Kraft.

Fast ebenso oft bat sie ihren toten Onkel um Beistand. Die Reise nach Böhmen, viel zu lange aufgeschoben, hatte Onkel Bartholomé aus gesundheitlichen Gründen nicht mehr antreten können. Jetzt blieben ihr nur die Erinnerungen an ihn und seine Briefe, die Philippine wie einen Schatz hütete.

Die flüchtige Lenka hatte nicht gefasst werden können, und ebenso wenig waren die Namen derer bekannt geworden, die sie angestiftet haben könnten. Hofstallmeister Pernstein hatte keinen Fuß mehr auf die Burg gesetzt, und doch spürte Philippine noch immer seinen dunklen Schatten, der unheilvoll über ihnen schwebte. Dusanas Gesänge waren leiser geworden, aber keineswegs verstummt. Manchmal glaubte sie sogar eine zweite, hellere Stimme zu vernehmen, die mit in das dumpfe Klagen einfiel, doch das konnte ebenso gut an ihren überreizten Nerven liegen.

Hatte sie schon die Zwillingsgeburt bis an den Rand ihrer körperlichen und seelischen Grenzen gebracht, so tat die dritte Farce der Kindesauffindung ein Übriges. Philippine verfiel in einen stundenlangen Weinkrampf, als die Säuglinge aus der Wiege genommen wurden, so schlecht konnte sie es ertragen, über Stunden von ihren Jüngsten getrennt zu werden. Ferdinand gelang es, sie schließlich zu beruhigen. Doch zurück blieb ein quälender Schluckauf, der erst binnen Wochenfrist wieder verschwand.

Andere, schwerere Malaisen kamen dazu – und hielten sich hartnäckig.

Die Beine wollten nicht abschwellen, der Wochenfluss nicht versiegen. Die Brüste, die zum dritten Mal hintereinander nicht stillen durften, waren entzündet. Den Leib, der die doppelte Last hatte tragen müssen, verunstalteten breite Streifen, die zunächst rot und rissig waren und sich erst allmählich silbrig färbten. Zwei Zähne hatte sie verloren und hütete sich jetzt, beim Lachen den Mund so ungeniert aufzureißen, wie sie es früher getan hatte. Vor allem aber gab es jenen dumpfen Schmerz tief in ihrem Innersten, von dem sie niemandem etwas erzählte.

Vor ihrem großen Spiegel wusste Philippine manchmal nicht, ob sie weinen oder nicht doch eher lachen sollte, wenn sie die unbekannte Frau betrachtete, die ihr daraus entgegenblickte. Schließlich entschied sie sich, ihn fürs Erste wegzustellen. Wer sie war und wie sie aussah, das konnte sie viel besser in Ferdinands goldenen Augen lesen, die sie anstrahlten und mit Blicken liebkosten wie am allerersten Tag.

Hier, auf Pürglitz, lebten sie fernab aller Etikette als Frau und Mann, Mutter und Vater einer stetig wachsenden Kinderschar – sooft der Erzherzog sich von seinen anderweitigen Verpflichtungen freimachen konnte. Doch es war nur ein geborgtes Glück. Brüchig. Jederzeit abrufbar. Beide wussten es, wenngleich keiner es in Gegenwart des anderen laut aussprach.

Denn sein Vater, der Kaiser, kränkelte.

Das Testament war unterzeichnet, und damit die Verteilung der Macht unter den Söhnen seit Langem besiegelt. Ihm auf dem Thron nachfolgen würde Maximilian, bereits zum Böhmischen König gekrönt und zum Römisch-Deutschen

König gewählt. Karl sollte die Steiermark und Kärnten regieren, Ferdinand die österreichischen Vorlande sowie Tirol.

Ein Grund mehr, dieses Mal die Taufe prunkvoller als je zuvor zu begehen.

Katharina von Loxan, die zusammen mit ihrer Schwester Anna die schwierige, überlange Geburt begleitet hatte, war anwesend, zusammen mit ihrer Tochter Kathi von Sternberg und deren Mann Ladislaus. Gevatter waren die Grafen von Thun und Lodron. Die Zwillinge erhielten als Taufgeschenke edles Silber und Leinen; Philippine bekam von Ferdinand eine Schnur aus kostbaren weißen Perlen, die er ihr eigenhändig anlegte.

Obwohl von der Erbfolge ausgeschlossen, trugen die Täuflinge ebenso wie ihre älteren Brüder den Familiennamen ›von Österreich‹. Nach dem Gnadenbrief des Kaisers sollten die Buben später den Titel der Territorialherrschaft führen, die ihnen vom Vater übertragen werden würde, sowie jährlich zehntausend Gulden Apanage erhalten. Maria und etwaigen weiteren Töchtern stand das habsburgische und österreichische Wappen zu, dazu bis zu 10000 Gulden Heiratsgut.

Doch was nützten alle diese Zusagen und Zahlen?

Was half es, dass offenbar sogar Ferdinands Brüder Maximilian und Karl ein wenig zur Ruhe gekommen waren und zumindest nach außen hin ihre hässlichen Anwürfe gegen Philippine eingestellt hatten?

Was weiter, dass die Zwillinge in einer riesigen Doppelwiege schliefen, die Ferdinand eigenhändig geschnitzt hatte, um sie mit all seiner väterlichen Liebe vor Unheil und Krankheit zu bewahren?

Die böse Krankheit ging im Land um.

In vielen Städten und Dörfern wütete abermals die Pest, machte grausame Beute unter den Alten und Schwachen ebenso wie unter den Jungen und Starken. Die eisigen Wintermonate hatten die Seuche, gegen die alle machtlos waren, für eine Weile zum Einhalt gebracht. Doch kaum spitzte die Frühlingssonne wieder hervor und die ersten Blumen begannen zu sprießen, schritt auch ihr finsterer Siegeszug durch Böhmen unaufhaltsam weiter.

Anna hatte die kalten Monate dazu genutzt, um eine vorbeugende Medizin gegen die Pest zu entwickeln. Ausgehend vom Rezept eines Augsburger Medicus', war sie nach unzähligen Versuchen, scheinbaren Fortschritten und erneuten Rückschlägen nun so gut wie überzeugt, das richtige Mittel gefunden zu haben.

Philippine, die das Kräuterzimmer inzwischen in ein fast doppelt so großes Gemach verlegt hatte, damit sie beide genug Platz hatten, schrieb auf, was die Mutter ihr diktierte. Grundlage der Kur war Annas sogenanntes ›Pestilenzwasser‹, das aus Theriak, Engelwurz, Geißkraut, Wacholder und einer Handvoll anderer geheimer Kräuter bestand. Weiterhin hatte sie aus Bibernellwurz, Diptam, Zitwerwurzel und Baldrian Pillen gedreht sowie eine dickliche Paste hergestellt, was beides nüchtern genossen werden musste. Zudem empfahl sie den Genuss ungekauter Wacholderbeeren und hatte große Lebzelten aus Zimt und Zitwerwurzel backen lassen, die die Diät gegen die Pest ergänzen sollten.

»Muss das wirklich so kompliziert sein?« Philippine ließ die Feder sinken und starrte die Mutter fragend an.

»Wieso kompliziert?«, sagte Anna stirnrunzelnd. »Lebzelten jeden Tag, dazu am ersten die Pillen, am zweiten die Paste, am dritten Tag das Wasser – und danach wieder von vorn. Wir haben genug Vorräte, um auch die Dienerschaft zu versorgen. Besuche von außerhalb sollten wir in der nächsten Zeit allerdings besser vermeiden. Denn die Pest reist, wie man weiß, besonders gern schnell zu Pferd.«

»Meinen Mann werde ich gewiss nicht aussperren«, sagte Philippine. »Ich wünschte ohnehin, ich müsste ihn gar nicht mehr ziehen lassen in dieses … dieses schreckliche Prag mit seinem Pomp und Hofgeschnatter! Und Karl wird mit der Hochzeit eben noch ein wenig warten müssen, auch wenn seine Eva von Schönburg noch so ungeduldig wird. Oder sie müssen sie ohne uns begehen.«

»Wollen wir weitermachen?«, fragte Anna ruhig. »Es gibt noch so vieles, was ich dir über diese Seuche zu sagen habe.«

»Ich bin bereit.«

»Gut. Dann hör mir jetzt genau zu: Wichtig ist es also, möglichst viel Essig zu verwenden und keinesfalls zu früh aufzustehen. Friedhöfe sind zu meiden …«

»Und wie sollen die Menschen das anstellen, wenn ihre Liebsten dahingerafft werden?«, unterbrach sie Philippine.

»Die Toten kann man auch daheim beweinen, in aller Stille«, lautete die Antwort. »Willst du nun aufschreiben, was ich alles herausgefunden habe, oder nicht?«

»Ich schreibe.« Philippine berührte das kleine Seidensäckchen zwischen ihren Brüsten. In einem anderen Leben, damals in Augsburg, hatte sie einst Wahnwurz, wie man die

Tollkirsche im Volksmund auch nannte, in einem ähnlichen Beutelchen am Körper getragen, was sie wirr und krank gemacht hatte. Jetzt hoffte sie inständig auf die Kraft der Wacholderholzsplitter, die in der Burgkapelle geweiht worden waren.

»Man hüte sich vor Nebel. Sauerkraut, Schweinefleisch, Kuttelfleck soll man nicht essen. Stuben und Kammern müssen mit Wacholderholz ausgeräuchert werden …«

»Ich werde gleich Mariechen rufen«, sagte Philippine. »Die soll noch einmal mit der Räucherschale durch alle unsere Räume gehen.«

❊

Burg Pürglitz, Palmsonntag 1563

MARIECHEN – wie DIESES junge Geschöpf mein Leben verändert hat!

Nach Lenkas Flucht mag ich niemandem mehr trauen. Ferdinand entlässt die gesamte Dienerschaft und stellt, angefangen vom niedersten Stallburschen bis hinauf zum Küchenmeister, neue Leute ein, doch eine Zofe für mich ist nicht darunter.

Reihenweise lasse ich junge Frauen und Mädchen antreten, befrage sie ausführlich – und schicke dann alle wieder weg. Keine gefällt mir, keiner kann ich vertrauen. Ich will nicht noch einmal Hände an mir spüren müssen, die erst meine Bänder schließen und im nächsten Moment versuchen, mein Kind zu meucheln. Mehr als zwei Jahre kleide ich mich allein an und wieder aus, genauso wie früher in Augsburg – bis zu jenem Tag, an dem ich mit Ferdinand einen Jagdausflug unternehme.

Es ist Herbst, und zwischen den dunklen Tannen leuchten die Laubbäume golden und rot. Wir sind nur zu viert, mein Liebster und ich, begleitet von unseren Dienern Stepan und Matyas. Zwei erlegte Fasane hängen am Sattel. Da bricht die Sonne hervor, und ich werde immer durstiger. In einem winzigen Flecken machen wir Rast und bekommen frischgebackenes Brot angeboten, dünn mit Schmalz bestrichen, und das köstlichste Quellwasser, das ich jemals getrunken habe.

Ein rotblondes Mädchen bringt uns diese Gaben, gerade 14, wie ich später erfahre, mit Augen so grün und klar wie ein Bergsee.

Ich frage sie nach ihrem Namen. Inzwischen kann ich mich leidlich in der Landessprache verständigen.

Mariechen, sagte sie. So hat die Mutter mich genannt.

Hat die Gottesmutter mein Flehen erhört und mir einen Engel aus Fleisch und Blut gesandt?

In diesem Augenblick weiß ich, dass ich sie gefunden habe, jene Seele, der ich vertrauen kann.

Wir rufen nach der Mutter, die knickst, wird rot, beginnt freudig zu stammeln. Eine Anstellung auf der Burg, das ist etwas, wovon sie niemals zu träumen gewagt haben.

Mariechen reitet gleich mit uns.

Sie wird mich nicht hintergehen, das weiß ich.

Und niemals mich verlassen, das hat sie mir beim Leben ihrer Mutter geschworen.

Ach, wie dringend kann ich gerade jetzt ihre Treue, ihre Liebe und Anhänglichkeit gebrauchen, denn von der Burg Liebstein sind entsetzliche Nachrichten gekommen.

Regine ist tot, meine große Schwester mit dem frechen Mundwerk, die mir das Sticken beigebracht hat, das Buchstabieren, das Streiten. Nie wieder wird sie über meine Leberflecke lästern können, nie wieder den Kamm so unbarmherzig durch meine gekräuselten Haare zerren, dass ich mir vor Schmerz die Lippen blutig beißen muss. Nie wieder meine heiß geliebte Stoffpuppe verstecken und behaupten, sie hätte sie nirgendwo gesehen.

Die Pest hat sie auf dem Gewissen. Ihr Sterben muss kurz und schrecklich gewesen sein.

Ich weine um sie und um ihre Söhne Johann und Jaroslav, die die Mutter verloren haben. Noch bitterlicher aber weine ich um uns, die ungleichen Schwestern, die im Zwist auseinandergegangen sind und nun keine Gelegenheit mehr haben, sich auszusöhnen.

Albrechts Zeilen sind schmerzerfüllt und tränenfleckig, und doch wird er sich zu helfen wissen. Sicherlich plant er bereits seine dritte Vermählung. So sind die Männer nun einmal, sobald sie ihr Weib zu Grabe getragen haben.

Maria, mein Zaubermädchen, scheint meinen Kummer zu spüren und will gar nicht mehr von meinem Schoß, während Philipp ruhig mit seinen Holzklötzchen spielt. Ferdinand hat ihnen ein großes hölzernes Gitter gezimmert, das ich mit weichen Tüchern ausgelegt habe. Žít wacht davor und klafft jeden an, der sich ihnen nähern will.

Ach, könnte ich nur eine undurchlässige Mauer aus Liebe

und festem Glauben um sie bauen, um sie vor allem Unbill dieser Welt zu schützen!

Denn der Tod Regines ist nicht der einzige Kummer, der an mir nagt. Tief im Urgestein der alten Burg, weit unter der Zelle, die einst Lenka beherbergte, siechen seit Jahren Gefangene dahin. Ketzer seien es, so hat Ferdinand mir mit verzerrtem Gesicht gesagt, Aufrührer. Staatsfeinde, die sich gegen den katholischen Glauben schwer versündigt hätten.

Alles, was ich sehen und hören kann, sind zwei ausgezehrte Männergestalten mit Augen, in denen keine Hoffnung mehr wohnt, Jan Augusta, inzwischen eine Elendsgestalt, und Jakob Bielek, dem Tod näher als dem Leben.

Das Osterfest rückt näher, und damit auch die Stunde, in der Jesus seinen Peinigern verziehen hat.

Wer bist du, frage ich Ferdinand, dich über den Heiland stellen zu wollen?

Ich habe ihn erreicht, das merke ich daran, wie schnell er hinausrennt, direkt in seine Werkstatt, um beim Hämmern und Sägen die innere Balance wiederzufinden.

Ich folge ihm, lasse nicht von ihm ab.

Sei gnädig, bitte ich. Wenn du sie schon nicht freilassen kannst, so erleichtere zumindest ihre Haft. Lass sie ans Licht, löse ihre Ketten, speise sie ausreichend.

Denn hoffen nicht auch wir jeden Tag auf Gottes unendliche Gnade?

❂

Burg Pürglitz, April 1563

STEPAN, FÜR DIE STÄLLE ZUSTÄNDIG, bekam als Erster die schwarzen Beulen. Ihm folgten Ondrej, Adan, Michal. Am Tag darauf Aneta, Adela, Julie. Als Küchenmeister Petr Libor sich zum Sterben ins Bett legte, schwappte eine schwarze Welle von Angst in die Burg, die sich durch nichts mehr vertreiben ließ.

Man hatte die Kranken in die Stallungen gebracht und dort eine Art notdürftiges Lazarett eingerichtet. Ausgerüstet mit Masken und schweren Mänteln, angeleitet von Anna Welser, versuchten Petrs Frau Eliska und ihre erwachsenen Töchter zu retten, was noch zu retten war.

In der Burg waren Philippine und ihre Mutter pausenlos im Einsatz. Überall hing und lag mittlerweile Engelwurz: auf den Truhen und Tischen, an den Wänden, zwischen den Laken. Räucherungen führten die beiden inzwischen mehrmals täglich durch. Jeder musste Lebzelten, Paste und Pestilenzwasser schlucken, auch die Kinder, die sich seltsamerweise nicht einmal gegen die bittere Medizin auflehnten.

Am Gründonnerstag wurde Philipp krank.

»Die Zähne«, behauptete Anna zunächst noch, als er zu fiebern begann. Sie kühlte seinen Körper mit kalten Umschlägen, flößte ihm Lindenblütentee ein, schließlich Alantwurzel. Viel zu schnell wurde er matt und schwach, schließlich verlor er das Bewusstsein.

Philippine hielt ihn in den Armen, bis der Morgen kam, den Blick immer wieder angstvoll auf Maria gerichtet, die unruhig in der Wiege strampelte, als spüre sie den drohenden Verlust.

Kaum war es hell geworden, setzte sein Atem aus.

Ein Schluchzen kam aus Philippines Brust, so laut und rau, als stamme es von keinem menschlichen Wesen.

Anna, die ins Zimmer kam und sofort erkannte, was geschehen war, löste ihre Finger von dem kleinen Toten und trug ihn hinaus.

Philippine lief zur Wiege.

»Du musst leben«, flüsterte sie Maria zu. »Wenigstens du – lebe!«

Doch die Kleine, die sonst stets auf jeden ihrer Laute reagiert hatte, hielt die Augen geschlossen und wimmerte leise.

Als Philippine Marias Stirn berührte, war diese schweißnass – und glutheiß. Sie riss das Kind heraus, drückte es an ihre Brust, begann zu singen, zu beten, zu weinen.

Irgendwann gingen die Augen der Kleinen noch einmal auf, fragend und wasserhell – dann schlossen sie sich für immer.

Ihr Zauberkind hatte sie verlassen. Maria war tot.

Was danach geschah, war ein Albtraum, den Philippine immer wieder auf verschiedenste Weise durchleben sollte. Das starke Mittel, das Anna ihr verabreichte, damit sie nicht den Verstand verlor, versetzte sie in Schlaf. Und dennoch glaubte sie, wach zu sein, hellwach sogar, unterwegs auf der vergeblichen Suche nach all den Kindern, die sie bislang verloren hatte.

Durch endlose Flure musste sie rennen, Stufen erklimmen, hinab in die tiefsten Keller steigen. Aus Truhen und Kästen hörte sie sie rufen, sah überall kleine Hände, die sich bittend nach ihr ausstreckten – und konnte sie doch nicht berühren.

Irgendwann verstummten die Stimmen, verschwanden die Bilder. Dann gab es nur noch das wilde Heulen des Windes und Dusanas dumpfe Gesänge, lauter und triumphierender als jemals zuvor.

❧

Burg Pürglitz, 6. Mai 1563

Ich atme, ich lebe, kann die Glieder bewegen – und bin doch innerlich wie tot.

All das Licht, all die Freude sind aus meinem Dasein verschwunden. Wie zwei kleine Fremde stehen Andreas und Karl an meinem Bett, blass, fast ehrfürchtig.

Du hast noch zwei Kinder, sagt die Mutter. Vergiss das nicht!

Ich weiß, dass sie recht hat – und bin doch unfähig, auch nur das Geringste zu empfinden.

Die Kunde von dem Unglück, das uns getroffen hat, fliegt schneller als ein Pfeil durch das Land. Sogar der Kaiser, der seine Enkel niemals sehen wollte, scheint tief betroffen, ebenso wie Ferdinands Brüder, die doch eigentlich froh darüber sein müssten, dass die illegitime Linie, die sie so sehr geschmäht haben, kräftig dezimiert wurde.

Ihr Trost besteht darin, uns die kleinen Toten zu rauben. Man bringt sie weg, während ich im Dämmerschlaf liege. Im Schutz der Nacht finden sie auf der Prager Burg die ewige Ruhe.

Ich habe ihnen auf unserem Friedhof einen Grabstein setzen lassen – einen gemeinsam für die beiden Unzertrennlichen, die sich erst meinen Bauch, später eine Wiege geteilt haben, damit ich einen Ort habe, zu dem ich meinen Schmerz tragen kann.

Um meinen Sinn heiterer zu stimmen, hat Ferdinand die Gefangenen aus dem Kerker holen lassen. Zum ersten Mal seit Jahren durften sie nach Jahren der Finsternis am Osterfest Sonne und Licht genießen. Seitdem preisen sie mich, wie Mariechen mir berichtet, als ihre Wohltäterin.

Die Freiheit wird er ihnen trotzdem nicht schenken. Sie gehören zu den Böhmischen Brüdern, die sich auf die Lehren Luthers berufen und sowohl Kriegsdienst als auch Eid verweigern.

Noch mehr von ihnen – und die Krone würde untergehen!

Sein Mund wird schmal und hässlich, wenn er so redet. Auf einmal bekommt er gewisse Ähnlichkeit mit seinem Großvater Karl, der den Mund niemals schließen konnte, weil sein Kinn zu weit vorstand.

Ich bin zutiefst in meinem Glauben verwurzelt.

Doch wie kann es richtig sein, Menschen dafür zu bestrafen, dass sie anders beten?

Jesus ist für uns alle gestorben, werde ich ihm sagen, wenn ich wieder gesund bin. Vielleicht muss ich noch tiefer in Ferdinand dringen, damit er seine starre Haltung ändert, doch dazu fehlt mir derzeit die Kraft. Der Sommer ist nicht mehr weit, und ich bin so müde wie ein Bär, der nach der Höhle für seinen Winterschlaf sucht.

Wie sehr habe ich Böhmen geliebt, seine Farben, seinen Schmelz, seine Sprache, seine Menschen – doch allmählich beginne ich es zu hassen. Die Pest hat ihren grausamen Griff gelockert. Nicht alle sind gestorben, und von neuen Erkrankungen hört man seltener.

Trotzdem will ich weg von hier und muss doch ausharren, auf dieser Burg im Niemandsland, die mir die schönsten Stunden meines Lebens geschenkt hat und die schrecklichsten.

❊

Burg Pürglitz, 24. Juli 1564

DER KAISER IST TOT, gestorben an Lungenschwindsucht, wie es offiziell heißt. Ich dagegen glaube, es war die Sehnsucht nach seiner Frau, die viele Jahre vor ihm gehen musste, die ihn ins Grab gezogen hat.

Ferdinand trauert, und doch spüre ich, dass ihn gleichzeitig auch Hoffnung bewegt. Nichts wird so bleiben wie bisher.

Ein Neuanfang für uns – wenngleich mit einiger Verzögerung.

Wir gehen nach Tirol!

Ferdinand hat ein Schloss gekauft, das er vollständig umbauen lässt, hoch über der Stadt Innsbruck gelegen. Er schenkt es mir, meiner Ehre und Tugendhaftigkeit wegen, wie er in der entsprechenden Urkunde bezeugt, was mich zu Tränen rührt.

Ich werde die Herrin von Ambras ...

Dort werde ich mit den Kindern wohnen, und er kann bei uns sein, so oft er nur will, denn von der Hofburg bis dorthin sind es nur wenige Meilen.

Ambras. Ich liebe diesen Namen!

Geheimnisvoll klingt er, märchenhaft. Wundersam. Wie eine reife Frucht lasse ich ihn genüsslich im Mund zergehen.

Die Welt ist noch immer nicht strahlend und bunt für mich, doch das tiefe Schwarz, von dem mein ganzes Sein erfüllt war, zieht sich nach und nach zurück.

Mariechen hat all die Reste der Engelwurz hinausgefegt.

Meine beiden kleinen Engel trage ich tief im Herzen. Sie begleiten mich, wohin ich auch gehe.

Gestern habe ich laut gelacht. Es wird ein neues Leben geben.

Beinahe kann ich daran glauben ...

KAPITEL XI
WEISSER GERMER

Veratrum album
auch genannt Weiße Nieswurz, Gärwere,
Läusekraut, Germander

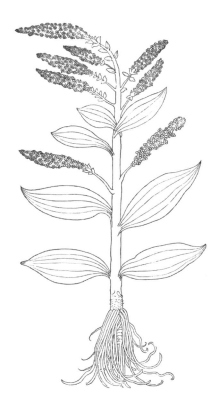

POSITIVE WIRKUNG: Pulver aus der Wurzel hilft bei Schwermut, Koliken, Asthma, Lähmungen und Fieber; Salbe bei Hautausschlägen, Krätze, Schuppenflechte.
NEGATIVE WIRKUNG: Tödlich giftig! Übelkeit, Erbrechen, Pulsverlangsamung (oft verwechselt mit gelbem Enzian).

Schloss Ambras, Mai 1567

SIE WAR NOCH einmal guter Hoffnung – mit allem hätte Philippine gerechnet, als sie endlich in Ambras angelangt war, nur nicht damit. Das Ausbleiben des monatlichen Geblüths hatte sie zunächst den Aufregungen des Einpackens zugeschrieben, später den Strapazen der Reise, zuletzt der Eingewöhnung in die neue Umgebung. Im Gegensatz zu ihren bisherigen Schwangerschaften, die ihr Übelkeit und weitere Malaisen aufgezwungen hatten, verlief diese so unauffällig, dass sie sie zunächst gar nicht bemerkte. Nicht ein einziges Mal verspürte sie auch nur den Anflug von Übelkeit. Ihre Finger waren noch immer schmal, die Beine schlank. Dennoch schien das Ungeborene gut zu gedeihen, und seine ersten Bewegungen in der Geborgenheit ihres Leibes erinnerten sie an das zarte Flügelschlagen eines Schmetterlings.

Sie wartete ab, bevor sie die freudige Neuigkeit mit Ferdinand teilte, und befragte zunächst dessen Leibarzt Georg Handsch, der dem Erzherzog von Prag nach Innsbruck gefolgt war.

»Ihr wirkt um einiges jünger, als Ihr tatsächlich seid«, sagte der Leibarzt. »Und seit der beschwerlichen Zwillingsgeburt sind nahezu fünf Jahre verstrichen. Wenn Gott der Allmächtige also Euren Leib neuerlich gesegnet hat – was sollte ausgerechnet ich dagegen einzuwenden haben?«

»Aber wird es auch gesund sein?«, drang sie in ihn. »Bei meinem fortgeschrittenen Alter? Kann es leben? Ich wünsche mir so sehr ein Schwesterchen für Andreas und Karl …«

»Eure Söhne sind kräftig und bei bester Gesundheit, verehrte Frau von Zinnenberg«, versicherte er. Sie würde einige Zeit brauchen, bis sie sich an den neuen Titel gewöhnt hatte, den sie Ferdinands Großzügigkeit zu verdanken hatte. Noch kam er ihr fremd und sperrig vor, ähnlich einem geborgten, viel zu großen Kleid, in das man erst hineinwachsen musste. »Beide erreichen jetzt das Alter, wo sie eine feste Hand brauchen, die sie lenkt und leitet – und weniger die Zartheit eines Neugeborenen. Doch für Eure Seele erscheint es mir die allerbeste Medizin. Atmet ruhig, schlaft ausreichend, ernährt Euch vernünftig, seid vor allem heiter und vergnügt – bessere Ratschläge vermag ich Euch nicht zu erteilen!«

In einem wahren Freudentaumel trat sie hinaus in den frühlingshaften Garten.

Wie sehr ihr dieses Schloss und seine herrliche Lage schon ans Herz gewachsen waren!

Gemäß Ferdinands Wünschen hatten Baumeister Giovanni Luchese und sein Sohn Alberto über den mittelalterlichen Grundmauern rund um einen Hof ein dreigeschossiges Hochschloss erbaut. Die Innenräume waren klein, fast intim; Philippines Gemächer lagen genau ein Stockwerk über den Räumen, die Ferdinand bewohnte. Ein weiterer Blickfang war das luxuriöse Bad, das diesseits der Alpen seinesgleichen suchte. Dazu kam die riesige Küche mit dem Kreuzgewölbe, die den Hofstaat versorgte und für festliche Anlässe bestens ausgerüstet war. Philippines besondere Liebe aber galt dem Garten, der bereits mit kleinen Bauwerken und Pavillons geschmückt war.

Bald würde auch das Ballhaus fertig sein, das zu Spiel und

Kurzweil einlud. Danach sollten ein Festsaal an die Reihe kommen, eine Rüstkammer sowie weitere Räumlichkeiten für Ferdinands Kunst- und Raritätensammlung, die unaufhörlich wuchs.

Doch das gehörte in die Zukunft – und die Gegenwart war schon so berauschend, dass sie manchmal zu träumen glaubte.

Jahrelang hatte sie sich nicht mehr so wohl, so sicher, so kerngesund gefühlt. Die klare Bergluft vertrieb die dunklen Gedanken, die sie mit sich herumgeschleppt hatte. Der Menschenschlag, auf den sie hier traf, erschien ihr ebenso: Einfach waren diese Männer und Frauen, wahrhaftig, ohne Falschheit oder Arglist.

Katharina schien zu spüren, was in ihr vorging.

Auf Philippines Bitte hin hatte sie ihr Schloss in Böhmen verlassen, um künftig ganz in ihrer Nähe zu sein. Auch Anna Welser wohnte nicht weit entfernt. Ferdinand hatte ihr die Weiherburg geschenkt, so nah gelegen, dass Mutter und Tochter ohne großen Aufwand zusammenkommen konnten, wenn es sie danach verlangte.

»Du fürchtest dich, weil dein Glück zu groß sein könnte?«, sagte Katharina leise, während sie neben Philippine hinunter zum Wildbach ging. Sie kannte die großen Pläne ihrer Nichte, die aus dem Garten ein Labyrinth aus Wildem, Gezähmtem, aus Grün und verschiedensten Gewässern machen wollte.

»Weil du Angst hast, die unsichtbaren Mächte könnten neidisch werden? Nach allem, was Ferdinand dir bereits zu Füßen gelegt hat, nun auch noch ein Geschenk des Himmels? Ist es das, was dich beunruhigt?«

»Woher weißt du das?«, sagte Philippine erstaunt.

»Ich weiß so einiges – unter anderem auch das.« Katharinas Hand berührte zart Philippines Bauch. »Außerdem habe ich Augen im Kopf. Und ich kenne meine Pippa. Du bist sehr klug gewesen, mein Mädchen, diese aufregende Neuigkeit erst einmal ganz für dich zu behalten.«

»Klug nennst du mich?« Sie lachte. »Das ist leider übertrieben! Ich könnte nur nicht ertragen, es abermals zu verlieren …«

»Pst!« Katharinas Finger legte sich auf ihre Lippen. »Gott weiß schon, was er uns zumuten kann. In seinen unendlichen Plan dürfen wir Menschen nicht hineinpfuschen.«

Sie ließ sich also Zeit, bis der richtige Augenblick gekommen war. Die Wohnräume im Schloss waren inzwischen nahezu fertig möbliert. Die edle, aber keineswegs protzige Ausstattung mit Holzböden, eingelegten Decken und zahlreichen Wandgemälden schuf eine warme, anheimelnde Atmosphäre, in der Philippine sich sehr wohl fühlte.

Auch Ferdinand schien es nicht anders zu gehen, so oft, wie er auf Ambras weilte, wenngleich seine Aufgaben ihn immer wieder zurück in die Hofburg riefen. Er musste das Land regieren, sich mit den störrischen Tiroler Ständen herumschlagen, sein Scherflein zu der großen Politik beitragen, die sein Bruder Maximilian als Kaiser im Reich vorgab. Doch im Gegensatz zu Böhmen, wo ein nahezu undurchdringlicher Wald und mehr als ein strammer Tagesritt sie voneinander getrennt hatten, konnte er sich hier jederzeit auf sein Ross schwingen und noch in den Abendstunden zu ihr hinauf galoppieren.

Philippine sorgte dafür, dass die Söhne ihn begrüßten, bevor sie zu Bett gingen, der neunjährige Andreas ebenso wie sein siebenjähriger Bruder Karl, dessen Augen zu leuchten begannen, wenn sie den Vater erblickten.

»Du hast versprochen, mich zur Falkenjagd mitzunehmen«, maulte Andreas, sobald die erste stürmische Wiedersehensfreude verebbt war.

»Und mir wolltest du zeigen, wie man drechselt«, schrie Karl, während er sich erneut auf ihn stürzte, gefolgt von Andreas, der bei der Attacke nicht zurückstehen wollte. »Einen Kreisel sollst du mir machen – einen schönen, bunten, lustigen Kreisel!«

Lachend wehrte Ferdinand seine allzu stürmischen Söhne ab.

»Ist morgen nicht noch ein Tag?«, sagte er. »Und danach und danach und wieder danach? Ihr sollt ja kriegen, was ihr euch wünscht – aber doch nicht alles auf einmal!«

Als sie später die Kleider abgelegt hatten und sich im großen Becken ins warme Wasser gleiten ließen, seufzte er wohlig auf. Philippine hatte ihm den Platz auf dem fest gemauerten Steinhocker überlassen und sich mit einem hölzernen Ersatz begnügt, auf dem sie sich allerdings wacklig und unsicher fühlte.

»Haben deine Träume sich nun erfüllt?«, sagte er nach einer Weile. »Jetzt, wo du endlich die ganze Familie beisammenhast? Deine Tante in Ambras, die Mutter gegenüber auf der Weiherburg. Die Brüder Georg und Karl in Innsbruck, zusammen mit deiner Schwägerin Eva, die dich fast mehr zu lieben scheint als ihren eigenen Mann, so oft, wie ich sie in deinen Gemächern antreffe! Sogar deinen Vater habe ich eingeladen. Aber mir scheint, er hat seine ganz eigenen Pläne.«

»Beinahe«, murmelte sie. »Dein Tirol jedenfalls ist genauso schön, wie du es mir versprochen hast.«

»Ich habe es schon geliebt, als wir in Kindertagen in Innsbruck zur Schule gegangen sind«, sagte er. »Der Sommer hier ist herrlich, so frisch und blau, aber warte nur, bis der Winter kommt! In Böhmen war der Schnee oft nass und schwer, mehr Last, als Freude. Hier dagegen schneit es allerfeinstes weißes Pulver. Unsere Buben werden gar nicht genug davon bekommen!«

»Und was wohl erst ein winzig kleines Mädchen dazu sagen würde ...«

Sie konnte nicht weiterreden, weil er sie ungestüm umarmte. Seine Lippen waren fest und warm. Nach Wein schmeckten sie. Nach Hoffnung.

Nach Glück.

»Wann?«, sagte er leise.

»Um Allerheiligen, denke ich. Vorausgesetzt, sie oder er hält es so lange mit mir aus.«

Ferdinand schickte die Bademägde fort, die ihnen aus der Wanne helfen wollten. Nicht einmal Mariechen, die sich wie stets im Hintergrund gehalten hatte, um ihrer Herrin beim Ankleiden zu Diensten zu sein, durfte bleiben. Eigenhändig hüllte er Philippine in ein großes Tuch und trocknete sie sorgfältig ab, bevor er nach einer Karaffe griff.

»Leg dich auf das Ruhebett«, befahl er. »Jetzt beginnen die angenehmen Seiten des Lebens!«

»Was ist das?«, fragte Philippine, als die ersten Tropfen ihre Haut benetzten.

»Weißt du das nicht? Frau Mutter und Frau Tante haben es gemeinsam angerührt. Ein Öl aus Johanniskraut, gepflückt in der kürzesten Nacht des Jahres, das wahre Wunder wirken soll. Seit Neuestem versuchen sie sich auch noch als Schnapsbrennerinnen. Und Schwägerin Eva scheint drauf und dran, ihre eifrigste Schülerin zu werden. Aber darauf werden wir, so denke ich, heute besser verzichten!«

Ihr Rücken, seit der unbequemen Reise ständig verkrampft, entspannte sich mehr und mehr. Als er auch noch begann, ihre Hinterbacken hingebungsvoll zu bearbeiten, stieg eine Hitze in Philippine auf, die sie seit Langem nicht mehr gespürt hatte.

Sie begehrte ihn wie am ersten Tag. Ihre Lust war nur begraben gewesen unter gewaltigen Bergen von Schmerz, Angst und Enttäuschung.

Doch nun fühlte sie sich wieder lebendig und warm, zur Liebe bereit.

Sie drehte sich um, breitete die Arme aus.

»Du bist ja noch immer splitternackt«, sagte sie lächelnd.

»Aus gutem Grund«, erwiderte Ferdinand ernst. »Wie sonst sollte es mir gelingen, meine Frau ganz und gar glücklich zu machen?«

❦

Schloss Ambras, 7. Juni 1567

Das Glück ist in mein Leben zurückgekehrt. An manchen Tagen fühle ich mich so federleicht, als ob ich fliegen könnte.

Ferdinand liest mir jeden Wunsch von den Augen ab – und das Schloss erscheint mir noch immer wie ein wahr gewordener Traum. Bei Tante Kat war ich Gast, auf Burg Pürglitz wie ein Schatz tief im Wald versteckt – hier aber darf ich schalten und walten als Herrin von Ambras.

Ambras – es macht mir nichts aus, dass sich darin das lateinische Wort ›Schatten‹ verbirgt. Unsere Liebe strahlt so hell, dass sie jede Dunkelheit besiegt.

Auch die Kinder scheinen zu spüren, wie gut ihre Eltern sich wieder verstehen. Sogar Andi verzichtet auf sein gewohntes Aufbrausen und kommandiert den kleineren Karl nicht länger ständig herum.

Der Glücklichste von allen aber ist Žit, der sich in die braune Hündin von Küchenmeister Felix Tann verguckt hat, die allerdings beinahe doppelt so groß wie er ist. Tagsüber weicht er kaum noch von ihrer Seite, kommt nur kurz zu mir gelaufen, um wie gewohnt den ersten Bissen zu kosten. Nachts jagen sie gemeinsam durch den Schlossgarten, wie Mariechen mir erzählt hat.

Ich denke, ein Haufen niedlicher schwarzbrauner Welpen wird nicht lange auf sich warten lassen.

Natürlich fällt es mir nicht leicht, mich an all die vielen Menschen zu gewöhnen. Die letzten Jahre in Böhmen waren einsam und still – nun aber wuselt ein wahres Heer von

Personal um mich herum: Knechte, Köche, Burgwächter, Mägde und viele, viele mehr. Schon mir all die neuen Namen zu merken, ist eine Herausforderung, erst recht das Trüpplein schwatzender Hofdamen, das mich plötzlich ständig umgibt.

Alle jung, alle schön, fast alle adelig.

Was sie wohl insgeheim über mich denken, die Bürgerliche, die das Herz des Herrschers von Tirol gestohlen hat?

Am liebsten ist mir die flachsblonde Anni, Freifrau von Vels, die den Rang einer Hofmeisterin einnimmt. Dazu Cäcilia Rorit, einzige Tochter des Hoforganisten, sowie Isabella von Nomi, die ruhig, fromm und verschwiegen ist.

Und natürlich Eva von Schönburg, Karls Frau.

Dabei mochte ich sie anfangs wenig leiden. Rein äußerlich erschien sie mir wie eine Mischung aus Lisi, der Tochter der Brunnenwarts, und der treulosen Dusana: klein, zierlich, mit schwarzen Augen und einem Wust dunkler Haare, die jeder ordentlichen Frisur widerstehen. Eine Amazone im Sattel, am liebsten in den Bergen unterwegs, wo nicht einmal der steilste Gipfel, die entlegenste Alpenwiese vor ihr sicher sind. Die seltensten Blumen und Kräuter bringt sie mit von ihren gefährlichen Ausritten.

Selbst Tante Kat, die Eva früher rigoros abgelehnt hat, lässt sich langsam erweichen.

Auch ich musste mich erst an sie gewöhnen.

In Böhmen kam Eva mir zu laut und schnippisch vor, maßlos in ihren Ansprüchen, zum Aufbrausen neigend.

Inzwischen weiß ich, dass sie andere, leisere Seiten hat.

Klug ist sie, allem Neuen aufgeschlossen, und meine späte Schwangerschaft begleitet sie so anteilnehmend, als sei sie meine leibliche Schwester.

Ob sie sich insgeheim ein Kind wünscht?

Und langsam verzweifelt, weil es sich nicht einstellen will?

Ich spreche es nicht an. Zu genau weiß ich, wie es sich anfühlt, wenn man vergeblich bangt und hofft.

Das Haus in Innsbruck, von dem sie mir mit leuchtenden Augen erzählt, wäre jedenfalls groß genug für eine ganze Kinderschar. Ferdinand hat meinen Bruder Karl zum Erzherzoglichen Rat erhoben und ihnen damit diesen kostspieligen Kauf ermöglicht.

Wie gerne würde ich es einmal sehen – doch fürs Erste werde ich Innsbruck lieber meiden, obwohl inzwischen auch mein lieber Georg dort wohnt, von Ferdinand zum Geheimen Hofrat ernannt.

Die Hofburg bleibt mir damit ebenfalls verschlossen. Nicht einmal das Frauengemach im nördlichen Trakt, in dem stets die Gemahlinnen der Regenten mit ihrem Hofstaat gewohnt haben, werden meine Füße jemals betreten. Ebenso wenig wie den Hofgarten, den Ferdinand gerade in ein kleines Paradies verwandelt.

Denn beileibe nicht alle in der Bevölkerung sind glücklich über mich, ›jene dreiste Buhlin‹, die jetzt in Ambras herrscht, wie Eva mir empört berichtet. Es gibt böse, zutiefst erzürnte Stimmen, die mir spinnefeind sind und sich eine andere, ›würdigere‹ Frau an der Seite ihres geliebten Landesfürsten wünschen.

Was werden sie wohl erst sagen, wenn bald auf Ambras ein weiteres Kind zur Welt kommt – geboren von der ›ledigen Hur‹, wie manche mich nennen?

Meine Lippen müssen auch dann versiegelt bleiben, selbst wenn es mich zutiefst in der Seele schmerzt. Denn unangefochten gilt weiterhin das Verdikt des toten Kaisers. Abgesehen von einer Handvoll ausgewählter Vertrauter darf niemand von unserer heimlichen Ehe wissen …

❈

Schloss Ambras, Juli 1567

Irgendwann hatte Ferdinand damit angefangen, ihr vom Meer zu erzählen. Und obwohl Philippine zunächst eher zerstreut zugehört hatte, drangen seine Worte nach und nach immer tiefer in sie. Bald schon konnte sie gar nicht mehr genug davon bekommen, fragte ihn aus nach Farben, Geräuschen und Gerüchen und wollte alles immer wieder bis in die allerkleinsten Einzelheiten geschildert bekommen.

Er lachte, wenn sie so eifrig wurde, strich über ihr Haar, streichelte den strammen Bauch. Die Schwangerschaft ließ sich nicht länger verstecken. Ganz Ambras wusste inzwischen davon, und es war anzunehmen, dass die Kunde inzwischen auch bis nach Innsbruck gedrungen war.

»Wir werden das Meer zusammen sehen«, sagte er. »Vielleicht sogar schon sehr bald. Dann spritze ich dich nass von

Kopf bis Fuß und küsse anschließend das Salz von deinen Lippen. Von hier bis nach Venedig sind es nicht mehr als ein paar Tagesreisen. Wenn das Kind erst einmal da ist …«

»Du sollst nichts versprechen, was du nicht halten kannst, Ferdinand von Tirol«, fiel sie ihm ins Wort. »Das hab ich dir schon einmal gesagt, als du noch Statthalter in Böhmen warst – und das gilt bis heute.«

»Aber wie könnte ich das nicht einhalten, wo doch die schönste Frau der Welt mein liebendes Eheweib ist?« Stürmisch zog er sie zu sich, doch sie entwand sich ihm.

Seine neu entfachte Leidenschaft schmeichelte ihr. Und doch gab es diese kleine warnende Stimme in ihr, die ihr riet, lieber mäßig zu sein, damit dem Ungeborenen nichts zustieß.

Leichten Herzens ließ sie ihn zurück nach Innsbruck reiten und begab sich in ihre Gemächer, um ein wenig zu ruhen, bis Katharina zurück wäre, die zur Weiherburg geritten war, um ihre Schwester zu besuchen.

Aber sie fand keinen Schlaf.

Nicht einmal Žits Nähe, die sonst stets beruhigend auf sie wirkte, änderte etwas daran.

Etwas drückte ihr auf den Magen, seit Tagen schon, obwohl das Kind noch ausreichend Platz hatte, um ungestört in ihr zu strampeln. Zum ersten Mal, seitdem Philippine in Tirol lebte, flammte die alte Angst wieder auf.

Dusana ist tot, sagte sie sich streng. Ebenso wie Pernstein. Und Lenka kann hier nichts mehr gegen dich ausrichten. Der Teckel hat jeden Bissen gekostet – und ist noch immer munter und fidel.

Trotzdem war sie erleichtert, als Mariechen Eva ankündigte, die mit rosigen Wangen von ihrem Ausritt in die Berge zurück war. Die Schwägerin warf sich in den nächstbesten Stuhl und begann loszusprudeln, bis sie plötzlich innehielt und Philippine besorgt musterte.

»Weiß um die Nase und spitz im Gesicht!«, sagte sie. »Gefällt mir ganz und gar nicht! Was plagt dich, Pippa? Erzähl es mir!«

»Der Magen, denke ich«, sagte Philippine matt. »Das viele Schmalz bekommt mir wohl nicht.«

»Dagegen weiß ich Abhilfe!« Eva sprang auf, lief in die Küche und kam nach einiger Zeit mit einem Becher zurück.

»Auf unseren selbst gebrannten Enzianschnaps musst du ja leider noch einige Zeit warten«, sagte sie. »Aber auch als Tee soll er wahre Wunder wirken – trink!«

»Das riecht ja gallenbitter!« Philippine rümpfte die Nase. »Und besonders appetitlich sieht dein Gebräu auch nicht gerade aus.«

»Hab dich nicht so, meine Liebe. Was gut tut, muss bitter sein. Ich hab den Enzian schließlich eigenhändig gepflückt. Also trink schon!«

»Später«, sagte Philippine. »Vielleicht.«

»Dann ist er eiskalt – und garantiert noch bitterer. Worauf wartest du noch?«

Philippine nahm einen winzigen Schluck, dann noch einen. Danach wanderte der Becher auf den nächstbesten Stuhl.

Was war mit ihr?

Die Lippen wurden taub. Die Übelkeit verstärkte sich.

Außerdem gab es da plötzlich einen stechenden Schmerz in ihrem Leib, der ihr fast den Atem nahm.

»Zum Abtritt – schnell«, rief sie. »Mariechen, so hilf mir doch!«

Die Zofe kam herbeigelaufen, doch Eva stieß sie grob zur Seite.

»Das kann doch ich für sie tun«, rief sie. »Lass mich nur machen!«

Žit, für gewöhnlich der friedlichste Hund, fletschte die Zähne und begann zu knurren. Dann begann er, wütend loszukläffen.

»Dein Teckel muss endlich lernen, sich zu benehmen.« Evas Stiefelspitze traf ihn in die empfindliche Flanke.

Žit jaulte auf, flüchtete unter den nächstbesten Stuhl, um sich in Sicherheit zu bringen. Dabei stieß er den Becher um, und der gesamte Inhalt ergoss sich über Stuhl und Boden.

»Ich werde dir neuen Tee kochen«, rief Eva. »Warte – bin gleich wieder damit zurück!«

»Aber ganz gewiss nicht daraus!«, sagte Katharina, die unbemerkt eingetreten war. Sie bückte sich, nahm eines der Blätter zwischen ihr Kleid, um es nicht mit bloßen Fingern berühren zu müssen, und hob es auf. »Weißt du denn nicht, was das ist, Eva? Das ist die giftige Nieswurz – auch Läusekraut oder weißer Germer genannt. Du musst wahnsinnig sein, so etwas anzubieten.«

»Papperlapapp«, widersprach Eva. Ihre Augen flackerten unruhig. »Was soll dieser Unsinn, den du da von dir gibst? Das ist der gelbe Enzian, aus dem wir unseren Schnaps brennen.«

»Hast du etwa davon getrunken, Philippine?«, fragte Katharina, ohne sich um ihre Einwände zu kümmern. »Pippa? Wie viel hast du getrunken?« Sie nahm ihre Hand, fühlte den Puls.

Inzwischen erfüllte der Schmerz Philippines ganzes Sein, ein Meer aus loderndem Feuer, das in ihr wütete.

Und noch etwas bemerkte sie: blutiges Wasser, das ihr die Beine herunterlief und zu ihren Füßen eine kleine Pfütze bildete.

»Martha wollte ich sie nennen«, brachte sie noch hervor. »Martha von Österreich.«

Dann wurde es schwarz um sie.

❂

Schloss Ambras, Allerheiligen 1567

DER TAG, AN dem die Tür zur Anderwelt besonders weit offen steht, wie die frommen Tiroler glauben. In vielen Fenstern brennen Kerzen. Lebzelten liegen aus, Äpfel. Nüsse. Sogar die Ärmsten zünden Öllampen an, damit die Seelen nach Hause finden.

Meine kleinen Engel sind nun zu dritt. Philipp und Maria haben ein Schwesterchen bekommen.

Manchmal höre ich sie singen, und es klingt in meinen Ohren wie die allerreinsten Harfenklänge, aber ihre Stimmen sind so leise und zart, dass der Wind sie bald schon wieder verweht.

Tante Kat ist nicht von meinem Krankenlager gewichen, abgelöst nur von der Mutter, die vor Sorge um mich ganz faltig und klein geworden ist.

Ferdinand hat seine Angst um mich mit Essen betäubt. Ich habe ihn kaum erkannt, als ich endlich wieder klar bei Verstand war, so rundlich ist er geworden, als müsse sein Leib das Kind wiegen und nähren, das mein Leib verloren hat.

Martha ruht auf unserem kleinen Friedhof.

Ich kann sie nicht besuchen, ohne zu weinen.

Zum ersten Mal seit Wochen ist Eva heute hier, fällt vor mir auf die Knie, fleht mich an, ihr zu vergeben.

Es gibt nichts zu vergeben. Es war ein Fehler, ein entsetzlicher Irrtum, nichts weiter.

Wirst du nicht für alle Zeiten glauben, ich sei die Mörderin deines Kindes?, schreit sie. Mit dieser Last kann und will ich nicht leben!

Kennst du Gottes unergründlichen Plan? Wir müssen annehmen, was er uns schickt.

Sie sinkt in meine Arme, schluchzend, ein Bild der Zerknirschung und des Jammers.

Ich möchte meine kühne Amazone zurück, verlange ich. Komm wieder, Eva, sobald du sie gefunden hast!

Sie schenkt mir ein winziges Lächeln, das ich nicht zurückgeben kann.

Noch nicht.

Und doch gibt es in all der Trauer etwas, das mich aufrichtet: die Apotheke, die ich mithilfe meiner Mutter und Tante Kat ausstatte. Sie hat auch den richtigen Mann gefunden, der sie führen soll, Goran Guaranta. Er stammt aus dem Süden und weiß über Pflanzen und Kräuter noch besser Bescheid als sie, die Frau, die mich geboren hat.

Die neue Offizin wird nicht allein den Bewohnern des Schlosses zur Verfügung stehen. Mein unendlicher Kummer hat mich eines Besseren belehrt. Jeder, der krank wird und in Not gerät, soll uns willkommen sein. Keiner der braven Tiroler muss zum Gesundwerden seine mühsam erbuckelten Kupfermünzen opfern.

Keine Mutter soll leiden müssen.

Kein Kind ohne Hilfe fortgeschickt werden.

Fürs Erste halte ich mich im Hintergrund. Zu viele Gerüchte sind über mich im Umlauf. Die Zauberin, die den Erzherzog durch magische Rituale an sich fesselt.

Die Hexe, die ihr eigenes Kind frisst.

Die Buhlin, der eine gerechte Strafe gebührt.

Sie werden lernen, sich an mich zu gewöhnen, so wie ich lernen muss, mit dieser Leere weiterzuleben, die nun in mir gähnt.

Ferdinand versucht mich zu trösten, indem er mir vom Meer erzählt. Rau soll es sein in dieser Jahreszeit, wild und grau, mit hohen, zornigen Wellen und heller Gischt, die wie ein Schmuckband am Ufer zurückbleibt, die Luft so salzig, dass man den Geschmack im Mund nicht wieder loswird.

Plötzlich hat er wieder Farbe im Gesicht, ist nicht länger matt und fahl. Wie ein Jüngling kommt er mir vor, jemand, der auf große Fahrt gehen will, um der häuslichen Enge zu entfliehen.

Wie könnte ich ihm da sagen, dass die Bilder und Gerüche, die er wortreich heraufbeschwört, für mich bis in alle Ewigkeit mit unserem toten Kind verbunden sein werden?

Draußen fällt der erste Schnee, dünn, wie leichtes weißes Pulver.

Die Toten finden zurück nach Hause.

KAPITEL XII
CHRISTROSE

Helleborus niger
auch genannt Schelmrose, Hainwurz,
Schneekaterl, Christwurz

POSITIVE WIRKUNG: Herzstärkend, hilft gegen »zu kurzen Atem«, reinigt Zähne, heilt Fieber. Als Schnupftabak verwendet.

NEGATIVE WIRKUNG: Ganze Pflanze ist hochgiftig! Auf der Schleimhaut bilden sich Blasen, Schwindel, Ohrensausen, Koliken, Krämpfe, Lähmungen.

Schloss Ambras, Februar 1570

IN DER WEIHNACHTSNACHT hatte die Christrose ihnen als Orakel gedient. Mit erwartungsvollen Gesichtern umringten Philippine und die Jungen, Ferdinand, Katharina, Anna sowie Karl und Georg mit ihren Frauen die hohe Steinvase mit den zwölf Knospen. Jede von ihnen steht, so der Volksglaube, für einen Monat. Bleiben die Knospen geschlossen, so bedeutet das schlechtes Wetter, sind sie jedoch geöffnet, dann ist mit guter Witterung zu rechnen.

Eva von Schönburg war es schließlich gewesen, die die Losung eigenmächtig ausgeweitet hatte. Was für das Wetter gelte, so behauptete sie mit keckem Lachen, das gelte selbstredend auch für die Menschen. Folglich warte im Januar nur Gutes auf sie alle, weil die erste Blüte weit offenstehe, während der Februar durchaus das eine oder andere Missgeschick mit sich bringen könne. Aber erst der Wonnemonat Mai! Eine Blüte so winzig und grün – das müsse sicherlich einiges an Unheil bedeuten …

Warum musste Philippine ausgerechnet jetzt daran denken, wo die Mummerei ihrem Höhepunkt zustrebte?

Vielleicht weil die Schwägerin wieder einmal der glänzende Mittelpunkt des fürstlichen Festes war. Obwohl alle Masken trugen und die Gesichter somit verborgen blieben, stach sie heraus mit ihrem blutroten Kleid, so eng anliegend, dass es ihren geschmeidigen Leib mehr entblößte, als verhüllte. Die dunklen Haare waren mit dünnen Goldfäden verflochten. Brokatschuhe mit waghalsigen Absätzen, in denen sie sich freilich so anmutig zu bewegen vermochte, als sei sie barfuß, brachten ihre grazile Figur perfekt zur Geltung.

Nein, so sah kein Weib aus, das sich grämte, weil es keine Kinder gebären konnte!

Eva wirkte wie die fleischgewordene Sünde, gefährlich und verführerisch zugleich.

Die gesamte anwesende Männerschar lechzte nach ihr. Alle Blicke zog sie wie magisch an. Nicht zum ersten Mal – und gewiss auch nicht zum letzten. Etwas Flirrendes lag in der Luft, halb spielerisch, halb aggressiv, das zur Entladung drängte.

Es änderte nichts daran, dass Philippine genau wusste, woher die kostbare Atlasseide stammte, in der Eva glänzte, ebenso wie das massive Granatkreuz und die schweren Ohrhänger, in denen dunkle Tropfen funkelten. Aus ihren eigenen Truhen hatte sie Karls Frau mit diesen Kostbarkeiten ausgestattet und sich an Evas überschwänglicher Begeisterung gefreut, wenngleich sie inzwischen wusste, wie schnell diese wieder verfliegen konnte. Aus den anfänglichen Leihgaben waren längst Geschenke geworden, weil nichts, was Eva einmal in die Hände bekam, je wieder den Weg zurück zur eigentlichen Besitzerin fand. Wie eine Elster liebte sie alles, was glitzerte und glänzte, und wurde niemals müde, sich damit aufs Prächtigste auszustatten.

Im Vergleich zu ihr, die doch nur drei Jahre jünger war, fühlte Philippine sich unbeweglich und alt. Daran vermochte nicht einmal ihr kostbares Gewand etwas zu ändern, auf das sie sich wochenlang gefreut hatte – ganz im Gegenteil. Die Silberfäden, die es zum Schimmern brachten, als sei es aus

Mondlicht gewoben, machten es beinahe so schwer wie eine Rüstung. Jeder Schritt war eine Anstrengung, die ihr den Schweiß unter die Achseln und auf die Stirn trieb.

Doch Ferdinand war so verrückt nach diesen neumodischen Tänzen aus Italien, die sie mit ihren Hofdamen und den dazugehörigen Herren eingeübt hatte, bis sie sie endlich beherrschten, dass sie ihm die Freude daran nicht verderben wollte. Beim Passamezzo hatte sie noch ganz gut mithalten können, denn er verlangte nur Schritte in gemäßigtem Tempo. Als darauf jedoch der schnellere Saltarello folgte, begann ihr Herz wie wild zu schlagen, und sie wäre beinahe über ihre lange Schleppe gestolpert.

Georg, ihr Tanzpartner, der im Gegenzug seine gertenschlanke Frau Rebekka an den Erzherzog abgegeben hatte, drückte ihre Hand.

»Alles gut, Pippa?«, flüsterte er. »Oder soll ich mich lieber unauffällig nach einem Stuhl für dich umsehen?«

»Geht schon«, murmelte sie zurück. »Muss ja. Später, beim Festmahl, kann ich mich immer noch ausruhen.«

Seit Marthas Tod überfiel sie immer wieder diese beklemmende Kurzatmigkeit, gegen die kein Kraut gewachsen zu sein schien. Ihr Herz schlug gegen die Brust wie ein gefangener Vogel. Füße und Hände waren eiskalt. Doktor Handsch hatte ihr schon vor Längerem eine Medizin aus rotem Fingerhut angerührt, die Philippine jedoch nur widerwillig und äußerst unregelmäßig schluckte, weil sie bitter schmeckte und ihr schwere, dunkle Träume bescherte.

Natürlich wäre es besser für ihre Gesundheit gewesen, weniger zu essen und maßvoll zu trinken, doch davon wollte

Ferdinand nichts hören. Bei jedem seiner Besuche bestand er auf einer überreich gedeckten Tafel, an der zudem vorzügliche Weine kredenzt wurden, vor allem jedoch darauf, diese Genüsse mit seinem Weib zu teilen. Noch spätabends im Bett ließ er sich den letzten Bissen servieren und konnte ausgesprochen übellaunig werden, wenn nicht sofort ein großer Napf fettglänzender Hühnerbrühe zur Verfügung stand, sobald er die Augen aufschlug.

Keine Mahlzeit unter 20 Gängen.

Alles mit Schmalz oder reichlich Butter zubereitet.

Mengen, die einen schier erschlagen konnten.

Manchmal hatte Philippine regelrechte Albträume von gebratenen Kapaunen, geschmorten Hirschen und gefüllten Ochsen, die in Reih und Glied über sie hinweg stolzierten und dabei hämisch krähten, muhten oder röhrten, während ihre Knochen dabei wie Zunder brachen. In ihrer Not hatte sie Annas altes Kochbuch aus Augsburger Tagen herausgekramt und den Küchenmeister beschworen, wenigstens ab und zu einen Blick hineinzuwerfen. Doch Felix Tann hatte nur gelacht und es als ›bürgerliches Fastenbücherl‹ abgetan, ganz und gar ungeeignet für eine Hofhaltung, wo doch jeder anständig satt werden sollte. Sie beschloss, es auf eigene Faust weiterzuführen und einige der Rezepte in der kleinen privaten Kuchl ihres Frauengemachs auszuprobieren.

Die Folia setzte ein – und damit Evas große Stunde.

Karl, ihren Gatten, ließ sie links liegen. Ihr ganzes Interesse galt Adam von Sonnegg, einem schlaksigen Blondkopf mit jungenhaftem Lächeln und fragwürdigen Manieren. Ursprünglich aus Böhmen stammend wie sie, hatte er es zunächst verstanden, sich bei Kaiser Maximilian als Höfling beliebt zu machen – bis er Wien von einem Tag auf den anderen verlassen musste, so zumindest lauteten die Gerüchte. Über die wahren Gründe konnte man nur spekulieren, doch ganz offenkundig übten weibliche Reize eine große Anziehungskraft auf ihn aus.

Hingerissen von der feurigen Dame in Rot, sprang er so eifrig mit Eva herum, als seien sie ausgelassene Kinder, die sich um nichts scheren mussten. Die anderen Tänzer vermochten diesem Tempo nicht lange zu folgen. Bald schon war die korrekte Gasse aufgelöst. Die meisten blieben stehen und schauten Eva und dem gelenkigen Grafen zu.

Irgendwann streifte sie die Schuhe ab und tanzte barfuß weiter. Das Kleid war ihr halb von der Schulter gerutscht und entblößte helle, feste Haut. Ihre Brüste senkten und hoben sich unter dem dünnen Stoff, sie lachte kehlig und warf die Haare zurück. Es gab keinen Mann im Festsaal, der sie nicht angestarrt hätte.

Als die Musik endete, ließ sie sich halb aufgelöst auf den nächstbesten Stuhl sinken.

»Auf der Stelle sterben könnte ich!«, rief sie. »So wunderbar ist das Leben.« Den Inhalt des Weinpokals, den Sonnegg ihr mit einer kleinen Verbeugung reichte, stürzte sie in einem Zug hinunter, als sei es klares Quellwasser. »Willst du nicht auch mit uns trinken, Pippa?«

Philippine blieb stumm.

Zu genau wusste sie inzwischen, was diesem Höhenflug unweigerlich folgen würde – Katzenjammer, der mindestens zwei Tage andauern und über kurz oder lang erneut vor ihren Truhen enden würde, wo Eva wie ein kleines Mädchen um das nächste Spielzeug bettelte.

Und Karl?

Manchmal tat es ihr in der Seele weh, wie gut er wegzuschauen vermochte. Oder tat er das in Wirklichkeit gar nicht, und das Paar betrieb ein waghalsiges Spiel, bei dem es nur Verlierer geben konnte?

Maßlos waren sie beide, daran gab es keinen Zweifel, gierig ebenso nach Silber und Anerkennung wie nach Macht und Einfluss.

Bereute Eva inzwischen, sich mit einem Bürgerlichen begnügt zu haben, und wenn der 1000-mal der Schwager des Erzherzogs war – wo ihr jetzt doch ein ganzes Heer junger, gut aussehender Adeliger zur Verfügung gestanden hätte, alle nur zu begierig, nach ihrer Pfeife zu tanzen?

Und waren es nicht eben diese Gründe, die Karl immer noch weiter antrieben, ihn bleich und ruhelos machten, obwohl er als Hofrat keinerlei Sorgen mehr haben müsste?

Sie wartete ab, bis die Volta angestimmt wurde, traditionsgemäß der letzte Tanz, bevor der große Festschmaus beginnen sollte. Ferdinand hatte darauf bestanden, dass alle Gäste des Abends als antike Gottheiten kostümiert waren. Katharina von Loxan war als Hera in schwerer, weißer Seide erschienen, während Anna Welser unpässlich war und sich für den Maskenball hatte entschuldigen lassen. Philippines silbernes Gewand und Maske sollten Artemis darstellen, wenngleich ihre rundliche Figur nicht mehr ganz der jungfräulichen Jägerin entsprach, während Eva selbstredend Aphrodite verkörperte. Karl war als tiefschwarzer Hades verkleidet – und ähnlich düster schien auch seine Stimmung.

»Ich werde ihrer nicht mehr Herr«, begann er zu lamentieren, kaum hatten sie die ersten Schritte gemacht. »Siehst du denn nicht, wie sie sich jetzt schon wieder aufführt? In aller Öffentlichkeit setzt sie mir Hörner auf!«

»Eva meint es nicht so«, sagte Philippine und klang wenig überzeugt. »Du weißt doch, wie sie ist!«

»Und ob ich das weiß! Inzwischen kann ich sogar verstehen, dass Vater weggegangen ist. Manchmal muss ein Mann eben seine Entscheidungen treffen.« Er machte einen Satz zur Seite, als wolle er sich auf Eva stürzen.

Philippine krallte sich in seinen Arm.

Einen öffentlichen Skandal während seiner geliebten Mummerei würde Ferdinand dem Schwager niemals verzeihen. Die beiden mussten andere Wege finden, um ihre Schwierigkeiten zu lösen.

»Muss er das?« Ihre Stimme klang plötzlich scharf. »Spricht jetzt wieder der Herr der Gezeiten, der alles weiß und alles kennt? Eine Springwurzel, die dir den Weg zu unermesslichen Schätzen öffnet, lieber Bruder, wirst du vermutlich nicht finden!«

»Was willst du damit sagen?«

»Nun, im Kontor von Onkel Bartholomé hast du es ebenso wenig ausgehalten wie später bei den Nürnberger Welsern. Burg Pürglitz war dir zu eng und abgeschieden, der Hof zu Prag wiederum erschien dir als Ratten- und Natterngrube, wenn ich deine eigenen Worte wiederholen darf. Jetzt bist du hier in Tirol ansässig, darfst dich Hofrat nennen, bekommst

Geld, damit du ein angenehmes Leben führen kannst, und hast zudem ein Weib an deiner Seite, um das alle dich beneiden. Was willst du noch? Weißt du das eigentlich selbst?«

Er blieb still, setzte weiterhin scheinbar konzentriert Schritt um Schritt.

»So siehst du das also, Pippa«, sagte er schließlich kleinlaut.

»Allerdings«, sagte sie. »Wir haben nur die Menschen, mit denen wir leben, und mit denen müssen wir auskommen. Alles andere sind Traumgespinste, Wahnvorstellungen, die nichts als Unglück bringen. Du kannst nicht alles haben, Karl. Keiner kann das. Ich denke, du bist inzwischen alt genug, um das endlich zu begreifen.« Ihre Stimme wurde weicher. »Sprich dich aus mit deiner Frau! Sorge dafür, dass sie sich anständig aufführt. Und tu selbst deinen Teil dazu – mehr gibt es für mich nicht dazu zu sagen.«

Damit ließ sie ihn stehen und ging Ferdinand entgegen, der am anderen Ende der Gasse gerade seine Dame verabschiedete.

»Hast du auch solch einen Riesenhunger wie ich?«, sagte er, bevor er seine Maske abstreifte, heute ausnahmsweise mal nicht als Göttervater Zeus gewandet, sondern als Meeresbezwinger Poseidon, der große bläuliche Schuppen auf seinem Seidenmantel trug. Den Dreizack, eigenhändig in der Schlossschmiede gefertigt, übergab er einem Diener.

»Und wie!«, sagte sie lächelnd und ließ sich von ihm zur Tafel führen.

Schloss Ambras, 9. Mai 1570

Die Seele braucht ihre Zeit, um zu heilen.
Niemals habe ich diesen Satz besser verstanden, als in diesen Tagen. Nach außen hin bin ich ganz die Alte: freundlich, fürsorglich, eine Frau, die wieder lächeln kann und ein offenes Ohr für die Sorgen und Nöte der anderen zeigt.

Hat nicht Ferdinand das Recht auf eine heitere Gefährtin, die ihm die Sorgen von der Stirn küsst?

Eine ganze Weile hat er meine Trauer treu begleitet, dann jedoch sich mehr und mehr zurückgezogen, als könne er das Dunkel nicht länger ertragen. Beinahe hätte ich ihn verloren, hätte Tante Kat mich nicht gerade noch zur Vernunft gebracht.

Er kann nicht fühlen wie du, Pippa. Er ist ein Mann. Ihre Körper verändern sich nicht. Sie wissen nichts.

Aber sie war doch auch sein Kind!

Er hat zwei gesunde Söhne. Und du auch. Oder hast du das schon vergessen?

Ihre Worte waren für mich wie ein Aufwachen, ein Emportauchen aus tiefem Grund.

Seitdem gehe ich mit anderen Augen durch das Schloss, und auch Andreas und Karl scheinen das zu spüren, obwohl in ihrem Leben derzeit wenig Raum für eine Mutter ist, die nicht mehr lange im Sattel sitzen kann, weil ihr das Herz sonst bis zum Hals schlägt.

Meine Söhne werden keine großen Gelehrten, das ist schon jetzt abzusehen, wiewohl verschiedenste Hauslehrer sich redlich mit ihnen plagen. Onkel Bartholomé würde sich das spärliche Haupthaar raufen, könnte er sie bei ihrem Stümpern sehen. All das Lob, das er mir einst gespendet hat, würde er ihnen kaum zollen.

Natürlich erhalten sie Unterricht in Grammatik, Rhetorik, Dialektik, Musik und Astronomie sowie Arithmetik und Geometrie. Wozu das allerdings nötig sein soll, weiß ich noch nicht so genau. Zum Lesen sind sie oft zu faul, und auch Rechenkünste besitzen die beiden nicht gerade im Übermaß. Darin kommen sie wohl nach ihrem Vater, dem es schwerfällt, mit Geld sinnvoll umzugehen, und der am liebsten alles verprasst, bis die Kassen blank sind.

Im Schriftlichen sind Andreas und Karl so unbeholfen, dass mir manchmal ganz bang wird, wie sie später einmal ihre Korrespondenzen führen sollen. Sie werden Bedienstete brauchen, die das für sie erledigen, wenn sie sich nicht öffentlich blamieren wollen. Wenigstens sprechen sie drei Sprachen leidlich – Deutsch, Italienisch und Tschechisch. Ihr Latein dagegen ist noch immer so mangelhaft, dass ich es lieber erst gar nicht erwähne.

Ernst von Rauchenberg, Kämmerer zu Ambras, scheint noch am ehesten Zugang zu ihnen zu finden. Er spornt sie an, sich körperlich zu ertüchtigen, leitet sie im Pallone-Spiel an, wo es darum geht, den Ball richtig zu schlagen. Außerdem unterweist er sie im Schach. So lernen sie zu begreifen, was Taktik ist, und dass man beileibe nicht immer gewinnen kann, sondern oft auch verliert. Es fällt ihnen schwer, das einzusehen, vielleicht, weil sie sich von frühester Kindheit an innerlich zurückgesetzt gefühlt haben.

Am liebsten üben sie mit Adam von Sonnegg, Evas ständigem Verehrer, den sie anbeten, weil er ihnen das Kämpfen beibringt. Manchmal bleibt mir schier das Herz stehen, wenn er sie in ihren Kinderharnischen mit Lanze und stumpfem Schwert gegeneinander antreten lässt.

Keine ungefährliche Angelegenheit.

Sie verletzen sich, bekommen blaue Flecken, Wunden, Verstauchungen, mein kleiner Karl einmal sogar eine leichte Gehirnerschütterung.

Doch Adam lacht nur, wenn sie sich über ihre Blessuren beklagen.

Wer ein Ritter werden will, der muss früh beginnen.

Besonders Karl hängt an Adams Lippen, als fließe aus ihnen das Manna des Himmels.

Auch Ferdinand hat den jungen Adeligen gern um sich, findet ihn freundlich und hell, während ich ihm gegenüber weiterhin zurückhaltend bleibe.

Groß sind meine Jungen geworden, innerhalb weniger Monate aus Schuhen und Kleidern herausgewachsen – und sie fangen an, Fragen zu stellen, die mir wenig behagen.

Warum sind wir keine Prinzen?

Wieso wohnen wir nicht in der Hofburg?

Weshalb dürfen wir niemals zum Vater nach Innsbruck?

Die Erbfolge bleibt ihnen verwehrt; die Reichtümer des Hauses Habsburg, bis auf eine Apanage, sind ihnen verschlossen. Wandeln sie später einmal auf Freiersfüßen, werden sie wegen der heimlichen Heirat ihrer Eltern offiziell als Bastarde gelten, denen kein Mädchen aus höchsten Kreisen jemals die Hand reichen mag.

Schloss Ambras, das mich umschließt wie ein schützender

Kokon, ist für meine Söhne wie eine juckende Haut, die sie abstreifen werden, weil sie ihnen bald zu eng sein wird.

Ich liebe sie so sehr, dass ich manchmal weinen muss. Sie sind alles, was mir geblieben ist, meine Augensterne.

Mein Leben.

Würde ihnen etwas zustoßen, keinen einzigen Atemzug mehr möchte ich tun …

Ja, da ist sie wieder, meine alte Angst, jemand könnte mir oder den Meinen etwas zufügen!

Ich kann nicht einmal genau sagen, wann sie wieder aufgetaucht ist. Vielleicht am Grab unserer letzten Tochter, vielleicht aber auch schon früher. Mittlerweile denke ich, sie hat mich niemals wirklich verlassen, sondern sich lediglich zusammengerollt wie eine giftige Schlange am Grund eines Schachts, um bei der nächsten Gelegenheit erneut emporzuschnellen.

Dusana ist mir nicht bis an den Inn gefolgt.

Zumindest war ich bislang davon überzeugt.

Was aber, wenn sie tückischerweise nur andere Gestalt angenommen hat, um mich doch noch ins Verderben zu führen?

Denn ich glaube in letzter Zeit immer wieder ein unheimliches Sirren zu hören, sobald nachts Ruhe im Schloss einkehrt, ein harter, hässlicher Ton, der mir durch und durch geht.

Eine Warnung vor dem, was da kommen mag?

Denn der 5. Monat des Jahres, der großes Unheil verheißt, ist noch nicht vorbei …

Ich bin aufmerksam. Mehr denn je.

Und Mariechen, meine treueste Stütze, wacht über mich mit Argusaugen.

Aber reicht das auch aus?

Das Schloss ist so groß, der Hofstaat derart umfangreich, dass ich mir die einzelnen Gesichter kaum einprägen kann. Ferdinand sammelt Menschen nicht anders, wie er mit Bildern, Rüstungen und Raritäten verfährt. Doch kaum sind sie in seinen Diensten, hat er die meisten davon schon wieder vergessen, so wie unseren Hofzwerg Thomele, den kleinen Mann mit den traurigsten Augen, die ich jemals gesehen habe.

Allerdings kann auch mein geliebter Mann Wesen aus Fleisch und Blut weder in Kisten verpacken noch in dunklen Ecken lagern. All diese Stalljungen, Pferdeknechte, Sänftenträger, Bademägde, Küchenhilfen, Waschfrauen und welch anderen Tätigkeiten sie im Einzelnen auch immer nachgehen mögen, müssen untergebracht, ernährt und verpflegt werden.

Der Schornstein geht niemals aus. Unentwegt wird auf Ambras gekocht, gebrutzelt, gebraten – und gegessen!

Žit verrichtet sein heiliges Amt dabei nach wie vor.

Er hat sogar Gesellschaft darin bekommen. Einer seiner Söhne aus dem ersten Wurf ist bei mir geblieben, ein freundlicher, brauner Geselle mit kurzen Beinen und gebogener Rute, den ich Veit genannt habe. Er ist ebenso neugierig wie der Vater, aber nicht ganz so mutig, dafür sanft, noch liebesbedürftiger.

Kaum betrete ich meine Räume, wedelt er mir schon freundlich entgegen. Ihm kann ich alles ins Ohr flüstern, was mich bedrückt, all meine Sorgen, Ängste, alle meine Nöte.

Veit, mein kleiner Freund, legt seine kühle Schnauze auf mein Knie und sieht mich aus treuen Augen an.

❋

Schloss Ambras, Mai 1570

SIE FAND GORAN GUARANTA in der Offizin, den kantigen Kopf tief über den Mörser gebeugt. Katharina stand hinten am Regal und ordnete Tiegelchen und Fläschchen.

»Gut, dass Ihr endlich da seid, Herrin«, brummte der Apotheker. »Der Strom der Kranken und Hilfsbedürftigen wollte heute gar nicht mehr abreißen! Und was wir alles hatten: Kinder mit Fraisen, einen Mann mit einem Augenleiden, zwei Frauen mit Magenbeschwerden, eine Rippenfellentzündung – und vieles, vieles mehr!«

»Es scheint sich langsam herumzusprechen, dass ihnen hier geholfen wird«, sagte Philippine. »Doch noch immer schrecken manche vor Ambras zurück – dem Schloss der Buhlin.« Ihre Stimme klang plötzlich bitter. »Glauben sie vielleicht, meine Sünde würde auch sie vergiften?«

»Lass die Leute doch glauben, was sie wollen!«, sagte Katharina. »Immer mehr Dankesschreiben trudeln ein. So mancher muss sogar teuer dafür bezahlt haben, weil er selbst gar nicht schreiben kann. Sieh doch nur einmal!«

Sie hielt ihr einige verknitterte Blätter unter die Nase.

»An die Hochwohlgeborene Freifrau von Zinnenberg«, las sie Philippine vor. »Mein liebs Kind, das schwer die Masern gehabt, ist wieder wohlauf dank Eurer Medizin. Werde in der Franziskanerkirche zu Innsbruck eine schöne Kerze für Euch anzünden.«

Katharina lächelte.

»Einige reden dich auch ganz direkt an. So wie diese Frau: ›Philippine, hast mich von der Zahnfäule befreit. Bist für mich der Engel von Ambras. Vergelt's dir Gott.‹ Kürzer und treffender könnte man es kaum ausdrücken!«

»Wir sollten trotzdem erwägen, selber zu den Kranken zu gehen«, sagte Philippine nachdenklich. »Damit könnten wir noch mehr Menschen gesund machen. Bis in die entlegenen Weiler freilich vermag ich nicht mehr zu kraxeln. Das müsste schon Eva besorgen. Aber bis nach Aldrans, ja, das wäre auch für mich möglich!«

»Eva?« Katharina spuckte den Namen aus wie eine faulige Frucht. »Vergiss es!«

»Du magst sie noch immer nicht?«

»Sie hat mir nie sonderlich gelegen. Eine Weile hab ich mich bemüht, sie mit deinen gutmütigen Augen zu sehen, doch damit ist es jetzt vorbei. Sie macht meinen Neffen zum Hahnrei, so ungeniert, wie sie in aller Öffentlichkeit mit diesem Grafen herumtändelt. Und Ferdinand und dich nützt sie schamlos aus mit ihren unendlichen Wünschen und Forderungen.«

»Ach, sie ist doch nur ein Kind, ein launisches, verzogenes, manchmal allerdings äußerst entzückendes Kind ...«

»Kinder sind nicht hinterhältig und affektiert, es sei denn, die Erwachsenen machen sie dazu. Ich wünschte, du hättest eine andere Vertraute – nicht diese Natter, die du an deinem Busen nährst!«

Nicht zum ersten Mal, dass sie etwas Negatives über Eva äußerte, doch so unmissverständlich wie heute hatte Katharina sich noch nie zuvor ausgedrückt. Etwas Kaltes kroch in Philippine hoch, das sie schon einmal gestreift hatte.

Doch dann schob sie es wieder weg.

»Ich werde mit ihr reden«, sagte sie. »Versprochen! Und ich bin sicher, sie wird einsehen, dass sie sich ändern muss. Aber jetzt brauche ich erst mal eine ordentliche Prise Christrose. Unseren armen Burghauptmann Iphofer hat die Krätze befallen. Ganz blutig hat er sich gescheuert! Ich hab ihm gesagt, dass er um ein ausgiebiges Bad im Zuber nicht herumkommen wird, was ihm ganz und gar nicht gefallen hat. Hinterher soll er seine Haut dünn mit diesem Pulver einreiben. Das wird den Ausschlag vertreiben.«

Guaranta legte seinen Mörser weg und öffnete die entsprechende Schublade.

Seine Augen weiteten sich vor Entsetzen.

»Leer!«, sagte er. »Ratzeputz leer – seht selbst. Dabei hab ich erst Anfang der Woche unseren gesamten getrockneten Vorrat zerstoßen.« Plötzlich sah er zerknirscht aus. »Gestern Morgen war nicht abgeschlossen, als ich zur Apotheke kam. Ich muss es wohl am Vorabend vergessen haben.«

»Somit könnte jeder auf Ambras das Gift an sich genommen haben«, sagte Philippine nachdenklich. »Jeder, der einem anderen etwas Böses will.«

»Wir sollten die Leute einzeln befragen«, sagte Katharina,

um gleich darauf den Kopf zu schütteln. »Nein, das würde nichts bringen. Wer das getan hat, wird es niemals freiwillig gestehen.« Sie berührte den Arm ihrer Nichte. »Du musst noch vorsichtiger sein als bisher. Versprichst du mir das, Pippa?«

»Ich werde vorsichtig sein«, sagte Philippine. »Außerdem habe ich zwei unbestechliche Gefährten, die mir dabei helfen.«

Nachdenklich stieg sie die Stiege zu ihren Gemächern hinauf.

Alles blieb still, als sie oben angelangt war. Kein fröhliches Bellen, wie sie es sonst von Veit gewohnt war.

Sein Fressnapf war noch halb voll. Ungewöhnlich, weil er sich sonst über alles hermachte, was zwischen seine Kiefer passte.

Sie war schon halb vorbei, als sie plötzlich stehen blieb.

Wieso schimmerten diese Fleischbrocken so seltsam grünlich?

Weil jemand sie mit Pulver bestäubt hatte, sagte eine unbarmherzige Stimme in ihr.

Jemand, der deinem Liebling schaden wollte.

Und damit auch dir.

»Veit?« Jetzt schrie sie. »Veit? Žit? Wo seid ihr? Veit? Žit, bei Fuß, alle beide!«

In wilder Panik stolperte sie durch die Räume – und wäre um ein Haar über das leblose Bündel gestürzt, das auf der Schwelle zu ihrem Schlafgemach lag.

Die Augen gebrochen, das Maul halb geöffnet.

Eine dünne grünliche Spur von Erbrochenem kringelte sich neben ihm.

»Veit!« Tränen liefen über ihre Wangen. »Mein lieber Kleiner. Was haben sie nur mit dir gemacht?«

Leblos lag er in ihren Armen, während sie stoßweise schluchzte.

Erst nach einer Weile spürte sie, wie ein warmer Tierkörper sich zärtlich an sie drückte.

Dann begann Žit, ihre Hand zu lecken.

KAPITEL XIII
ROTER FINGERHUT

Digitalis purpurea
auch genannt Fingerpiepen, Handschuhkraut,
Potschen, Fingerhut des Teufels

POSITIVE WIRKUNG: Klassisches Herzmittel, erhöht Pumpleistung des Herzmuskels, schwemmt Wasserstau aus. Abkochungen der Blätter fördern Wundheilung und helfen bei Depression.

NEGATIVE WIRKUNG: Eine der stärksten Giftpflanzen! Bei zu hoher Dosierung Übelkeit, Erbrechen, Blaufärbung der Lippen, Herzstillstand.

Schloss Ambras, August 1572

»Sigismund ist tot. Jetzt soll ich König von Polen werden!«
Wie ein Geist stand Ferdinand mitten in der Nacht vor Philippines Bettstatt. Die brennende Kerze in seiner rechten Hand warf seltsame Schatten auf sein Gesicht.
»Wer ist tot?«, murmelte sie schlaftrunken. »Welcher König?«
Pini, die weiße Spitzhündin, die Eva ihr als Geschenk aufgedrängt hatte, um sie den Tod des kleinen Veit vergessen zu machen, erhob sich nur widerwillig vom Fußende. Als Vorkosterin taugte sie rein gar nichts, so heikel und rasch irritierbar, wie sie war. Und dennoch hatte sie es binnen Wochenfrist in Philippines Bett geschafft, während Žit nach wie vor mit dem Holzboden vorlieb nehmen musste.
Inzwischen schluckte Philippine regelmäßig die bittere Arznei des Leibarztes. Ferdinand hatte ihr für das braune Medizinfläschchen eine kostbare Hülle aus feinstem Schwazer Silber schmieden lassen, besetzt mit weinroten Karfunkelsteinen. Die meiste Zeit trug sie es bei sich und hielt es nachts sogar unter dem Kopfkissen bereit, falls eine Attacke sie überfallen sollte. Und dennoch jagte ihr Puls, sie musste husten, sobald sie sich anstrengte, und ihre einstmals makellosen Beine verunstalteten hässliche Ödeme. Manchmal war der Druck auf die Leber so stark, dass sie befürchtete, das empfindliche Organ könne im nächsten Augenblick platzen, doch Doktor Handsch hatte ihr versichert, dass diese Angst unbegründet war.
»Sigismund, mein Schwager. Der Witwer meiner Schwester Katharina. Loswerden wollte er sie noch zu Lebzeiten. Er hat

sogar versucht, sie als verrückt erklären zu lassen – nur weil sie ihm keine Kinder geschenkt hat. Aber konnten das etwa seine anderen Frauen? Zwei meiner Schwestern hat dieser Unhold verschlissen! Ich weiß noch genau, wie ich ihm meine Schwester Elisabeth als Braut zugeführt habe. Wie jung und zart sie damals war, kaum 16 Jahre alt. Wie ein Opferlamm hab ich sie zur Schlachtbank geführt – in eine kalte Ehe, ohne eine Spur von Liebe oder wenigstens Mitgefühl.« Seine Stimme drohte zu kippen. »Kaum zwei Jahre später war sie tot. Wie gern hat sie früher gesungen! Als ich noch ganz klein war, konnte ich keine Nacht einschlafen, ohne Lisi gehört zu haben. Doch ihre helle Stimme ist seit Langem für immer verstummt.«

Philippine rieb sich den Schlaf aus den Augen.

»Ich verstehe, wie traurig dich das alles machen muss«, sagte sie. »Du hast deine Schwestern sehr geliebt …«

»Ja, das habe ich.« Seine Tränen begannen zu fließen. »Kathie und Lisi, beide waren sie schwach, nicht ansatzweise so stark wie du …« Er weinte heftig.

»Du musst nicht reden, wenn du nicht willst«, sagte sie sanft.

»Ich will aber!« Ferdinand klammerte sich an sie wie ein Kind, das den Donner fürchtet. »An der Fallsucht haben sie gelitten«, murmelte er. »Manche nennen es auch die Heilige Krankheit. Wissen diese Dummköpfe überhaupt, was sie da sagen? Was in aller Welt sollte schon heilig daran sein, wenn man plötzlich Schaum vor dem Mund bekommt, der Länge nach hinschlägt und alles unter sich lässt?«

Philippine umschlang ihn fester. Er schmiegte sich in ihre Arme.

»Sie waren nicht viel wert, verstehst du?«, fuhr er fort. »Ja, sie waren Habsburger Prinzessinnen und Kaisertöchter dazu, und doch musste man wegen ihrer Krankheit froh sein, dass Sigismund sie genommen hat. Doch geliebt hat er weder die eine noch die andere. Katharina hatte manchmal sogar Angst, er würde sie umbringen lassen, so sehr haben die beiden sich schon bald gehasst. Zum Glück hat der Tod sie vor wenigen Monaten von diesen Qualen erlöst. Ich wünschte so sehr, meine Schwestern hätten ein anderes, glücklicheres Leben gehabt – ein Leben, wie wir beide es führen können!«

»Du konntest sie nicht davor schützen. Dem Schicksal kann keiner entkommen.«

Zuerst schüttelte er den Kopf. Dann nickte er.

»Und jetzt wollen sie dich zum König von Polen machen«, fuhr sie fort. »Wie genau soll das vor sich gehen?«

»Maximilian sagt, es sei meine heilige Pflicht, unserem Geschlecht zu dienen. Die Schwestern hätten ihren Teil dazu beigetragen. Jetzt bin ich an der Reihe.«

Pini begann schrill zu kläffen und wurde erst wieder ruhig, als eine Geste Philippines ihr anzeigte, dass sie zurück ans Fußende durfte.

»Welche Bedingungen sind daran geknüpft?«, sagte sie äußerlich ruhig, während ihr Herz immer schneller schlug. Sollte sie noch einen Schluck von der Medizin trinken, damit es nicht wieder in Raserei verfiel?

Sie hatte heute schon ihre verordnete Dosis intus. Handsch hatte sie beschworen, ja nicht zu viel auf einmal zu nehmen, weil sie sonst mit ihrem Leben spiele.

»Eine Ehe«, erwiderte er bitter. »Was sonst? So ist sie

nun einmal, die schlaue Politik des Hauses Habsburg. Was du nicht erobern kannst, das heirate. Es geht um Anna, die Letzte der Jagellonen. Fast 50 ist sie inzwischen und soll so lange Barthaare haben wie ein alter Grundelfisch.«

Philippine musste schlucken, bevor sie antworten konnte.

»Und selbst wenn sie 20 wäre und schöner als Sonne und Mond zusammen«, sagte sie. »Du hast bereits eine Frau. Oder sollte ich mich da etwa täuschen?«

»Nein, da täuschst du dich nicht. Du bist mein angetrautes Weib. Und der Kaiser weiß das ganz genau!«

Er sprang so heftig auf, dass die Hündin erschrak und ihrerseits auffuhr. Mit gesträubtem Fell schoss sie dem vermeintlichen Angreifer entgegen und schnappte nach seinem Finger.

»Verdammtes Viehzeug!«, schrie Ferdinand, als sein Blut auf das Bettzeug tropfte. »Wie oft hab ich dir das schon gepredigt? Hunde gehören in den Zwinger – und nicht ins Bett.«

»Ich kann dir rasch einen Verband machen.« Philippines Stimme zitterte. »Oder Blätter von Hirtentäschel auflegen ...«

»Ich soll dich verstoßen.« Wie von Sinnen packte er sie an der Schulter und begann sie heftig zu schütteln. »Das und nichts anderes verlangt er von mir – mein eigener Bruder, der in seinem kümmerlichen Dasein niemals die Früchte wahrer Liebe gekostet hat. Was muss nur in seinem kranken Schädel vorgehen, dass er mir so etwas überhaupt vorschlägt? Welch Scheusal hat unsere fromme Mutter da geboren!«

»Und wirst du es auch tun?«, wisperte sie.

»Dich verlassen? Lieber sterbe ich. Die abgestandene Anna von Polen und ihren Thron mag bekommen, wer auch immer will – ich bin und bleibe der Ehemann meiner Philippine!«

❋

Schloss Ambras, 17. August 1572

INZWISCHEN WEISS ICH mehr über diese unselige Angelegenheit – und bin noch bedrückter als in jener ersten Nacht.

Ich habe mich getäuscht – gründlich getäuscht.

Der Hof zu Wien denkt nicht daran, Ferdinand und mich in Ruhe und Frieden das Leben führen zu lassen, das wir uns erwählt haben.

Und das ist noch lange nicht alles.

Mag Pernstein in seinem Sarg vermodern, mögen andere Verschwörer gegen mein Leben bislang erfolglos geblieben sein, ich bin der Dorn, der tief im Herzen des Kaisers steckt, mag er nun Ferdinand heißen, wie der Vater meines Geliebten, oder Maximilian, wie sein älterer Bruder, der nun das Reich regiert.

Ich bin ihnen im Weg, ein großes Hindernis für die Politik, der jeder aus dem Haus Habsburg sich zu beugen hat, ob Mann oder Frau. So brauche ich mir wohl auch nicht länger den Kopf zu zermartern, wer meinen unschuldigen kleinen Veit auf dem Gewissen haben könnte.

Wiewohl das Gesicht des Täters verschleiert geblieben ist, führen für mich alle Spuren nach Wien.

In die Hofburg.
Wie weit würden sie gehen, um mich zu beseitigen?
Und ist längst nicht nur mein Leben gefährdet, sondern auch das meiner Söhne?
Meiner Mutter?
Meiner Brüder?
Mir wird klamm zumute, während ich diese Zeilen niederschreibe.

Pini liegt in meinem Schoß, leise schnarchend, während es sich der brave Žit auf meinen nackten Zehen gemütlich gemacht hat. Der August ist so heiß und drückend, dass ich kein Leder, keinen Stoff mehr ertrage, der meine Füße beengt. Wie die einfachste Dienstmagd gehe ich barfuß im Schloss herum, dankbar um jeden Steinboden, der noch ein Restchen Kühle gespeichert hat.

Meine Knöchel haben nahezu den doppelten Umfang wie früher.

Die Waden sind dicker als bei Sennerinnen.

Nachts schlafe ich unruhig, muss einige Male zum Leibstuhl. Bei den Mahlzeiten bin ich ohne Appetit, wenngleich mich wenig später ohne Vorwarnung beißender Heißhunger überfallen kann. Dann schlinge ich hinunter, was die Tafel zu bieten hat, um meine Gier schon kurz darauf mit Völlegefühl und schlimmer Übelkeit büßen zu müssen.

Die Ärzte gehen ein und aus bei mir, nicht nur Handsch, sondern auch sein Lehrer Pietro Mattioli. Doch selbst dieser kluge, heilkundige Mann, der alles über Botanik weiß, vermag meine Beschwerden bislang kaum zu lindern.

Was ist noch übrig von der strahlenden, leichtfüßigen

Pippa in knisternder taubenblauer Seide, in die Ferdinand sich einst Hals über Kopf verliebt hat?

Habe ich angesichts meiner angeschlagenen Gesundheit das Recht, ihm den polnischen Thron zu verweigern?

Von mir trennen wird er sich nicht, dafür liebt er mich zu sehr. Müsste ich deshalb nicht selbst Hand an mich legen, um ihm den Weg zum Thron freizumachen?

Es wäre denkbar einfach. Meine Medizin aus dem Fingerhut des Teufels, wie der Volksmund diese Pflanze nennt, ist äußerst giftig. Eine Portion zu viel, nein, besser noch zwei oder drei, um wirklich sicherzugehen – und meine müden Augen würden sich für immer schließen.

Doch was käme danach?

Selbstmördern drohen schlimmste Höllenqualen, so und nicht anders habe ich es von Kindesbeinen an gelernt. Verdammnis erwartet sie. Verzweiflung. Vernichtung. Für alle Zeiten sind sie geschieden von den Seligen, die nach dem Jüngsten Gericht zum Himmel auffahren.

Damit wäre ich auf ewig von Ferdinand getrennt! Und von meinen geliebten Engeln, die im Himmel schon auf mich warten.

Oder gibt es doch Ausnahmen?

Geboren aus Liebe, aus Not, aus dem unbedingten Wunsch, den anderen glücklich zu machen, auch wenn man selbst dabei zugrunde geht?

Mir fehlt eine Seele, der ich mich anvertrauen könnte.

Tante Kat, gerade erst zum katholischen Glauben konvertiert, fällt ebenso aus wie meine Mutter, die zudem seit Längerem kränkelt und ihre geliebten Berge derzeit nur noch vom Stubenfenster der Weiherburg aus betrachten kann.

Georg weilt im Schwäbischen zur Kur, auch er bei Weitem nicht so gesund, wie ich es mir von Herzen wünschen würde. Seine zarte Rebekka, die mir von unterwegs zwei zutiefst besorgte Briefe geschrieben hat, kann ich mit solch schweren Themen ebenso wenig belasten.

Karl erstickt in Schulden, die Eva weiterhin aufhäuft, so leichthin und unbefangen, als sei sie eine Biene, die zum Honigsammeln von Blüte zu Blüte fliegt.

Unseren Beichtvater Pater Gampasser, der aus Innsbruck zu uns heraufkommt, wage ich nicht darauf anzusprechen. Dabei wäre er der einzig Richtige, der mir einen Rat geben könnte.

Aber was müsste der fromme Mann dann von mir halten?

Dass ich nach und nach den Verstand verliere, eine verlorene Seele, die unaufhaltsam andere mit ins Verderben zieht?

Ich möchte nicht mehr daran denken – und muss es doch immer wieder.

Wie sehr ich diese schwarzen, diese verzehrenden Irrgänge meines Kopfes hasse! Und doch kann und kann ich sie nicht mehr loslassen.

Das Gift kreist in meinen Adern …

❦

Schloss Ambras, September 1572

SIE HATTE IHR Medizinfläschchen verlegt, nicht zum ersten Mal. Doktor Handsch würde schimpfen, wenn er es erfuhr, weil es gerade frisch aufgefüllt gewesen war, und er sie stets beschwor, es nicht aus den Augen zu lassen, damit es bloß nicht in die falschen Hände geriet. Alle und jeden hatte sie danach befragt, die Hofdamen und auch Eva, die es manchmal spielerisch durch ihre schlanken Finger hatte gleiten lassen, weil ihr die schöne Arbeit so gut gefiel.

Keiner hatte es irgendwo gesehen.

Aber solch ein massives Silberteil konnte sich ja schließlich nicht in Luft auflösen, und so beauftragte Philippine schließlich ihre Zofe mit der Suche.

Mariechen durchkämmte alle Räume mit der ihr eigenen Sorgfalt, grub in Kisten, schob Möbel beiseite, griff unter die Bettstatt, schüttelte alle Gewänder nacheinander aus – doch es war und blieb verschwunden.

»Der Teufel muss es haben, Herrin«, seufzte sie, als sie erschöpft und schweißgebadet wieder vor Philippine stand. »Anders kann ich mir die Sache nicht erklären. Er hat sich seinen Fingerhut zurückgeholt. Was mich betrifft, so hab ich es seit zwei geschlagenen Tagen nicht mehr gesehen!«

»Vielleicht, weil deine Gedanken in letzter Zeit ein wenig zu oft hinunter in die Küche wandern?«, sagte Philippine.

Mariechen wurde rot.

»Zu einem gewissen jungen Mann namens Andrin, der sich prächtig auf die Zubereitung von Nonnenfürzle versteht, die auch außerhalb der Fastenzeit köstlich munden ...«

»Er hat nur zweimal meine Hand gehalten«, flüsterte sie. »Und mich ein einziges Mal geküsst. Mehr war nicht zwischen uns. Ich würde Euch niemals verlassen. Das habe ich doch beim Leben der Mutter geschworen!«

»Was nicht bedeutet, dass du wie eine Nonne leben musst, Mariechen«, sagte Philippine, die angesichts der Verlegenheit ihr Lächeln wiedergefunden hatte. »Du bist eine schöne junge Frau. Kein Wunder, dass die Männer dir nachsteigen! Und Andrin scheint ein ordentlicher Kerl zu sein, der zudem sein Handwerk versteht. Wenn du ihn also wirklich magst, könnt ihr euch verloben und von mir aus gerne heiraten. Ein Koch und eine Zofe – das geht doch gut zusammen!«

Mariechen zuckte die Achseln.

»Du siehst auf einmal so nachdenklich aus. Hat Andrin etwas gesagt oder getan, das dir nicht gefällt?«

»Nein, das ist es nicht. Er mag mich, sehr sogar, das weiß ich. Bloß ...« Die großen grünen Augen waren fest auf Philippine gerichtet.

»Bloß?«, wiederholte sie aufmunternd.

»Ich sehe Euch oft weinen und traurig sein, Herrin. Das ging schon in Böhmen so und ist hier in Tirol nicht viel anders geworden. Diese ganze Heiraterei, die Kinder, die man unter Schmerzen gebiert und dann doch wieder verliert – ich weiß nicht so recht, ob ich mir das wirklich antun soll.«

»Es täte mir in der Seele weh, wenn mein schlechtes Beispiel dich an deinem Glück hindern würde.« Philippines Stimme klang plötzlich belegt.

»Nein, Ihr seid es ja nicht allein, Herrin! Wohin ich auch schaue, überall nichts als Kummer und Verdruss. Manchmal denke ich, dass Frauen und Männer einfach nicht zusammenpassen. Vielleicht sollten sie lieber getrennte Wege gehen.«

Mariechen reckte sich, sah plötzlich größer aus.

»Und jetzt werde ich mich um die Nonnenfürzle kümmern. Ich geh sie schnell aus der Küche holen, bevor der Herr Hofrat bei Euch eintrifft!«

Philippine erschrak, als Georg wenig später zu ihr heraufkam.

Die Hunde begrüßten ihn wie immer überschwänglich. Er beugte sich schwerfällig herunter, um sie zu streicheln, und kam danach noch mühseliger wieder nach oben. Drei Jahre jünger als sie – und doch ein alter, gebrechlicher Mann.

Danach sperrte sie Pini und Žit aus, um in Ruhe mit ihm zu reden.

Georgs Gesicht war rot und gedunsen, der restliche Körper dagegen so abgezehrt, als habe er wochenlang gefastet. Er ging langsam, vornüber gebeugt, als sei jeder Schritt eine Anstrengung.

»Dann war deine Kur also kein durchschlagender Erfolg«, sagte sie vorsichtig, als er endlich in einen Sessel gesunken war.

Er schüttelte den Kopf.

»Nichts als lauter Quacksalber, die ihre Experimente mit dir treiben. Und dann erst diese elende Reiserei! Der Wagen ist uns zweimal unterwegs gebrochen, und die Gasthöfe werden immer schmutziger und verwahrloster. Rebekka hat sich geekelt, und ich konnte manchmal kaum schlafen, so sehr hat das Ungeziefer mir zugesetzt. Da hast du es sehr viel besser, hier oben auf deinem herrlichen Schloss, hoch über der Welt!«

»Täusch dich nicht«, sagte Philippine. »Die Welt kommt sehr wohl auch bis nach Ambras – leider!« Und dann erzählte sie ihm, dass man Ferdinand die polnische Krone angeboten hatte und von den Verpflichtungen, die damit verbunden waren.

»Er hat doch sicherlich abgelehnt«, sagte Georg. »Stimmt doch, oder? Niemals würde Ferdinand sein Lebensglück solch einem waghalsigen Unternehmen opfern. Die Polen könnten schnell genug bekommen von einem fremden Herrscher und ihn wieder fortjagen – mit oder ohne standesgemäße Gemahlin!«

»Aber habe ich auch das Recht, das von ihm zu verlangen?« In ihren Augen schimmerten Tränen. »Würde er diese Anna heiraten, so …«

»Du bist seine Frau.« Georgs eingefallene Züge begannen wie von innen zu leuchten. »Und wirst es immer bleiben!«

»Ich konnte ihm keinen legitimen Erben schenken. Und unsere Ehe muss er noch immer verheimlichen, als sei sie ein Verbrechen, und vor der Welt dastehen, als lebe er in Sünde mit mir.«

»Das ist es, was dich krankmacht, Pippa, oder? Heraus damit! Das lässt dein Herz rasen und bringt dich Nacht für Nacht um den Schlaf.«

»Ja, das tut es. Und Ferdinand nicht minder! Maximilian zeigt sich uneinsichtig, jetzt, wo seine polnischen Pläne nicht aufgehen wollen, sogar mehr denn je. In seiner Not hat Ferdinand sich an den Papst gewandt, mit der Bitte, unsere Heirat endlich anzuerkennen. Doch bis jetzt haben wir noch keinerlei Nachrichten aus dem Vatikan.«

»Geduld, große Schwester«, sagte er lächelnd. »Geduld! Ich weiß, sie gehört nicht gerade zu deinen größten Stärken, aber versuch es dennoch. Es ist etwas so Wertvolles, was euch beide verbindet. Haltet sie fest, diese Liebe, mit beiden Händen!«

Sie ließ ihn später kurz allein, um ihm einen Brief für die Mutter mitzugeben, die er anschließend besuchen wollte. Philippine beendete die letzten Zeilen und ging zu Georg zurück.

Plötzlich hatte er es eilig, drängte zum Aufbruch, weil die Tage im September schon kürzer wurden, und er noch vor Einbruch der Nacht zurück bei Rebekka sein wollte.

Ihre Umarmung war kurz, aber innig.

Sie musste schlucken, als ihre Finger durch die beiden Lagen von Wams und Schaube seine Rippen fühlen konnten, die nur noch Haut bedeckte, zwang sich aber zu einem Lächeln.

Kaum war er fort, entdeckte sie, dass er während ihrer Abwesenheit den ganzen Teller leer gegessen hatte. Nicht ein einziges Nonnenfürzle war zurückgeblieben.

Erst nach einiger Zeit fiel Philippine ein, dass sie vergessen hatte, Žit wie gewohnt den ersten Bissen zu geben. Er hätte sicherlich wütend gekläfft, wüsste er von diesem Versäumnis.

Der treue Teckel war nach dem süßen, fettigen Schmalzgebäck ebenso verrückt wie Georg und sie.

❖

Drei Tage später erschien Karl auf Ambras.
»Unser Bruder ist tot«, rief er schon auf der Treppe. »Georg ist heute Nacht gestorben!«
Eine eisige Hand griff nach Philippines Herz.
»Weiß die Mutter schon davon?«, flüsterte sie und griff nach einem Stuhl, weil die Beine ihr den Dienst versagten.
Katharina, mit der sie gerade die Listen für die Apotheke durchgegangen war, wurde ebenfalls leichenblass.
Karl schüttelte den Kopf.
Jetzt erst bemerkte Philippine, dass Eva ihn begleitete, von Kopf bis Fuß in Schwarz gekleidet, als sei sie die trauernde Witwe.
»Sie hat ihren Jüngsten zum letzten Mal gesehen, bevor er zu seiner Kur ins Schwäbische aufgebrochen ist«, sagte er düster. »Wir müssen versuchen, es ihr so schonend wie möglich beizubringen. Sonst verlieren wir womöglich auch noch sie.«
»Dann war er neulich gar nicht mehr bei ihr?«, sagte Philippine, während Tränen über ihre Wangen liefen. Auch Katharina weinte. Als Kind hatte sie ihn in Augsburg auf ihrem Schoß gewiegt und war glücklich gewesen, ihm in Tirol als erwachsenem Mann wieder zu begegnen. »Georg ist doch eigens so bald von hier aufgebrochen, weil er noch auf die Weiherburg wollte!«
»Das hat er wohl nicht mehr geschafft«, sagte Karl. »Er musste sich gleich niederlegen, nachdem er von Ambras kam – und ist seitdem nicht wieder aufgestanden. Übel war ihm, seine Lippen wurden blau, er hat geklagt, er könne nichts mehr sehen. Sein Puls war kaum noch zu spüren, als

ob das Herz immer langsamer schlage. Irgendwann hat er schließlich das Bewusstsein verloren und schließlich nicht mehr geatmet.«

Sein Blick wurde scharf.

»Was habt ihr gemacht, Pippa?«, sagte er. »Georg und du? Hast du ihm etwa ein Mittel aus deiner Offizin gegeben? Du bist keine Medica, auch wenn du dich manchmal dafür hältst!«

»Gar nichts habe ich ihm gegeben!«, widersprach sie heftig. »Wir haben geredet … sonst nichts …«

»Dann war er noch gesund, als er von dir aufbrach?«

»Gesund? Elend nach der Reise war er, abgemagert, ein Klappergestell, aber meine Nonnenfürzle …«

Sie hielt inne. Presste sich die Hand vor den Mund.

Heilige Maria Muttergottes, betete sie stumm. Bitte lass es nicht so gewesen sein! Einmal nur war ich nachlässig, hab den Hund nicht vorher probieren lassen.

Das kann, das darf nicht sein!

»Er war der Beste von allen!«, schluchzte Eva auf. »Nicht nur ihr habt euren Bruder verloren. Auch für mich war Georg wie ein Bruder, nicht anders, wie ich in dir meine Schwester sehe! Komm her, geliebte Schwester, lass uns gemeinsam um ihn trauern!«

Sie lief auf Philippine zu, umschlang sie ungestüm.

Eva duftete nach Rosen und Veilchen, weil sie es liebte, sich ausgiebig mit kostbaren Ölen zu parfümieren, die sie ebenso skrupellos schnorrte wie alles andere.

Heute jedoch waren Philippine diese starken Gerüche zuwider.

Sie hob die Ellenbogen an und befreite sich aus der Umklammerung. Als Eva nicht begriff und sich abermals schluchzend auf sie stürzen wollte, versetzte sie ihr einen kräftigen Stoß.

Eva stolperte, verfing sich im eigenen Saum und ging fluchend zu Boden.

Etwas Silbernes fiel aus ihrer Rocktasche.

Alle im Zimmer hielten den Atem an.

Philippine erhob sich langsam. Steif und gebeugt wie eine uralte Frau ging sie zu Eva.

»Heb es auf.« Ihre Stimme war kalt. »Mein Fläschchen mit dem roten Fingerhut. Du also hast es mir gestohlen.«

»Ich hab es nicht gestohlen«, sagte Eva trotzig, rappelte sich auf und drückte es ihr in die Hand. »Gefunden hab ich es. Neben deinem Gemach, wo du es wohl verloren haben musst. Natürlich wollte ich es dir zurückgeben. Aber die Trauer um Georg ...«

»Nimm seinen Namen in meiner Gegenwart nicht mehr in den Mund!« Philippine hatte das Fläschchen aufgeschraubt und wollte den Inhalt in ein Glas gießen, doch es war leer.

Nicht ein Tropfen kam mehr heraus.

»Was hast du damit gemacht?« Ihre Stimme klang drohend. »In welche meiner Speisen hast du es gemischt – waren es vielleicht die Nonnenfürzle?«

»Hast du jetzt vollständig den Verstand verloren?«, schrie Eva. »In keine natürlich! Ich liebe dich. Niemals könnte ich dir auch nur ein Haar krümmen, das weißt du ganz genau. Ich hab es nur leer gemacht, damit niemand zu Schaden kommt.

Hast du nicht selbst immer wieder gesagt, dass es nicht in die falschen Hände fallen darf?«

»Was schreit ihr denn alle so?«, sagte Ferdinand, der unbemerkt eingetreten war. »Man hört euch ja bis hinunter in den Schlossgarten!«

Philippine flog an seine Brust.

»Georg ist tot«, rief sie weinend. »Mein lieber, lieber Georg. Und dieses hinterlistige, zutiefst verderbte Weib ist schuld daran. Meine Medizin hat sie mir gestohlen, die diebische Elster, die die Finger nicht von Glänzendem lassen kann, aber damit nicht genug! Sie hat das Gebäck damit vergiftet, das eigentlich für mich bestimmt war. Statt meiner hat Georg es aufgegessen und musste elendiglich daran sterben. Hätte es doch lieber mich getroffen, dann wärst auch du deine Sorgen auf einen Schlag los!«

»Beruhige dich wieder, mein Herz!« Ferdinand presste sie noch enger an sich. »Sie meint es nicht so«, sagte er über ihren Kopf hinweg zu Eva. »Es ist bestimmt nur die Trauer und die Aufregung, die sie so reden lässt …«

»Du glaubst mir nicht?« Sie trat ihm so fest gegen das Schienbein, dass er sie mit einem Schmerzenslaut losließ. »Nicht einmal du, dem ich mein Leben geschenkt habe? Dann tu dich doch zusammen mit dieser Viper, die ich an meinem Busen genährt habe – verbündet euch am besten gleich alle gegen mich. Worauf wartet ihr noch?«

»Pippa, Kind«, sagte Katharina bittend und streckte die Hände nach ihr aus. »Du sollst dich nicht so aufregen, das weißt du doch! Lass uns in Ruhe bereden …«

»In Ruhe?«, schrie Philippine. »Welche Ruhe? Die werde

ich erst wieder haben, wenn diese Verbrecherin für ihre Tat büßt ...«

Sie hielt inne.

Ein Schraubstock schien auf einmal ihre Brust zusammenzupressen. Ein dumpfer Schmerz im linken Arm, im Hals. Sogar der Kiefer tat auf einmal weh, als müsse sie heißes Pech kauen.

Sie rang um Atem, spürte, wie kalter Schweiß am ganzen Körper ausbrach.

»Den Doktor«, hörte sie Katharina aufgeregt schreien. »Holt sofort Handsch hierher! Seht ihr denn nicht, dass Pippa gleich stirbt?«

❉

Schloss Ambras, März 1573

NOCH ATME ICH – und war doch dem Tod näher als dem Leben.

Den ganzen Herbst kann ich das Bett kaum verlassen und erst vorsichtige Schritte tun, als der Winter kommt. Wie eine Rose unter tiefem Schnee erlange ich nach und nach meine Kraft zurück, doch ich muss weiterhin vorsichtig sein.

Noch bin ich nicht wieder ganz genesen. Schon der kleinste Rückfall kann mich erneut gefährden. Vom roten Fingerhut, diesem Teufelszeug, hängt mein Leben ab.

Ich hasse und ich liebe es – in einem einzigen Atemzug.

Rebekka sitzt oft an meinem Bett. Sie ist zu uns nach

Ambras übersiedelt und wechselt sich bei meiner Betreuung mit Tante Kat ab, die meine Gesundung mit Stärke und Humor begleitet.

Die liebe Mutter kann mich nicht mehr besuchen.

Sie ist gestorben, noch im gleichen Jahr wie Georg, ihr jüngster Sohn. Ich bin sicher, die beiden sind sich im Paradies bereits begegnet.

Zwei Dinge sind mir von ihr geblieben, die ich stets in Ehren halten werde: ihr Kräuterbuch, das inzwischen auch so manchen Eintrag von meiner Hand trägt. Und ihre Rezeptsammlung, jene unvergleichlichen Fastenspeisen, die mein Überleben in den vergangenen Monaten gesichert haben.

Das polnische Projekt ist vom Tisch.

Meine braven Tiroler haben sogar eine Abordnung nach Krakau geschickt, um zu betonen, dass ich sehr wohl die richtige Frau an Ferdinands Seite bin, die vielen Kranken geholfen habe und so fromm und gottesfürchtig sei, dass niemand sich vor ihr fürchten müsse.

Ich bin zutiefst gerührt.

Sollte ich doch schon mehr Herzen gewonnen haben, als ich mir jemals hätte träumen lassen?

Doch das launische Schicksal hat andere Pläne.

Anna Jagellonica soll den französischen Prinzen Henry von Valois ehelichen und ihn damit zum polnischen König machen. Maximilian schäumt, wie man hört, kann aber nichts dagegen ausrichten.

Ferdinand ist zärtlich besorgt um mich. Er hat mir das Landgericht Stubai geschenkt, sowie die Herrschaften Königsberg, Salurn und Hirtenberg. Seit Längerem besitze ich zudem das Schildlehen Hohenburg, zusammen mit Ambras und den umliegenden Dörfern ein stattlicher Besitz, der mich reich und unabhängig macht.

Doch was nutzt schon aller Besitz, wenn die Seele weint?

Eva hat nichts zu tun mit Georgs Tod.

Fälschlicherweise habe ich sie in aller Öffentlichkeit verdächtigt.

Fleckfieber, das mein Bruder seit seiner Reise in sich trug, hat seinen Tod verursacht. Es führt zu Kopf- und Gliederschmerzen, macht das Gesicht rot und aufgedunsen, die Augen dagegen trüb und hinterlässt hässliche bläuliche Male überall auf dem Körper. Handsch und Mattioli, die beiden erfahrenen Mediziner, haben sich mit eigenen Augen davon überzeugt, darauf hat Ferdinand bestanden.

Er duldet keinen Unfrieden auf Ambras. Zuviel davon herrscht bereits in dieser Welt.

Wie mein silbernes Fläschchen allerdings in Evas Besitz gekommen sein mag, ist nach wie vor ungeklärt. Doch was kümmern mich solche Nebensächlichkeiten, wo es endlich Nachrichten aus Rom gibt?

Nein, es ist nicht die lang ersehnte Bestätigung unserer Ehe – noch nicht.

Doch Papst Gregor VIII., der vor Kurzem erst seinen eigenen Sohn als legitim anerkannt hat, hat mir einen von ihm selbst geweihten Rosenkranz zukommen lassen, gefertigt aus Bernstein und Onyx, mit einem großen Christus am Kreuz, der mich jeden Tag daran erinnert, dass er für uns gestorben ist.

Mit seinem Tod hat er uns Sünder erlöst.

Wer also wäre ich, meine Schuld Eva gegenüber nicht zu bereuen und ihren kleinen Fehler großmütig zu verzeihen?

KAPITEL XIV
WEINRAUTE

Ruta graveolens
auch genannt Raute, Augenkraut,
Gnadenkraut

POSITIVE WIRKUNG: Soll gegen Schlangenbisse, Pilz- und Eisenhutvergiftungen wirken. Fördert bei Männern und Frauen die Unkeuschheit, soll gegen Schadenzauber wirksam sein.
NEGATIVE WIRKUNG: Erhöht Blutzufuhr zum Becken: Krämpfe. Abtreibungsmittel, hieß in Frankreich »Kraut der schönen Mädchen«.

Schloss Ambras, März 1574

Andreas machte sich zur Abreise bereit. Noch keine 16 Jahre alt, sollte er mit einem stattlichen Gefolge nach Rom aufbrechen, um dort zum Kardinal ernannt zu werden. Mehr als ein Dutzend Wagen würden ihm folgen, schwer beladen mit den Ausstattungsstücken, die er für seinen künftigen Haushalt brauchte. An nichts war gespart worden, weder an Leinen und Damast noch an Silber- und Goldgeräten. Dazu kam ein großzügiges Geldgeschenk von Ferdinand, damit sein Ältester in der Ewigen Stadt auch standesgemäß leben konnte.

Philippines Hände waren schweißnass, und ihr Herz klopfte so stark, dass sie Angst hatte, es würde ihr aus dem Leib springen.

Was hatten sie nicht alles unternommen, damit es dazu gekommen war!

Doch dass es dann schließlich so schnell gehen würde, damit hatten sie nicht gerechnet.

Er war so jung, so ungestüm, so schnell erregbar.

Gestern hatte Andreas noch mit stumpfen Schwertern auf seinen jüngeren Bruder eingeschlagen, so zumindest kam es ihr vor. In wenigen Monaten sollte er einen Kardinalshut tragen. Wie würde er sich im Kolleg der Kardinäle zurechtfinden, die so viele Jahre älter als er waren? Noch fehlte ihm jegliche Weihe, ein Umstand, den einstweilig die schweren Silbertaler Ferdinands wettmachen mussten. Doch selbst, wenn Andreas einmal gesalbt wäre – sein Charakter entsprach nicht dem, was man von einem Diener Christi erwartete.

Sein früherer Eigensinn hatte sich in den letzten Jahren bis zum Jähzorn gesteigert. Ging etwas nicht nach seinem Kopf, konnte er rasch in Rage geraten und um sich schlagen – mit Worten ebenso wie mit Fäusten.

Das Letztere hatte sie am eigenen Leib gottlob noch nicht zu spüren bekommen, das Erstere sehr wohl.

»Mit eurer dummen Mesalliance habt ihr mir die ganze Zukunft verbaut«, so seine Anwürfe, die er vor allem an sie, seine Mutter, richtete. »Wärst du standesgemäß, so wäre ich der künftige Herrscher über Tirol. So aber liegt ein Makel über meiner Geburt. Und ich muss zusehen, wo ich bleibe. Der geistliche Weg ist beinahe der einzige, der mir offensteht, und dabei habt ihr mich in allem zu unterstützen. Zumindest das seid ihr mir schuldig!«

»Ich hab dir hier ein Büchlein mit Arzneien zusammengestellt. Falls du einmal krank werden solltest in der fremden Stadt ...«

»Bleib mir gefälligst vom Leib mit deinen Hexenkräutern!« Andreas schlug es ihr aus der Hand. »Damit kannst du deine dumpfen Tiroler Bauern und Mägde kurieren, aber nicht mich. Mit einer anständigen Hochzeit zur rechten Zeit wäre mir besser gedient gewesen. Oder soll ich mich etwa noch in Rom Bankert schimpfen lassen?«

Das war es, was ihm zu schaffen machte!

Trotz all ihrer Vorsicht war er gehänselt worden – und schämte sich seiner Mutter, die nur eine Bürgerliche war.

Von Maximilian war nach wie vor keine Hilfe zu erwarten, deshalb hatten sie sich an Rom gewandt. Ihre Bittgesuche lagen noch immer beim Papst. Sie hatten sogar angeboten, die heimliche Hochzeit noch einmal zu wiederholen, doch das würde bedeuten, dass sie bis jetzt in wilder Ehe zusammengelebt hätten – und Andreas ein Bastard war, nicht anders als sein jüngerer Bruder Karl.

Gregor VIII. schien nicht abgeneigt, ließ sich jedoch alle Zeit der Welt.

Zeugen für die Bresnitzer Trauung verlangte er. Und schriftliche Bestätigungen über die Rechtmäßigkeit dieser Ehe.

Ferdinand und Philippine hatten Katharina von Loxan und Cavalieri benannt, den Priester, der ihren Bund damals gesegnet hatte. Beglaubigte Abschriften waren nach Rom gesandt worden.

Seitdem warteten sie.

Und warteten.

»Wirst du mir denn einmal schreiben?«, fragte Karl, dem der Abschied vom Bruder sehr nah zu gehen schien.

»Dazu hat man als Kardinal seine Secretarii«, sagte Andreas herablassend. »Fest zusagen werde ich dir lieber nicht. Sonst fängst du noch an zu heulen, wenn kein Brief kommt.«

Sie sah den Schmerz in Karls Augen und musste sich abwenden, um den eigenen zu verbergen.

Wo war das Kind geblieben, dessen rundliche Beinchen zu ungeschickt zum Laufen gewesen waren? Wo der kleine Bub, der sich in ihren Schoß geflüchtet hatte, als eine Biene ihn in den Arm gestochen hatte? Wo der Junge, der beim ersten Ausritt vor Begeisterung laut aufgeschrien und sich an die Mähne seines Pferdes geklammert hatte, um nicht herunterzufallen?

Irgendwann zwischen Böhmen und Tirol musste sie ihn verloren haben.

Oder war es erst später gewesen, hier auf Ambras, ihrem Schloss, das Andreas niemals richtig ins Herz schließen konnte, weil es ihm wie die steingewordene Schmach seiner fragwürdigen Herkunft erschien?

Sie hatte noch einen zweiten Sohn.

Während die Räder der schweren Karren durch das Tor rollten, auf ihrem langen Weg über die Alpen nach Süden, zog sie Karl zu sich heran.

Er ließ es geschehen, hielt eine Weile still.

Nach Schweiß roch er. Nach Jugend. Und Ungeduld.

Inzwischen waren sie nahezu gleich groß. Zum ersten Mal fiel ihr das auf. Nach dem Sommer würde sie zu ihm aufschauen müssen, was nichts anderes hieß, als dass sie ihn in absehbarer Zeit ebenso verlieren würde.

»Hast du Andi lieber als mich?«, sagte er leise.

»Wie kannst du so etwas fragen?« Sie schüttelte den Kopf. »Natürlich nicht! In meinem Herzen nehmt ihr beide den gleichen Rang ein.«

»Dann würdest du mir auch solche Wagen voller Damast und Silberzeug ausstatten, wenn ich einmal von dir fortgehe?«, fragte er weiter.

»Wenn du willst«, erwiderte sie. »Aber ich hoffe doch, du bleibst noch ein Weilchen bei mir.«

Karl senkte den Blick, fing an, mit einem Stock in der Erde zu harken.

»Gut«, sagte er steif. »Aber ich werde ohnehin nicht viel brauchen. Das kann ich dir jetzt schon sagen. Ich werde nämlich ein Ritter, so wie Adam. Ein Pferd, eine Rüstung, ein Schwert. Vielleicht noch einen Knappen, der alles sauber hält. Wieso kommt er eigentlich nicht mehr zu uns nach Ambras?«

»Ich denke, dein Onkel Karl hat es nicht sonderlich gern gesehen.«

»Weil Eva ihn so gerne mochte?«

»Ich denke, ja«, erwiderte Philippine vorsichtig.

Seit Georgs Tod spürte sie einen Graben zwischen sich und der Schwägerin, der sich nicht mehr richtig schließen wollte. Sie hatte ihr ein paar kurze, höfliche Besuche am Krankenbett abgestattet, doch nach Philippines Genesung Ambras kaum noch betreten. Erst in den letzten Wochen zeigte Eva sich wieder öfter auf dem Schloss, lachend, auffällig gut gelaunt, als sei niemals etwas zwischen ihnen vorgefallen.

Weil sie hoffte, das frühere enge Verhältnis wieder herstellen zu können?

Oder weil ihr die Schulden über den Kopf wuchsen, wie böse Gerüchte aus Innsbruck lauteten, und sie dringend nach einer helfenden Hand suchte, um dem Heer der ungeduldig drängenden Gläubiger zu entkommen?

Bei Eva wusste man niemals, woran man war.

Selbst ihr jüngerer Sohn schien das schon bemerkt zu haben.

»Sie ist schön«, sagte Karl. »Wie ein Irrlicht. Obwohl sie eigentlich nicht besonders gut aussieht, wenn man sie genauer betrachtet. Ihr Mund ist zu schmal, die Augen stehen zu eng beisammen, und ihre schwarzen Haare sind wie wucherndes Unkraut. Aber wenn sie lacht, vergisst man das alles. Dann wünscht man sich nur noch, sie würde niemals wieder weggehen.« Er legte den Kopf schief. »Kannst du Eva nicht wieder öfter einladen? Papa mag sie, das weiß ich. Und dann ist es nicht so leer, wenn Andi jetzt nicht mehr bei uns ist.«

Wie klug er war. Und wie genau er beobachten konnte! Eine Welle von Liebe und Stolz überkam Philippine.

»Ich werde sehen, was sich machen lässt«, sagte sie und unterließ es, ihn noch einmal zu umarmen.

❖

Schloss Ambras, 14. August 1574

WIE OFT HABEN wir früher in der Bacchusgrotte mit Gästen fröhlich gezecht – doch seit meiner Krankheit stößt mir der Wein, der dort in Strömen fließt, sauer auf. Der ausladende Sessel mit seinen Eisenfesseln, die sich wie von Zauberhand um jeden Gast schließen, bis er nicht sein Literglas in einem Zug geleert hat, wenn er ein Mann ist, und das Glasschifflein ausgetrunken hat, handelt es sich um ein Weib, ekelt mich inzwischen an. In ihrer Dürftigkeit gleichen sich die Sprüche im Trinkbuch wie ein Ei dem anderen, und doch besteht Ferdinand darauf, den alten Brauch beizubehalten, ob ich nun mithalten möchte oder nicht.

Ich hoff zu Gott, steht darin von meiner eigenen Hand.

In welcher Stimmung ich das wohl geschrieben habe?

Denn ich darf beileibe nicht bei allen Festen anwesend sein. Ist der Besuch zu hochrangig, muss ich in meinen Räumen bleiben, bis Pferde und Wagen Ambras wieder verlassen haben. Auch Ferdinands Schwestern Magdalene und Helena, die nicht weit entfernt von hier im Haller Stift leben, haben einige Zeit gebraucht, bis sie sich an meine Gegenwart gewöhnt hatten.

Bei anderen Gelegenheiten versucht Ferdinand, mich das wieder vergessen zu machen. Dann kann die Tafel nicht prächtig genug sein, Wein fließt in Strömen, Gaukler und Musikanten sollen mich erfreuen. Die Hofzwerge müssen ihre Possen reißen, um mich zum Lachen zu bringen, sogar Herr Bona marschiert auf, der Riese, der mit uns im Schloss lebt.

Ich zeige ein fröhliches Gesicht, um meinen Liebsten nicht zu kränken, doch tief in mir sieht es in letzter Zeit oft ganz anders aus.

Ich bete weiterhin zum Allmächtigen und zur Jungfrau Maria, meiner großen Beschützerin, die die Herzen der Frauen kennt.

Doch wird sie mir auch beistehen bei dem, was sich an Seltsamem zwischen uns vollzieht? Selbst hier in der Einsamkeit meines Gemachs mag ich es nicht recht zu Papier bringen – und kann doch nicht anders, will ich mein Gemüt ein wenig erleichtern.

Es fällt mir schwer, meinen Mann so wie früher zu lieben.

Mein Herz, meine Seele gehen eng weiterhin mit ihm. Niemals wird ein anderer außer Ferdinand dort Einzug halten können. Doch mein Körper schlägt Kapriolen, will sich seiner fleischlichen Begierde nicht mehr recht fügen.

Haben früher schon Ferdinands Blicke oder Berührungen genügt, um mich in Stimmung zu versetzen, bleibt heute in mir alles träge und stumpf. Mein Schoß ist trocken. Wie eine Auster fühle ich mich, vom Meer an den Strand geworfen, unbarmherzig den Strahlen der Sonne ausgesetzt. Manchmal sind seine Umarmungen mir regelrecht eine Last, und ich sinne nach Ausreden, um mich ihnen zu entziehen.

Dabei war Lust stets ein sicherer Pfeiler unserer Liebe.

Ferdinand sehnt sich danach, noch immer, das kann ich spüren, baut fest auf mein Entgegenkommen.

Was hat er meinetwegen nicht alles in den Wind geschlagen – Prinzessinnen, Königreiche, sogar Erben, die seinen Namen weiterführen könnten! Meine Liebe, auch die körperliche, war stets der Dank für all das, auf das er verzichtet hat.

Doch was soll aus uns werden, wenn ich mich ihm nicht mehr hingeben kann?

Wird Ferdinand nach anderen Frauen suchen, die ihm das schenken, was ich ihm nicht mehr zu geben vermag?

Verlässt er mich?

Noch besteht unsere Ehe nur vor Gott, nicht vor der Welt …

Er hat mich reich an irdischen Gütern gemacht, doch ohne ihn wäre ich über Nacht das ärmste aller Weiber!

In meiner Not wende ich mich an Eva, die sich wie keine andere auskennt mit allem, was es zwischen Frauen und Männern gibt.

Darauf habe ich gewartet, sagt sie.

Wie meinst du das?

Weil du so schal riechst wie abgestandenes Bier. Der Gestank alter Weiber. Willst du, dass sich das ändert?

Ich bleibe ihr die Antwort schuldig, fühle mich beschämt, ertappt.

Bloßgestellt.

Wenn du Hilfe willst, musst du mir vertrauen. Kannst du das, Pippa?

Ich warte, denke, zweifle, grüble. Bin kurz davor, den Kopf zu schütteln, dann sage ich zu meiner eigenen Überraschung ja.

Weinraute ist das Kraut der Wahl. Ihre Augen sind schmal und schwarz und unergründlich. Eine Pflanze, die du allerdings kaum in euren braven Kräuterbüchlein finden wirst – jedenfalls nicht in dieser Verwendung!

Plötzlich höre ich wieder Dusana klagen.

Du bist tot, denke ich. Tot. Tot!

Wirst du meine Schulden bezahlen?, fragt Eva.

Und was genau soll diese Weinrute bewirken?, frage ich zurück.

Meine Hände sind auf einmal eiskalt. Dabei ist Hochsommer, kein klirrender Wintertag.

Sie hält die bösen Geister ab. Und bringt neues Leben in die Bettstatt. Manchen Frauen hilft sie aus größten Schwierigkeiten. Alle Schulden?

Ich zucke die Achseln.

Du wirst es tun, sagt sie. Ich weiß es!

Sie lacht, wieder ganz die Eva, die ich so lange vermisst habe.

Dusana ist nur eine dunkle Erinnerung aus alten Tagen.

Sie wird verschwinden, sobald ich meinen Mann wieder mit Seele und Leib lieben kann.

So gern möchte ich daran glauben!

Sie macht dich lüstern wie in jungen Jahren, sagt Eva. Allerdings kannst du damit auch gewisse Kräfte rufen, die du, wenn du nicht aufpasst, so schnell nicht wieder los wirst.

Welche Kräfte?

Sie lacht lauter.

Lass dich überraschen! Du solltest dazu das Schloss besser verlassen. Und keiner lebendigen Seele auch nur ein Sterbenswörtchen davon verraten – nicht einmal deiner heiß geliebten Tante Kat.

Alles steht für mich auf dem Spiel – meine Liebe. Meine Ehe.

Mein Leben.

Ich schaue in diese schwarzen Augen, in denen eine eigene Welt liegt.

Bist du dazu bereit, Pippa?

Ich nicke.

Ich bin bereit.

❀

Karlsbad, September 1574

DAS WASSER ZISCHTE, brodelte, spritzte. Die stärkste der zwölf Quellen des böhmischen Kurortes war auch jene, die am widerlichsten schmeckte.

Philippine musste sich überwinden, um die verordnete Menge hinunterzubekommen, aber sie strengte sich an, den Anordnungen der Ärzte zu gehorchen.

Mal kam es ihr seifig vor, dann wieder bitter oder salzig. Doch Handsch hatte sie beschworen, durchzuhalten.

Ihre Leber würde es entgiften, das Herz stärken. Aufgetriebene Beine und geschwollene Gelenke konnten bei einigem Glück ebenso davon zurückgehen wie Kopfschmerzen und Unterleibsbeschwerden.

Ferdinand weigerte sich, mehr als einen Becher davon zu trinken. Dafür genoss er das Wannen- und Moorbad, und seine Stimmung stieg von Tag zu Tag. Sie freute sich an seiner guten Laune und hatte noch etwas parat, das sie noch besser machen würde.

Sie waren mit kleinem Gefolge gereist, aber nicht in einem der Gasthöfe abgestiegen, sondern hatten ein leer stehendes Palais gemietet, bescheiden ausgestattet, aber doch immerhin so großzügig geschnitten, dass alle unterkommen konnten.

Die Hofdamen Cäcilia und Anni unterzogen sich ebenfalls einer Bäderkur, während Mariechen einzig und allein für die Annehmlichkeiten ihrer Herrin zuständig war.

Sie war die Einzige, die Philippine trotz Evas Warnung eingeweiht hatte – wenngleich nicht in alles. Doch wie hätte sie ohne Hilfe der Zofe die komplizierten Vorgänge allein bewerkstelligen sollen?

Als Erstes musste das magische Bündel an die richtige Stelle verbracht werden.

In ein Tuch hatte Philippine auf Evas Geheiß Weinraute, Hutzelbrot, Salz und ein Stückchen Holzkohle gelegt.

Gemeinsam mit Mariechen bogen sie nun mit einem Stemmeisen, das die Zofe bei einem Schmied besorgt hatte, die Schwelle auf und zwängte das Bündel darunter.

Trotz aller Anstrengung ließ sich das Holz nicht wieder ganz plan bekommen.

»Es wird ihm auffallen«, sagte Philippine skeptisch. »Und was soll ich sagen, wenn er mich danach fragt? Dass ich Kräuter und Kohle unter das Holz gelegt habe, um die bösen Geister aus dem Schlafgemach zu halten? Ferdinand glaubt an Gott und seine Heiligen. Er wird mich für verrückt erklären. Oder denken, ich sei wirklich die Hexe, zu der seine Brüder mich immer machen wollten!«

»Nichts wird ihm auffallen«, beschwor Mariechen sie. »Gar nichts! Wenn die Männer erst einmal in Schwung kommen, vergessen sie die Welt um sich herum. Eure Schönheit wird ihn blenden. Eure Liebenswürdigkeit erst recht. Alles wird gut – Ihr müsst Euch nur selber vertrauen!«

Philippine schenkte ihr einen verwunderten Blick.

Das klang nach deutlich mehr Wissen als nur küssen und Händchen halten.

Hatte Mariechen Andrin inzwischen doch erhört?

Doch das junge Frauengesicht war so freundlich und glatt wie bisher und gab nichts von seinen Geheimnissen preis.

Ihr blieb nicht mehr viel Zeit, sich weiter darüber Gedanken zu machen.

»Das Weihwasser!«, sagte sie zu Mariechen. »Schnell!«

Beichtvater Gampasser hatte ihr auf ihren Wunsch hin

ein Fläschchen davon aus der heimatlichen Kapelle abgefüllt. Sie schlug ein Kreuz, bevor sie ein paar Tropfen davon auf die Weinraute träufelte und auch das Bettzeug damit besprengte.

Für einen Augenblick musste sie an Dusana denken. Würde sie sie finden und erneut heimsuchen, jetzt, wo sie nach Böhmen zurückgekehrt waren?

»Und das soll helfen?«, sagte Mariechen ungläubig.

Den Pflanzen war die lange Reise in der Kiste alles andere als gut bekommen. Sie waren staubtrocken, begannen zu bröseln. Überall auf dem Kissen lagen kleine grünbraune Sprengsel.

Philippine wischte sie zur Seite, so gut es eben ging.

Ihr Körper vibrierte vor Aufregung. Für das, was jetzt kam, musste sie allein sein.

»Ich brauch dich jetzt nicht mehr«, sagte sie. »Sorge dafür, dass niemand uns stört.«

Mariechen nickte, schenkte ihr einen letzten warmen Blick und verließ den Raum.

Zuunterst aus dem Schmuckkasten zog Philippine ihren Schatz heraus, ein kleines Fläschchen mit dem dunklen Öl, in dem winzige Ablagerungen schwebten. Sie öffnete den Verschluss, roch daran und zuckte vor dem strengen Geruch zurück.

Würde es Ferdinand ähnlich ergehen?

Dann freilich wären alle Anstrengungen vergeblich gewesen!

Sie schickte ein inständiges Gebet zur Himmlischen Mutter.

Dann legte sie sich auf das Bett, spreizte die Beine und rieb das Öl an ihren geheimsten Ort.

❦

Karlsbad, 7. September 1574

Ich schliesse die Augen, bis er endlich neben mir liegt. Ganz schwach kann ich noch den Geruch der Moorerde erahnen, in die er bis vor Kurzem gewickelt war.
Ferdinand beginnt mich zu küssen.
Sein Mund ist noch immer voll und weich. Er hat weniger Zähne verloren als ich und pflegt die ihm verbliebenen hingebungsvoll mit Salzspülungen und kleinen Hölzern, um Speisereste zu entfernen.
Wir sind zu lange schon Liebende, um noch Zeit zu verschwenden, doch ausgerechnet heute zeigt er keinerlei Eile.
Erst sieht er mich lange an, als wolle er sich meine Züge neu einprägen. Mariechen hat mein Haar gebürstet, bis es weich und glänzend ist. Im warmen Schein der Kerze sind die silbernen Fäden, die es inzwischen durchziehen, wie Mondfäden, die auf Sonnenlicht treffen.
Er küsst meinen Hals. Erst innig. Dann leidenschaftlich. So, wie er es schon viel zu lang nicht mehr getan hat. Schließlich die Brüste, den Bauch.
In mir steigt Hitze auf.
Beginnt die Raute schon zu wirken?

Seine Arme umschließen mich. Die kleinen rötlichen Härchen auf seiner Brust kitzeln meine Haut.

Die Hitze wird stärker.

Hat Eva die Wahrheit gesagt? Verfügt sie tatsächlich über magische Mittel, um verlorene Lust zurückzubringen?

Was ist das? Ferdinand hält einen der dunklen Krümel in der Hand.

Nichts, sage ich. Macht ruhig weiter, Euer Liebden!

So nenne ich ihn manchmal in zärtlichen Stunden.

Dann ist er plötzlich in mir.

Die Hitze wird stärker, steigert sich zu einem Brennen, das ich kaum ertragen kann.

Wird sie mich verglühen?

Ihm scheint es ähnlich zu ergehen, seine Stöße werden schneller, bis er sich plötzlich mit einem Stöhnen aus mir herauszieht.

Sein Glied ist feuerrot – und erschlafft. Das kann ich selbst im Kerzenschein sehen.

Was ist das?, flüstert er.

Plötzlich erkenne ich meinen Fehler.

Wozu brauchen wir Weinraute, Hutzelbrot und Kohle – wo wir doch uns und unsere Liebe haben?

Ich springe aus dem Bett, laufe zur Waschschüssel und reinige mich, so gründlich, als müsste ich alles Böse der Welt wegwaschen.

Mit einem nassen Tuch komme ich zu Ferdinand zurück, umschließe seine Männlichkeit und wasche auch ihn.

Was eben noch verschrumpelt und kläglich war, erhebt sich nach und nach zu starker, stolzer Größe.

Er beginnt zu lachen, sein großes, tiefes, wunderbares Lachen, das mir so sehr gefehlt hat, und ich stimme laut mit ein.

Wir brauchen ein anderes Bett, sage ich. Das lästige Gekrümel piekst nämlich unerträglich.

Ganz zu Diensten, Frau von Zinnenberg!

Wie zwei jung Verliebte laufen wir spärlichst bekleidet aus dem Zimmer, direkt nach nebenan, wo eine leere Bettstatt steht, lassen uns darauf fallen. Wir beginnen uns zu küssen.

Wir lieben uns.

Es wird eine der schönsten Nächte unserer Ehe.

Ich schreibe es so genau auf, um mich daran zu erinnern, sollten wieder andere, dunklere Tage kommen.

KAPITEL XV
HERBSTZEITLOSE

Colchium autumnale
auch genannt Nackethuren, Hennengift,
Spinnblume, Teufelsbrot

POSITIVE WIRKUNG: Hilft bei Gichtanfällen und Mittelmeerfieber, bei Rheuma, Magen- und Darmkrankheiten.
NEGATIVE WIRKUNG: In allen Teilen hochgiftig. Erbrechen, Kolik, Durchfälle, blaue Lippen, Lähmung, Tod.
Wird oft mit Bärlauch verwechselt.

Innsbruck, Februar 1580

DER HIMMEL MEINTE es gut mit der vielköpfigen, teilweise von weither angereisten Hochzeitsgesellschaft. Das Wetter war eiskalt, wie es der Jahreszeit entsprach, aber sonnig. Ringsherum erstrahlten die Berggipfel in blendend weißem Schneekleid.

Philippine, gehüllt in einen gewalkten Umhang, gefüttert mit kostbarem Hermelinfutter, um die Glieder warmzuhalten, lehnte sich auf der Tribüne zurück. Polster bedeckten die hölzernen Sitzflächen, um die Hinterteile zu schonen, und dennoch war es alles andere als bequem. Seit Tagen schon wohnte sie diesem Spektakel bei – und wünschte sich nichts mehr, als endlich wieder zu Hause zu sein.

Die Hofburg war ihr nicht länger verschlossen.

Johann de Cavalieri, mittlerweile Probst zu Trient, hatte dem Heiligen Vater in Rom abermals persönlich ihr Bittgesuch vorgelegt, um damit die eheliche Geburt der beiden überlebenden Söhne zu bestätigen. Noch vor der Jahreswende 1577 hatte der Papst endlich das Schweigegebot über die Eheschließung aufgehoben.

Seitdem war sie offiziell Ferdinands Frau.

Die Welt durfte endlich von ihrer Ehe wissen.

Seitdem konnte sie sich Durchlauchtigste Fürstin und Frau Philippine, Markgräfin zu Burgau, Landgräfin zu Nellenburg, Gräfin in Ober- und Niederhohenberg, Gemahlin des Durchlauchtigsten Fürsten und Herrn Ferdinand zu Tirol nennen – und Andreas erhielt den roten Kardinalshut.

Warum wollte dennoch keine Freude in ihr aufsteigen, wo doch nun endlich alles erreicht war, nach dem sie sich so lange gesehnt hatte?

Zu spät, flüsterte jene hässliche Stimme in ihr, die sie trotz aller Bemühungen nicht mehr zum Schweigen bringen konnte.

Viel zu spät!

Dem Neuerwachen der ehelichen Lust damals in Karlsbad waren zwei heitere Jahre gefolgt, in denen sie sich Ferdinand so nah gefühlt hatte wie selten zuvor. Der Spätsommer ihres Lebens war angebrochen, das spürten sie beide, mit allerlei Zipperlein und Malaisen, mit Abstrichen und gewissen Einschränkungen, aber es waren warme, zärtliche Monate gewesen, erfüllt von goldenen Sonnentagen und Nächten voller Weisheit und Liebe.

Dann stürzte Ferdinand bei einer Treibjagd, brach sich den rechten Unterschenkel und brauchte Wochen, um seinen Griesgram wieder loszuwerden. Die Wunde heilte langsam und mühsam. Bis heute hatte er ein leichtes Hinken zurückbehalten, was man allerdings nur bemerkte, wenn man ganz genau hinsah.

Ihn jedoch störte es jeden Tag.

Anstatt sich mehr zu bewegen, um die alte Form zurückzuerlangen, versuchte er, die körperliche Einbuße mit unmäßigem Essen auszugleichen – und Philippine besaß nicht die Stärke, sich ihrerseits zurückzuhalten.

Ihre Angst, vergiftet zu werden, hatte sie inzwischen verloren.

Žit war eines Tages friedlich im Schlossgarten gestorben;

Pini so altersschwach geworden, dass sie nicht einmal einer Maus einen Schrecken hätte einjagen können.

Mit Dusana hatte sie ihren Frieden gemacht – zumindest glaubte sie das.

Dann erfuhr Philippine von den Briefen, die von Innsbruck nach Mantua gingen und wieder retour, und sorgte dafür, dass sie jeden einzelnen davon zu lesen bekam. Erzherzogin Eleonore war die Empfängerin, und sie schrieb und antwortete im Namen ihrer Tochter Anna Caterina Gonzaga.

Die Principessa war gebildet, wohlerzogen, schüchtern, gerade mal zwölf Jahre alt – und Ferdinands leibliche Nichte.

Anfangs noch sehr allgemein gehalten, wurden die Schreiben immer konkreter. Mit der Gesundheit der Freiherrin von Zinnenberg stehe es, wie allgemein bekannt sei, nicht zum Besten. Suche man nicht für die blutjunge Anna eine Partie, bei der sie für immer versorgt sei?

Philippine stürzte in eine bodenlose Tiefe.

Wer war dieser Fremde an ihrer Seite, den sie zu kennen geglaubt hatte?

Ihre Lippen blieben Ferdinand gegenüber verschlossen, doch eine unsichtbare Last senkte sich auf ihre Schultern, und sie nahm zu an Gewicht, von Monat zu Monat mehr.

Beklemmungen und Angstzustände waren die Folge.

Manchmal hatte sie das Gefühl, als ob Himmel und Erde gemeinsam auf ihr lasteten. Auf Anraten von Doktor Handsch verzichtete sie auf den Genuss von Sauerkraut, was ihr schwer genug fiel, weil sie es für ihr Leben gern aß, ebenso wie auf fetten Kapaun. Stattdessen hielt sie sich an Schweinebraten und Wild, was ihr leider auf Dauer ebenso wenig bekam. Dazu gesellte sich ein hartnäckiges Beinleiden, dem keines ihrer Kräuter abzuhelfen wusste, wiewohl die Offizin in Ambras zu einer Institution geworden war, die niemand in Innsbruck und Umgebung mehr missen mochte.

Inzwischen beherbergten die mittlerweile drei Räume alles, was an Heilpflanzen in den Alpen und weit darüber hinaus zu finden war. Kranke pilgerten von weither, um Heilung zu finden. Die einstige ›Mutter von Tirol‹ war zum ›Engel der Leidenden‹ geworden. Dankesschreiben aus allen Regionen trafen ein. Manche mühten sich brav mit den schwierigen neuen Titeln ab. Andere schrieben nach wie vor an ›die liebe Frau Philippine‹.

Sie zog den Pelz enger um sich.

Die Hochzeitsfeierlichkeiten für ihren Neffen Johann, Kämmerer am Hof Ferdinands, mit Katharina Freifrau von Baymund und Payrsberg, die für kurze Zeit ihre Hofdame gewesen war, gingen nun schon in den sechsten Tag. Ringelspiele waren abgehalten worden, Turniere geschlagen, bei denen Bräutigam Jan, wie alle hier ihn nannten, jeden herausgefordert hatte, der die Tugend und Schönheit seiner Braut infrage gestellt hatte.

Philippine überfiel Rührung, als sie sein Profil im klaren Licht des Februars sah, das alle Kanten, alle Ecken unbarmherzig ausleuchtete. Er war nicht schön, aber durchaus ansehnlich geraten und ähnelte seiner toten Mutter so sehr, dass sie manchmal fast glaubte, ihre Schwester Regine sei als Mann wieder auferstanden.

Die Schaukämpfe hatten sie ebenso ermüdet wie die anschließenden Preisverleihungen. Ihr Leib schmerzte; Hände und Füße waren wie Eiszapfen. Nun stand der Triumphmarsch bevor, bei dem Ferdinand an nichts gespart hatte. Er selbst würde als Jupiter hervorstechen, auf einem mit Gestirnen verzierten Wagen sitzend, den Blitz in der Hand, während sein Freund Herzog Otto von Braunschweig als Apoll daneben auf einem zahmen Leoparden ritt.

Der größte Auftritt aber wartete auf Karl, ihren Sohn.

Sein Wallach war mittels Pappmaschee zu einer siebenköpfigen Hydra umgerüstet worden. Er selbst verkörperte Herkules, geboren von einer menschlichen Mutter, doch gezeugt von keinem anderen als vom Göttervater selbst.

Plötzlich wünschte sie sich, Ferdinand hätte ein anderes, weniger anspielungsreiches Motto gewählt, das die Gäste nicht zum Grübeln zwingen würde. In seinem tief ausgeschnittenen Fellkostüm schien Karl zu schlottern, wirkte verletzlich und um vieles jünger, als die 20 Jahre, die er inzwischen zählte.

Er würde niemals Ritter werden.

Sie alle wussten es, auch wenn es schwerfiel, mit ihm darüber zu reden, weil Karl sich mit Händen und Füßen dagegen sperrte.

Die Zeit der Ritter war vorüber, lange schon.

Immerhin war er ein ausdauernder Reiter und wusste das Schwert geschickt zu führen, das ließ für seine Zukunft hoffen.

Mit Maximilian war noch immer nicht besonders gut Kirschen essen. Bei den spanischen Habsburgern dagegen hatten sie bereits in aller Höflichkeit angefragt. Es gab berechtigte Aussichten, dass Karl dort schon sehr bald in Kriegsdienste treten konnte, jetzt, wo er als ehelich geboren galt.

Und Andreas?

In Rom hatte er sein Geld blitzschnell verprasst, binnen weniger Monate mehr als 20000 Gulden. Ferdinand schickte Nachschub, doch es dauerte nicht lange, bis der nächste Bote mit neuen Forderungen in Innsbruck erschien. Andreas' Ruf war äußerst zweifelhaft. Anstatt sich zur Messe in Kirchen sehen zu lassen, verkehrte er lieber in Spelunken und Hurenhäusern. Wie lange er sich in der Ewigen Stadt halten konnte, war mehr als ungewiss. Wenn sie Glück hatten, würde rechtzeitig irgendwo ein Bischofssitz vakant, den man ihm zusprechen würde.

Inzwischen schmerzte auch ihr Hals, und die Ohren begannen zu pochen. Wenn sie noch länger im Freien ausharrte, würde sie Gefahr laufen, sich eine schlimme Verkühlung zuzuziehen.

Außerdem drängte es sie mit aller Macht zurück, weil Katharina alles andere als gesund war. Gerade in den vergangenen letzten Tagen war sie ihr so mager und bleich erschienen, dass Philippine die Ärzte nicht mehr von ihrer Seite weichen ließ.

Sie erhob sich, unauffällig, wie sie hoffte. Doch Ferdinand in seinem Wagen entging ihr Aufbruch nicht.

Fragend zog er die Brauen hoch.

Sie formte Daumen und Zeigefinger zu einem O – ihr geheimes Zeichen für Ambras, das niemand außer ihnen beiden kannte.

Dann stieg sie von der Tribüne herunter und ließ sich zu ihrem Schlitten führen. Die anschließende Fahrt durch die winterliche Stadt erlebte sie wie einen Traum, so weiß und still war die Welt.

Es begann bereits zu dämmern, als sie das Schloss erreichte.

Man half ihr aus dem Schlitten, Mariechen empfing sie am Fuß der Treppe, die hinauf zu ihren Gemächern führte. Trotz der Kälte draußen war alles hier drinnen wohlig temperiert.

Selten zuvor hatte es sich besser angefühlt, die Herrin von Ambras zu sein.

»Was ziehst du denn für ein Gesicht?«, sagte sie. »Ist etwas mit Frau von Loxan? Oder mit deinem Kind?«

Mariechens Hand fuhr zu der kleinen Kugel, die sich unter ihrem Herzen wölbte. Seit vergangenem Sommer war sie Andrins Frau. Er hatte lange genug gewartet. Bald schon würden sie zu dritt sein.

»Eurer Tante geht es gottlob nicht schlechter, Herrin«, sagte sie. »Und dem Kleinen erst recht nicht. Ist es richtig, dass sie schon so bald zu boxen beginnen? Wenn ja, dann muss er sich allerbester Gesundheit erfreuen!«

»Was ist es dann?«, drängte Philippine. »Rede!«

»Sie wollte unbedingt zu Euch«, sagte Mariechen entschuldigend. »Ich konnte sie nicht aufhalten – bitte glaubt mir!«

Auf der untersten Stufe stand Eva, struppig, mager, ungekämmt. Der Lodenumhang rutschte von ihren knochigen Schultern. Der Saum war schmutzig und zerfetzt.

Wann mochte sie die letzte warme Mahlzeit zu sich genommen haben?

Wie ein Straßenköter sah sie aus – und vielleicht war sie ja auch in Wirklichkeit niemals etwas anderes gewesen.

»Ich muss dich sprechen, Pippa«, sagte sie. Die dunklen Augen flackerten. »Dringend! Es geht um Leben und Tod.«

✿

Schloss Ambras, 12. April 1580

Der Tod ist in unseren Mauern. Manchmal spüre ich ihn als kühlen Hauch, manchmal als eiskalten Wind, der durch die Räume fegt.

Tante Kat hat er mir heute genommen, meine liebe, liebe Tante Kat, der ich doch alles verdanke.

Den ganzen Winter schon ist sie matt gewesen, ständig erkältet, appetitlos. Bleich wie ein frisch gewaschenes Laken.

Ich befrage das Arzneibüchlein, wühle vergeblich in alten Schriften, treibe Doktor Handsch mit meinen unendlichen Fragen beinahe zur Weißglut. Aber auch die anderen Gelehrten, die ich in meiner Not heranziehe, haben keine Lösung zur Hand, die mir gefällt.

Die Krankheit heißt Alter, sagt Ferdinand. Dagegen ist kein Kraut gewachsen. Du musst dich fügen, meine Pippa. Auch du!

Stundenlang sitze ich bei ihr, lasse sie reden, wenn sie die Kraft dazu hat. Manchmal scheint sie mir schon wie in einer anderen Welt, ruft nach Anna, ihrer Schwester, ihrem verstorbenen Mann. Meinen Zwillingen.

Kann sie sie sehen?

Ab und an ist ihr Gesicht so glatt, so heiter, so gelöst, dass ich beinahe daran glauben mag.

Keine meiner Hofdamen mag sie um sich haben. Nicht einmal Mariechen ist ihr willkommen.

Seltsamerweise ist es Eva, die sie noch am besten erträgt.

Still wie ein Schatten ist sie wieder in unser Leben geschlüpft, bemüht, es allen recht zu machen, um bloß nicht davongejagt zu werden.

Sie schüttelt den Kopf, wenn man sie auf Karl anspricht, und auch mein Bruder will nicht, dass ich mit ihm über sie rede.

Der schlimmste Fehler meines Lebens, sagt er. Ich verdamme den Tag, an dem ich sie gesehen habe!

Von ihren Schulden erfahre ich erst nach und nach, und als ich den erstaunlichen Betrag erstmals höre, überkommt mich ein Schwindel.

Damals, nach Karlsbad, habe ich nur einen Teil ihrer Verbindlichkeiten beglichen, weil Liebe unsere Sorgen geheilt hat, nicht Evas Magie. Dennoch fühle ich mich ihr seltsamerweise verpflichtet, als gehöre sie zu mir, mein dunkler Teil, den ich am liebsten ausblenden möchte, damit er mir keine Angst einjagt.

Denn auch in meinem Leben gibt es jetzt etwas, das ich nicht ansehen möchte, weil es mich zu verschlingen droht.

Ferdinand erzählt mir nicht mehr vom Meer, das ich noch

nie gesehen habe. Stattdessen gehen seine Briefe über die Alpen und wieder zurück.

Also bezahle ich und bezahle – doch es ist wie ein Fass ohne Boden, das sich immer wieder aufs Neue zu füllen scheint.

Als es Tante Kat immer schlechter geht, fragt sie nach Klößchen mit frischem Bärlauch.

Zusammen mit Eva pflücke ich die Blätter im Wildgarten nahe dem Schloss. Ich gebe sie Andrin, der in der Küchenhierarchie immer weiter nach oben gestiegen ist, und weise ihn an, Kats Lieblingsspeise zuzubereiten.

Schon dieser kurze Ausflug hat mich über die Maßen erschöpft. Mein Herz rast, ich schnappe nach Luft und fühle mich abgekämpft wie nach einer langen Wanderung.

Eva dagegen wirkt frisch und rosig wie ein junges Mädchen.

Sie verlässt noch einmal das Schloss, kommt aber bald wieder zurück, im Korb noch mehr von dem zarten Frühlingsgemüse, das neue Lebenskraft schenken soll.

Es wird Tante Kats letzte Mahlzeit.

Nach ein paar Bissen legt sie die neue Silbergabel weg, die ich ihr geschenkt habe, sinkt aufs Kissen, schließt die Augen.

Eva trägt den fast vollen Teller in die Küche zurück.

Es sind die kleinen Dienste, in denen man die Liebe spürt, behauptet sie mit feinem Lächeln.

Stunden später erbricht sich Tante Kat, kann nicht mehr schlucken, bekommt Krämpfe und Durchfall.

Dann streichelt sie noch einmal meinen Arm – und atmet nicht mehr.

Doktor Handsch kann nur noch ihren Tod feststellen.

Mir ist, als sei mit ihr auch ein Teil von mir gestorben. Ihr Verlust ist für mich eine Wunde, die sich nie wieder schließen wird.

Ich will tapfer sein – und kann es doch nicht.

Bin so matt und elend, dass ich um mein eigenes Leben fürchte. Die gelehrten Herrn Doctores haben mir schon vor einiger Zeit bescheinigt, dass mein Herz viel zu groß ist.

So vieles in meinem Leben hat es krankgemacht.

Was geschieht wohl, wenn ein zu großes Herz in einzelne Stücke zerbricht?

❋

Schloss Ambras, April 1580

WANN DER ARGWOHN eingesetzt hatte, hätte sie nicht einmal genau bestimmen können.

Plötzlich war er da, wie ein frisch geschliffenes Messer, und je schlechter Philippine sich fühlte, desto schärfer wurde er.

Konnte der nahende Tod einen sehend machen? Auch wenn man ein Leben lang blind gewesen war?

Ihr blieb nicht mehr viel Zeit.

Sie wusste es, auch wenn Ferdinand noch immer nichts davon hören wollte. Doch in seinen traurigen goldenen Augen las sie sehr wohl, dass sein Herz sich darauf vorbereitete, sie zu verlieren.

Eva war jetzt ständig um sie, und obwohl Mariechen sich darüber aufregte, weil sie sie nicht mochte, und die anderen

Hofdamen schäumten und eiferten, weil sie sich zurückgesetzt fühlten, ließ Philippine es zu.

Mit ihr konnte sie über den Tod sprechen, als sei er ein Freund, der sie erlösen würde – und kein Feind, den man fürchten musste.

»Hast du Angst vor dem Sterben?«, fragte Eva.

»Vor dem Übergang – ja«, erwiderte Philippine. »Aber nicht vor dem, was danach kommt. Ich werde die Menschen wiedersehen, die ich geliebt habe – Onkel Bartholomé, Bruder Georg, Regine, die Mutter, Tante Kat. Meine Engel. Jeden Tag bete ich darum.«

Eva schwieg, starrte plötzlich zu Boden.

»Was soll aus deinen Reichtümern werden, wenn du einmal nicht mehr bist?« Ihre Stimme klingt plötzlich rau. »Wirst du alles der Kirche vermachen?«

»Die Familie erbt«, erwiderte Philippine. »Was sonst? Jeder soll den Teil bekommen, den er verdient. Und ich bin frei. Endlich frei!«

Evas Blick gewann an Schärfe.

»Klingt ja, als würdest du den Tod regelrecht herbeisehnen«, sagte sie und nahm den Stickrahmen wieder auf, eine Beschäftigung, mit der Philippine niemals viel hatte anfangen können.

»Ich erwarte seinen Kuss schon sehr bald«, sagte Philippine, ohne sie aus den Augen zu lassen. »Doch zuvor habe ich noch eine große Bitte. Tante Kat hat sich Bärlauch gewünscht, bevor sie ihre Augen für immer geschlossen hat. Bei mir ist es ein Bad. Ein herrliches, entspannendes Bad.«

Evas Lippen verzogen sich zu einem schmalen Lächeln.

Die eigene Mutter würdest du ohne Skrupel verkaufen, dachte Philippine. Meinen Bruder ohnehin. Und vielleicht sogar die Kinder, die du niemals mit ihm hattest, weil Weinraute dich davor bewahrt hat.

Und was ist mit mir?

Sie musste Gewissheit haben, bevor sie starb.

»Lass mich alles für dich vorbereiten«, sagte Eva. »Darf ich das für dich tun? Den Ofen anwärmen. Das Wasser auf die richtige Temperatur bringen. Die Kissen aufschütteln. Du sollst es so schön haben wie in deinen Träumen!«

❧

Schloss Ambras, 17. April 1580

VIELLEICHT VERKÜRZE ICH mein Leben – und kann doch nicht anders.

Ich liege im Wasser und warte auf ihre Schritte.

Der Reigen fröhlicher Jugendbilder ist verflogen. Aber keine Schwere macht sich in mir breit.

Leicht fühle ich mich, beinahe zum Fliegen bereit.

Ist alles so, wie du es dir gewünscht hast?, sagt Eva.

Sie trägt den Schierlingsbecher in der Hand. Der Pokal ist mir bekannt. Sein Doppelgänger wartet bereits am Rand des Beckens.

Nur der Inhalt ist mir noch fremd. Ich bin gespannt, für welches Kraut sie sich dieses Mal entschieden hat.

Ich nicke, sehe sie offen an.

Ein Irrlicht, so hat mein Sohn Karl sie einmal genannt.
Meinem Bruder Karl hat sie kein Glück gebracht.
Welchen Tod will sie mir bescheren?
Du brauchst Ruhe, sagt sie.
Die werde ich bald haben, erwidere ich.
Sie reicht mir den Becher. Ich nehme ihn, drehe ihn abwartend in der Hand.
Ein Stärkungsmittel, sagt sie. Der gewürzte Wein wird dir gut bekommen.
Wie berechenbar sie doch ist!
Und wie blind ich war.
Das Wasser muss ihr bis zum Hals stehen. Kann sie nicht bezahlen, droht ihr der Schuldturm.
Jetzt ist die Zeit für den Tausch gekommen.
Ich beginne laut zu husten. Wie von Geisterhand steht auf einmal Mariechen im Bad.
Eva erschrickt, starrt sie an.
Ich wechsle die Becher aus. Jetzt steht der Schierlingstrunk am Wannenrand.
Herrin?
Ich brauche dich nicht mehr, Mariechen. Meine Stimme ist fest.
Sie wird sich trotzdem in der Nähe bereithalten. So und nicht anders ist es zwischen uns abgesprochen.
Sie knickst, verschwindet.
Noch ein weiteres Balg, sagt Eva. Na ja, mir soll es egal sein. Willst du nicht endlich trinken?
Ich nehme einen tiefen Schluck. Und noch einen. Und noch einen.

Ihr schmales Gesicht ist schweißnass.
Und bekommt es dir?, will sie wissen.
Was ist es?
Sie lacht.
Eisenhut, sagt sie. Wird dir schon kalt?
Mein Mund ist taub, lüge ich. Wieso hast du dein Gift geändert?
Du hast die Königin der Gifte verdient!
Warum dieser Hass?
Weil niemand mir gibt, was ich brauche. Und du alles hast, wonach ich mich immer gesehnt hab!
Deine Rechnung geht nicht auf, Eva. Nicht einen Heller wirst du erben. Ich könnte dich hinrichten lassen, aber das ginge viel zu schnell. Leben sollst du mit deiner Schuld, erbärmlich bis zum letzten Tag. Du verlässt Tirol – noch heute. Greift man dich auf, ist es um dich geschehen.
Mit letzter Kraft erhebe ich mich von dem steinernen Sitz.
Wieso stirbst du nicht endlich?, schreit sie.
Weil du nicht Gott bist, Eva.

**EPILOG
EISENHUT**

Aconitum napellus
auch genannt Fuchswurz, Sturmhut,
Mönchskappe, Blaumütze

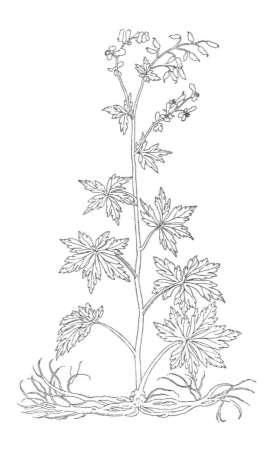

POSITIVE EIGENSCHAFTEN: Schmerzlindernd bei Ischias, fiebersenkend (keine Selbstbehandlung!).
NEGATIVE EIGENSCHAFTEN: Gefürchtetste Giftpflanze der Antike und des Mittelalters. Brennen im Mund, Kribbeln im ganzen Körper, Schweißausbruch, starkes Kältegefühl, Absterben der Gliedmaße, Tod.

Schloss Ambras, 25. April 1580

NACH SCHLAFLOSEN NÄCHTEN wurde Philippine langsam ruhiger. Alle wollten sie Abschied von ihr nehmen, Hofdamen, Gesinde, Köche, doch Gampasser schickte schließlich alle hinaus, damit sie beichten konnte.

Tränen liefen über ihre Wangen, während sie stockend und unter sichtlicher Anstrengung sprach, und er musste sich tief über sie beugen, um sie überhaupt zu verstehen.

»Ich hätte noch mehr lieben sollen«, flüsterte sie, als sie zum Ende gekommen war. »Liebe ist das größte aller Geheimnisse. Der Ursprung aller Dinge.«

»Ich denke, Ihr habt es darin schon sehr weit gebracht«, entgegnete er. »Vollkommen ist nur Gott, keiner von uns Menschen.«

Er erteilte ihr die Absolution, spendete die letzte Ölung. Dann holte er Ferdinand und die Söhne wieder herein. Andreas war aus Rom angereist. Unrasiert und noch im Mantel, kniete er neben dem Bett der Mutter.

»Gib auf deinen Zorn acht, Andi«, sagte sie. »Sonst bringt er dich eines Tages zu Fall.«

Er schluchzte laut auf, presste sich die Faust gegen den Mund.

»Und du, Karl, verwechsle mir nicht Tapferkeit mit Tollkühnheit, versprochen?«

Er nickte, unfähig zu sprechen.

»Mariechen?«

»Ich bin hier, Herrin.«

»Du trägst das Leben in dir und weißt, was du tun musst – mein Buch?«
»Wie meinen Augapfel werde ich es hüten, Herrin.« Ihre Stimme zitterte. »Ihr könnt Euch auf mich verlassen!«
»Ferdinand?«, flüsterte sie.
Er griff nach ihrer Hand.
»Ich wünschte, ich hätte länger bei dir sein können …« Sie versuchte, sich aufzurichten, was misslang. »Verzeih mir alles, das ich dir je angetan habe. Und noch etwas: Heirate sie nicht zu schnell! Wirst du das für mich tun?«
Er wandte sich ab, tränenblind.
»Wo ist mein Rosenkranz?«, sagte Philippine.
Ferdinand kam zurück zum Bett, schlang ihn ihr um die Hände.
»Wie blass du bist«, murmelte sie. »Euer Liebden werden langsam müde – und ich bin es auch. Müde. Unendlich müde.«
»Dann ruh dich aus, mein Herz«, sagte Ferdinand. »Jetzt kannst du dich doch ausruhen!«
Rastlos fuhren Philippines Finger auf der Bettdecke umher. Die Perlen des Rosenkranzes klackerten leise.
»In mir wird es auf einmal so kalt – sagt man nicht, Eisenhut sei die Königin aller Gifte?«
»Was redest du da, Liebes?« Ferdinand streichelte ihr Haar, die Wangen, die Hände. »Du solltest dich nicht so aufregen!«
»Alles zusammen.« Sie schien ihn gar nicht mehr zu hören. »Alles kreist in meinen Adern, Heilsames, Bitteres, Tödliches – doch jetzt bin ich ja endlich bald bei euch …«

Ihre Augen gingen weit auf.
»Ich sehe etwas, das mich freut.« Der Kopf sank zur Seite. Philippine atmete nicht mehr.

HISTORISCHES NACHWORT

Fakten und Daten

»Geschichte ist die Lüge, auf die wir uns geeinigt haben.« Dieser Satz von Voltaire, fälschlicherweise Napoleon Bonaparte zugeschrieben, trifft wie kein anderer auf das Leben von Philippine Welser zu. Wie die Grafik der Hochrenaissance ihre Bildnisse mit Säulen und Blumengewinden einzufassen liebte, so hat auch die Legende das Lebensbild der schönen Augsburger Kaufmannstochter, die sich von einem Kaisersohn heimführen ließ, mit tausend anekdotischen Einzelzügen umrahmt, die den historischen Verlauf der Ereignisse zu verdunkeln drohen. Kratzt man jedoch am dicken Zuckerguss der Jahrhunderte, der sich über diese Mesalliance gelegt hat, so schält sich das Porträt einer ungewöhnlichen Frau heraus, die mutig Standesgrenzen überschritten, bis zum Lebensende an ihrer Liebe zu Erzherzog Ferdinand festgehalten, für die Zukunft ihrer Söhne gekämpft hat – und am Ende doch machtlos gegen das Gift war, das nach und nach in sie eingesickert ist.

Mein Roman spielt im 16. Jahrhundert, wo Glaubensspaltung und die Herausbildung der großen europäischen Nationen wichtige Themen sind. Die Reformation hat die starre Gesellschaft des Spätmittelalters mit ihrem Herrscherbild erschüttert, doch der moderne Staat der Neuzeit ist erst nach und nach im Entstehen. Die Menschen jener Epoche waren einerseits im Alten verhaftet, andererseits mit vielen neuen Erkenntnissen konfrontiert.

Am Schicksal der Bürgerstochter Philippine, die sich mit dem Spiel der Mächtigen einlässt, indem sie sich in einen Kaisersohn verliebt, wird dies in besonders eindrucksvoller Weise klar. Viele sahen in ihr eine ›Hexe‹, die ihn mit magischen Kräften an sich gebunden hat. Heute erkennen wir in ihr eher die Forscherin, die sich für Botanik und Medizin interessierte und allem Neuen aufgeschlossen war.

Philippine Welser war bereits 29, als sie 1556 Erzherzog Ferdinand begegnete. Mutmaßungen, er habe sie bereits Jahre zuvor in Augsburg ›erblickt‹, gehören in die Mottenkiste romantischer Geschichtsklitterung. Ein Jahr später (1557) erfolgt die heimliche Heirat; noch ein Jahr später (1558) wird der erste Sohn Andreas geboren. Sohn Karl erblickt 1560 das Licht der Welt. Beides sind ›Schwellenkinder‹, d. h. wegen der Mesalliance muss Philippine die beiden Buben kurz nach der Geburt auf ihrer Schwelle ›finden‹, um sie offiziell zu adoptieren. 1562 bringt sie ein gemischtes Zwillingspärchen zur Welt, das im Kleinkindalter stirbt. Deren Tod wird sie niemals ganz überwinden.

Zu diesem Zeitpunkt lebt die (heimliche) Familie in der Nähe von Prag auf Burg Pürglitz. 1564 stirbt Kaiser Ferdinand I. Sein Sohn Ferdinand, bislang Statthalter in Böhmen, erbt laut Testament Tirol und Vorderösterreich. Doch dort tobt die Pest (die Böhmen gerade erst hinter sich gebracht hat) und fordert unzählige Opfer. Deshalb lässt er Philippine und die beiden Buben erst 1567 nachkommen – und schenkt ihr Schloss Ambras, hoch über der Stadt Innsbruck gelegen.

Dort wird sie, wenn man einer Genealogie glauben darf, die ich im Zuge meiner Recherchen gefunden habe, noch ein weiteres Kind gebären: Martha von Österreich. In meinem Roman kommt das Mädchen Monate vor dem Geburtstermin tot zur Welt.

Spätestens ab diesem Zeitpunkt kränkelt Philippine, leidet an Unterleibsbeschwerden, ebenso wie an Leber- und Herzproblemen. Auch zwei Kuren in Karlsbad schaffen nur vorübergehend Abhilfe. Sicherlich ihrer Gesundheit kontraproduktiv ist der üppige Lebensstil auf Schloss Ambras, wo hemmungslos geprasst und gesoffen wird.

1572 sterben Bruder Georg, ihr Vater Franz (in Ravensburg) und ihre Mutter Anna.

Ihre Söhne Andreas und Karl haben Schwierigkeiten, in der adeligen Welt Fuß zu fassen, weil auf ihnen der Makel der unehelichen Geburt liegt. Andreas wird 1574 nach Rom geschickt, um die Kardinalslaufbahn einzuschlagen. Ab diesem Zeitpunkt bemühen sich Ferdinand und Philippine verstärkt um die Anerkennung ihrer Ehe durch Papst Gregor VIII., die sie allerdings erst 1576 erhalten. Andreas, denkbar ungeeignet als Geistlicher, endet nach dem Tod beider Eltern schließlich als Bischof von Brixen (und zeugt mindestens zwei uneheliche Kinder).

Karl wird Soldat. Zuerst zum spanischen Obristen bestellt, scheitert er militärisch in den Niederlanden, findet lange nicht die richtige Braut und heiratet schließlich die alternde Sibylle von Jülich und Kleve, die Ehe bleibt kinderlos.

Zeitlebens bleibt er ein unstet Suchender.
Im April 1580 stirbt Katharina von Loxan, Philippines engste Vertraute. Sie selbst schließt am 25.4.1580 für immer die Augen.

Dichtung und Wahrheit

DIESER ROMAN IST *keine* Biografie über Philippine Welser, um es gleich vorweg zu sagen.

Ich spiele mit bestimmten Daten und Ereignissen ihres Lebens, die ich fiktional kombiniert und mit einem gehörigen Schuss Spannung aufgebaut habe. Eine wichtige Rolle spielt dabei das fiktive Tagebuch, in dem ich Philippine selbst zu Wort kommen lasse. Gemixt mit einem zweiten Erzählstrang entsteht so die Möglichkeit, dieser faszinierenden Frauengestalt aus dem 16. Jahrhundert ganz nah zu kommen.

So vieles glaubt man von ihr zu kennen – und weiß doch so wenig.

Das berühmte und bis heute überlieferte Kochbuch hat in Wirklichkeit Anna Welser verfasst; von Philippines eigener Hand stammen nur einige Notizen. Es enthält viele Fastenrezepte, wiewohl man das Thema ›Fastenzeit‹ im 16. Jahrhundert sicherlich anders betrachten muss als heute, und richtet sich an einen reichen, aber bürgerlichen Haushalt. Für einen Hofstaat von annähernd 200 Menschen sind diese Aufzeichnungen nicht geeignet.

Auch das Arzneibuch geht auf Anna Welser zurück. Philippine stützt sich darauf, richtet eine Apotheke in Ambras ein, kümmert sich um Kranke und Bedürftige. Aus der ›schönen Philippine‹, wie Zeitgenossen sie genannt haben, wird ›die Mutter von Tirol‹.

Philippine als Bindeglied zwischen zwei Extremen, die sie zu zerreißen drohen: 20 Jahre lang muss ihre Ehe mit Ferdinand auf Wunsch des Kaisers geheim gehalten werden, ihre Kinder werden nach der Geburt in einer entwürdigenden Prozedur als ›Schwellenkinder‹ am Eingang des Schlosses ›entdeckt‹ und haben keinerlei Anspruch auf Titel und Erbfolge im Hause Habsburg. Gleichzeitig entfaltet sie als Herrin von Schloss Ambras Prunk und Pomp. Ihr Hof hoch über Innsbruck offeriert im Übermaß, was die Renaissance zu bieten hat: Kunst, medizinische Forschung, Musik, Feste, Bankette, Saufgelage, aber auch Intrigen, Berechnung und Gerissenheit. Sie versucht den Spagat zwischen diesen Extremen – bis ihre Kräfte schwinden, da ist sie gerade 53 Jahre alt.

»Ich sehe etwas, das mich freut« – angeblich ihre letzten Worte.

Viele der in diesem Roman vorkommenden Personen haben wirklich gelebt. Das gilt sowohl für die aufgeführten Habsburger als auch für die Mitglieder der Familie Welser. Allerdings habe ich mir erlaubt, einige der uns bekannten Charakterzüge stärker herauszufeilen, insbesondere bei Christoph und Karl Welser, vor allem jedoch bei seiner Frau Eva von Schönburg. Ihre Verschwendungssucht ist historisch belegt, ihre horrenden Schulden ebenfalls. Ja, sie musste Tirol verlassen. Ihr Versuch, Philippine aus dem Weg zu räumen, entspringt allerdings meiner Fantasie.

Für Regine Welser (auch Benigna genannt) gibt es in der Literatur verschiedene Todesdaten. In meinem Roman wird sie von der Pest dahingerafft – wenn es ihr vielleicht nicht genauso widerfahren ist, dann doch vielen anderen ihrer Zeitgenossen.

Philippines Tagebuch entspringt meiner Erfindung, wiewohl viele Einzelheiten aus ihrem Leben darin verflochten sind. Es hat mir Spaß gemacht, meiner ›Heldin‹ auf diese Weise ganz nah zu sein – und ich hoffe, Sie werden diese Nähe auch genießen.

Caspar Reinhard habe ich erfunden, aber das Amt des Brunnenmeisters gibt es in Augsburg bis zum 18. Jahrhundert. Dusana, Lenka und Mariechen sind ebenfalls Geschöpfe meiner Fantasie; den letzten Namen habe ich im Gedenken an meine tschechische Urgroßmutter ausgesucht.

Wer sich weiter mit Philippine Welser beschäftigen möchte, dem seien die Bücher von Sigrid-Maria Gößling ans Herz gelegt: Die Heilkunst der Philippine Welser (1998) und Kaufmannstochter im Kaiserhaus (1992). Weiterhin: Splash! Das Bad der Philippine Welser, Schloss Ambras 2012.

München, September 2012

DANKSAGUNG

Danke, liebste Sabine – für alles!!!

Mein herzlicher Dank geht an die junge Germanistin Elena Wulff, die mir bei der umfangreichen Literaturbeschaffung behilflich war.

Danke an die Historikerin und Gartenspezialistin Bettina Kraus, die für die authentischen Pflanzenabbildungen sorgte und ihren Wissensschatz über alte Kräuter mit mir teilte.

Weitere Auskünfte über die mittelalterliche Pflanzenwelt, über Bauerngärten und Pflanzenbrauchtum unter www.geschichte-und-garten.de.

Danke an Dr. Gabriele Roider vom Institut für Rechtsmedizin, München, für die Auskünfte und Materialien zum Thema Pflanzengifte.

Mein Dank geht an die Stadtführerin Petra Kraft, die mir Philippines Augsburg nahe brachte.

Ich bedanke mich bei Michael Behrendt für die vergnüglichen und lehrreichen Touren nach Innsbruck und Schloss Ambras.

Und bei Frau Magister Margot Rauch für eine Spezialführung auf Ambras, die mir immer in Erinnerung bleiben wird.

Vielen Dank, Gesine, für gründliche Entstaubung und Entrümpelung – und die Entdeckung der geheimnisvollen Pippa!

Ich danke meinen wunderbaren Erstleserinnen Moni, Babsi, Rena und Bille für ihre wertvollen Anregungen.

Und natürlich dem lieben Herrn Dr. Herbert Neumaier, der sein kritisches Auge kenntnisreich auf dem Text ruhen ließ.

ABBILDUNGEN

Die Bilder auf den Seiten 17, 115, 171 wurden folgendem Titel entnommen:
Lonitzer, Adam, Vollständiges Kräuter-Buch, und künstliche Conterfeyungen der Bäumen, Stauden, Hecken, Kräutern, Geträyde, Gewürtzen etc. mit eigentlicher Beschreibung deroselben Namen in teutsch- griechisch- lateinisch- frantzösich- italienisch- und hispanischer Sprache; wie auch deren Gestalt, natürlicher Krafft und Würckung; samt außführlichem Bericht von der Kunst zu destilliren; wie auch Bauung der Gärten, und Pflantzung der Bäumen; ingleichen von den fürnehmsten Thieren der Erden, Vögeln, Fischen und Gewürmen und dann auch von Metallen, Ertz, Edelgesteinen, Gummi und gestandenen Säfften ..., Ulm 1737.

Die Bilder auf den Seiten 35, 55, 77, 97, 133, 153, 195, 215, 237, 259, 283, 303, 321 wurden folgendem Titel entnommen:
Fuchs, Leonhart, New Kreüterbuch. In welchem nit allein die gantz histori / das ist / namen / gestalt / statt und zeit der wachsung [...] des meysten theyls der Kreüter so in Teutschen und anderen Landen wachsen / [...] beschriben / sondern a¹uch aller derselben wurtzel/stengel / bletter / bl¹umen / samen / frücht [...]. Mit 3 nützl. Registern [Repr. der Ausg. Isingrin, Basel 1543], München 1964.

*Weitere historische Romane
finden Sie auf den folgenden Seiten oder im Internet:
www.gmeiner-verlag.de*

Claudia Schulligen
Der Bund der silbernen Lanze
978-3-8392-1348-3

»Das mittelalterliche Trier zwischen Machtgier und Gotteseifer. Unbedingt lesen!«

Das Jahr 1147. Trier steht vor dem zweiten Kreuzzug. Während die Stadt in Erwartung des Papstes kopfsteht, wird ein Feind des mächtigen Erzbischofs in seinem Blut aufgefunden. Die kluge Klosterschülerin Laetitia macht sich auf die Suche nach dem Mörder und muss sich gegen einen fanatischen Templer durchsetzen. Sie stößt auf die Spur eines geheimnisvollen Bundes und deckt eine teuflische Intrige auf, die bis in die höchsten Kreise kirchlicher Macht führt und alles Vorstellbare sprengt …

Wir machen's spannend

Eve Rudschies
Süßes Gift und bittere Orangen
978-3-8392-1354-4

»Kulinarische Hochspannung!«

Landshut im Advent 1541. Anna Lucretia, die uneheliche Tochter Herzog Ludwigs X., fiebert ihrer Heirat entgegen. Doch Unheimliches geschieht auf Burg Trausnitz: Ihr Verlobter entgeht knapp dem Tod, ein Bote stirbt auf mysteriöse Weise. Ihr Vater erkrankt an Diabetes, dem »süßen Fluss«, was einen Krieg der deutschen und italienischen Köche um die bessere Heilkost auslöst. Doch der Herzog weist bald Vergiftungserscheinungen auf. Wer steckt hinter den rätselhaften Ereignissen?

Wir machen's spannend

Bernhard Wucherer
Der Peststurm
978-3-8392-1350-6

»Der schwarze Tod im Allgäu. Fesselnd bis zur letzten Seite!«

Staufen im Jahr 1635. Inmitten des Dreißigjährigen Krieges bricht die Pest aus. Aber nicht nur der schwarze Tod fordert Opfer. Zwischen dem Totengräber und der Familie des Staufener Kastellans, Ulrich Dreyling von Wagrain, ist noch eine alte Rechnung offen und der missgünstige Dorfschuster setzt alles daran, die jüdische Familie Bomberg aus ihrem Haus zu vertreiben und zu vernichten …

Wir machen's spannend

Sebastian Thiel
Die Dirne vom Niederrhein
978-3-8392-1352-0

»Liebe im Krieg. Das Drama am Niederrhein geht weiter.«

Niederrhein 1642: Nach dem Sieg der französisch-schwedischen Armee ist niemand mehr seines Lebens sicher. Elisabeth, die ihre Angehörigen verloren hat, flüchtet voller Schuldgefühle und schließt sich einem Tross von Huren im Gefolge des Heeres an. Im Geschäft der käuflichen Liebe steigt sie schnell auf und begegnet nicht nur den Menschen, die für den Tod ihrer Schwester verantwortlich sind, sondern auch Maximilian, der mit ihr noch eine Rechnung offen hat … Ein Spiel um Lust und Liebe beginnt – dem Verlierer ist der Tod gewiss.

Wir machen's spannend

Oliver Becker
Die Entscheidung der
Krähentochter
978-3-8392-1355-1

»Der Schwarzwald zwischen Kriegsfurcht und Friedenshoffnung und eine geheimnisvolle Macht, die im Hintergrund unsichtbare Fäden spinnt.«

Der Schwarzwald während des Dreißigjährigen Krieges. In Teichdorf sorgt ein rätselhafter Fremder für Unruhe. Bernina, die »Krähentochter«, gewährt ihm dennoch Unterschlupf. Am nächsten Tag ist er verschwunden – und mit ihm die wertvolle Familienchronik. Bernina reist zu den Freiburger Markttagen und plötzlich ist der Diebstahl ihr kleinstes Problem: Eine große Armee zieht ihren tödlichen Ring um Freiburg. Schon bald ertönt Kanonendonner – die Schlacht steht unmittelbar bevor und Bernina sitzt in der Falle …

Wir machen's spannend

Heike Wolf
Die Tote im Nebel
978-3-8392-1353-7

»Wilhelm Grimm als Ermittler in einem Mordfall!«

Eine schwarzhaarige Tote am Flussufer, eine missgünstige Schwiegermutter, ein böser Wolf und eine geheimnisvolle Hexe – die Professorentochter Sophie Dierlinger und ihr Vetter, der angehende Stadtphysikus Julius Laumann, gehen der Sache auf den Grund. Hilfe erhalten sie von dem jungen Wilhelm Grimm, der in Marburg studiert. Doch die Dinge sind nicht immer, wie sie scheinen und hinter so manchem Volksmärchen steckt eine gefährliche Wahrheit.

Wir machen's spannend

Birgit Erwin /
Ulrich Buchhorn
Die Farben der Freiheit
978-3-8392-1349-0

»Ein gut recherchierter Historischer Krimi vor der Kulisse der Badischen Revolution.«

Baden, Mitte des 19. Jahrhunderts. Mit Begeisterung verfolgt der junge Joseph Victor von Scheffel die Freiheitsbestrebungen seiner Heidelberger Kommilitonen. Doch als die Revolution Baden schließlich ins Chaos stürzt, muss er erkennen, dass politische Ideale, Freundschaft und Liebe mit der Realität nicht zu vereinen sind. Während Freunde sich den bewaffneten Truppen anschließen, besteht sein eigener Kampf darin, den Glauben an ein geeintes Land und eine bessere Zukunft nicht zu verlieren.

Wir machen's spannend

Unsere Lesermagazine
2 x jährlich das Neueste aus der Gmeiner-Bibliothek

Alle Lesermagazine erhalten Sie in Ihrer Buchhandlung oder unter www.gmeiner-verlag.de.

24 x 35 cm, 32 S., farbig; inkl. Büchermagazin »nicht nur« für Frauen

10 x 18 cm, 16 S., farbig

GmeinerNewsletter
Neues aus der Welt der Gmeiner-Romane

Haben Sie schon unsere GmeinerNewsletter abonniert?

Monatlich erhalten Sie per E-Mail aktuelle Informationen aus der Welt der Krimis, der historischen Romane und der Frauenromane: Buchtipps, Berichte über Autoren und ihre Arbeit, Veranstaltungshinweise, neue Literaturseiten im Internet und interessante Neuigkeiten.

Die Anmeldung zu den GmeinerNewslettern ist ganz einfach. Direkt auf der Homepage des Gmeiner-Verlags (www.gmeiner-verlag.de) finden Sie das entsprechende Anmeldeformular.

Ihre Meinung ist gefragt!
Mitmachen und gewinnen

Wir möchten Ihnen mit unseren Romanen immer beste Unterhaltung bieten. Sie können uns dabei unterstützen, indem Sie uns Ihre Meinung zu den Gmeiner-Romanen sagen! Senden Sie eine E-Mail an gewinnspiel@gmeiner-verlag.de und teilen Sie uns mit, welches Buch Sie gelesen haben und wie es Ihnen gefallen hat. Alle Einsendungen nehmen automatisch am großen Jahresgewinnspiel mit attraktiven Buchpreisen teil.

Wir machen's spannend

Phylipina welserin